教育人員的法律與領導素養
學理與案例分析

洪福財　主編

洪福財　徐筱菁　鄭川如　郭麗珍　周志宏
呂理翔　林信志　張信務　陳建志　謝金城
謝念慈　朱晉杰　林曜聖　朱子君　　合著

五南圖書出版公司 印行

主編序

　　上世紀末以來的教育改革運動，對於臺灣的幼教乃至高教發展都產生相當程度的影響，迄今各界對於教改的呼籲與投注熱情未歇；衡諸近年陸續發布實施的教育法令或教育變革，都深切地影響教育現場的運作並廣受各界所關注。在教育改革的過程中，教育人員面對變革的應對與創新能力，攸關各項變革措施的落實程度及其對親師生產生的實效；是以，本書以促進教育人員專業成長為念，邀集國立臺北教育大學教育經營與管理學系的教育行政與法學領域專長師資為主要作者群，擇取近年教育法令或變革為重要議題，透過學理與實務案例的雙向分析，期能達成有益於涵養教育人員法律與領導素養的目標。

　　本書分為「法律素養篇」與「領導素養篇」兩部分。在「法律素養篇」，首章由徐筱菁教授以「智慧校園中學生人格權之保障」為題，論述在人工智慧應用於學校管理時可能對於學生人格權造成的影響與權益保障作為。第二章由鄭川如教授以「原住民教育權與多元文化教育」為題，論述原住民族學生教育權的保障；鄭教授出身太魯閣族，長年關注原住民族相關議題，此文有她的細膩觀察與獨到見解。第三章由徐筱菁教授以「論公立高級中等以下學校教師績效考核之法律規制」為題，論述公立高中以下學校教師績效考核之法律規範，並提出對於教師績效考核的具體建議。第四章由郭麗珍教授以「教師注意義務之內涵與實務」為題，論述教師注意義務之法理依據，聚焦於教師之積極維護學生受教權益與輔導管教學生義務之標準與範圍。第五章由周志宏教授／部長以「教師體罰與霸凌學生事件之處理」為題，論述國家保障學生不受體罰與罷凌之義務，並依據《教師法》與《校園霸凌防制準則》之規範說明教師體罰或罷凌學生之法律處置。第六章由呂理翔教授以「『教學不力或不能勝任工作有具體事實』作為中小學教師不適任事由——聚焦於處理程序與相關爭議」為題，說明中小學教師不適任教師的審議程序與相關問題，內文也融入呂教授實際參與各縣市或學校的運作經

驗，值得一讀。

　　在「領導素養篇」方面，第七章由林信志教授、張信務校長以「中小學校長專業圖像與素養分析──利害關係人觀點探究」，論述校長專業素養的內涵與具體指標，兩位作者同時參與國家教育研究院發展校長專業素養內涵多年，相關研究成果也納入專文中。第八章由陳建志教授以「公辦民營實驗教育國小校長素養導向領導發展與實踐之個案分析」為題，分析實驗教育學校校長進行素養導向領導的情形，陳教授長年關注實驗教育並有多年的國教現場經驗，文中的觀察與分析也含納他積累多年的實踐智慧。第九章由謝金城校長、謝念慈教授、朱晉杰主任以「108課綱變革後的校長課程領導角色與實踐」為題，以新北市立安康高中為研究場域，謝校長與朱主任都曾服務於該校，此文為作者以行動研究方式為讀者匯整校長課程領導的一手資料。第十章由林曜聖教授以「校長故事領導的故事敘說歷程與能力之提升」為題，以「說一個好故事」及「說好一個故事」兩面向，探討校長進行故事領導時的故事敘說歷程及敘說能力之提升，讀者從文中可以窺見林教授故事敘說的高超功力。第十一章由朱子君教授以「國小校長微觀政治領導行為分析」為題，以發展國際教育政策的學校為例，分析校長推動前述政策所採取的政治領導行為，進而分析校長在推動政策應具有的微觀政治領導素養。

　　本書得以完成，首要感謝所有作者慨允賜稿及所有審查學者細心審閱並提供修改卓見，讓各章文稿更臻完善。其次，感謝五南圖書出版公司黃文瓊副總編輯惠允協助出版與李敏華編輯細心編校，透過專業編排讓文章更添可讀性。教育研究有賴學術社群共同耕耘，期盼本書能發揮拋磚引玉之效，有益於激發教育同好對相關議題的關注與深耕，為臺灣教育變革與發展激盪出多元聲音與樣貌。

國立臺北教育大學教授

洪福財 謹誌

民國112年1月

目錄

法律素養篇

領導素養篇

緒論

洪福財

壹 面對法令與教育變革的新興挑戰

　　臺灣在廿世紀後期興起了教育改革的風潮，影響所及，包含師資培育的多元化、課程與教學的解構、學生學習主體的強調、學習機會的擴增、家長參與權的強調、學習環境的強化等，都成為各方論述與興革的焦點。邁入廿一世紀初，臺灣社會對於教育改革的熱情未歇，各項變革尤其是透過法制化修訂以求教育系統能大規模地進行相應的調整。茲列舉數項近年發布之重要教育法令或教育變革，並簡述其相關內涵如後：

　　一、2014年，在《教育基本法》賦予實驗教育法源基礎上，《高級中等以下教育階段非學校型態實驗教育實施條例》、《學校型態實驗教育實施條例》，以及《公立國民小學及國民中學委託私人辦理條例》等於同年通過後實施，前述三項條例即所稱之「實驗教育三法」。前述條例實施後，非學校型態實驗教育的數量快速增加，學校型態及公辦民營實驗教育數量的成長部分則相對較緩。以110學年度為例，非學校型態、學校型態，以及公辦民營等實驗教育招收學生數分別為9,680人、9,536人、2,487人，實驗教育儼然成為臺灣教育的重要新興勢力。

　　二、2014年，教育部發布《十二年國民基本教育課程綱要總綱》，之後各領域綱要陸續發布，並於2019年8月正式上路，由於施行年為民國108年，故又稱為「108課綱」。此次課綱發布的內容中，素養無疑是最受關注的新概念，其中提及「核心素養」一詞並以之為新課綱課程發展主軸：「是指一個人為適應現代生活，面對未來的挑戰，所應具備的知能與態度。」影響所及不僅止於師生間的課程發展與教學互動，對於校長領導素

養的強調，也是此波變革廣受關注的焦點之一。

三、2019年，《原住民族教育法》修正案通過，以建立完整原住民族教育體制、保障原住民族教育權為目標，將原住民族教育實施對象自原住民學生擴大到全體師生及國民，以促進族群相互尊重與多元文化發展：並針對民族教育之需求，啟動培育師資，增加「民族教育」專長的教師證書。其中第27條要求「各級各類學校相關課程及教材，應採多元文化觀點，並納入原住民族歷史文化及價值觀，以增進族群間之了解及尊重。」將全體師生納為原住民族教育權保障的實施對象有其積極意義，對教育現場的後續影響與實質效益，應予持續關注。

四、2019年，《教師法》修正案通過，其中將教師霸凌學生之處理納入「校園霸凌」之概念。次年（2020），《教師法施行細則》隨之於修正完成，同年配合修正之《校園霸凌防制準則》第3條第1項規定：「……五、校園霸凌：指相同或不同學校校長及教師、職員、工友、學生（以下簡稱教職員工生）對學生，於校園內、外所發生之霸凌行為。」前述將教師、校長、職員、工友等對學生之霸凌行為納入《校園霸凌防制準則》之處理範圍，以法令宣示校園反罷凌的決心；惟前述對於原有的校園文化與師生互動倫理可能帶來的挑戰，值得進一步觀察。

五、2019年，《教師法》修正案通過，其中關於不適任教師的規範，就不同法律效果之情形分別規範於第 14 條（解聘且終身不得聘任為教師）、第 15 條（解聘且一年至四年不得聘任為教師）及第 16 條（解聘或不續聘，僅在原服務學校不得聘任為教師）。其次，為加速淘汰不適任教師，明定主管機關應成立「教師專業審查會」，若教評會或校方不作為，可由專審會介入處理。前述法令修正讓教育現場對於不適任教師的規範及其處置，有了較於以往清楚的輪廓；但相關規範轉化為實質處理程序時，是否真能達成「加速」與「確實」不適任教師的淘汰處置？誠為各方所關切。

綜觀前述教育法令或教育變革，攸關教育制度的改變、教育內涵革新、原住民族教育權保障、學生學習權益的維護，以及確保師資優質化等議題。法制化有助於確立臺灣整體教育發展的走向，以剛性方式規範教育

現場須有相應的革新與反饋；惟值得接續關注的是，教育人員如何覺察前述相關法令與變革的內涵？如何形成具體的回應策略？回應策略能否符應相關立法與變革意旨？等，除能理解教育人員身為落實相關變革的核心人物外，如何了解教育人員的需求並提供及時的支持，實為當前亟待關注的課題。

貳 素養涵育成為師生共同面臨的課題

108課綱實施以來，教育主管機關挹注資源並傾力推動，展現出落實108課綱的決心，教育人員身處推動課綱的前線，定有深刻的覺知。謝金城、謝念慈、朱晉杰（見本書第九章）將108課綱的主要精神，彙整為以下六點：

一、重視適性揚才，開啟學生多元智能：強調透過學校課程改革與創新教學的實施，讓每位學生開展潛力，發揮優勢智能，成為現代優質國民，以能掌握教育的核心價值。

二、強調素養導向，培養學生核心素養：教學現場極力倡導素養導向的教學和評量，鼓勵教師進行素養教學，培養學生的核心素養。

三、強化探究實作，養成動手做的習慣：鼓勵學校激發學生探究實作的行動力，進而養成動手做的習慣，如推廣「創客教育」（maker education）就是強調實作的重要性。

四、研發校訂課程，發展學校辦學特色：改變了高中課程類別，例如部定必修、校訂必修和選修、團體活動時間和彈性學習時間，讓高中課程出現頗大幅度的變動。藉由課程類別的變動以鼓勵各校進行校訂課程研發，有展現「校校有特色」的識別機會。

五、倡導公開授課，提升課程教學品質：規範校長和教師每學年都至少要公開授課乙次，解構了傳統校長角色並鼓勵重省校長課程領導的角色與任務，應有利於校長及教師營造合作教學與形成專業成長社群的方向。

六、落實學習歷程，強化自主學習能力：強調升學觀念的改變，鼓勵學生從選修課程中探索興趣，培養自己的專長和優勢能力，並透過學習歷

程檔案的記錄提升學生自我了解，從而作爲適性選校、深化學習和聚焦未來的依據。

　　108課綱提倡素養導向的教學，並提出「核心素養」成爲學生學習的重點方向，如何落實師生素養導向教學並呈現具體成效？則是108課綱實施以來的各方討論重點之一。爲培育學生具備核心素養的內涵，教師對於核心素養的理解、甚至教師如何強化自身專業素養等，同時成爲廣受關切的聚焦。

　　在提倡素養導向教學的議題裡，校長角色則是另一個受到關切的面向。林信志、張信務（見本書第七章）爲勾勒中小學校長應具的專業素養，針對中小學校長的專業角色任務與相關核心能力進行分析，整合國內外相關文獻的研究成果，彙整出校長專業素養的七大面向，並以「校長專業素養與RELFECT實踐反思」（見第七章圖7-1）闡釋之：

　　一、以溝通力圓滿公共關係；

　　二、以變革力達成行政效能；

　　三、以前瞻力共塑學校願景；

　　四、以執行力落實學生學習；

　　五、以覺察力提升自我專業形象；

　　六、以創新力建構課程教學；

　　七、以未來力設計教學與學習環境。

　　前述透過校長的七項專業角色，包含：公共關係、行政效能、學校願景、學生學習、自我專業形象、課程教學、教學與學習環境等，進一步探討校長應具備的專業素養內涵，爲校長專業素養研究開闢了一條可行的探討徑路，有關校長專業素養內涵也值得後續研究加以深化。

　　2014年實驗教育三法實施後，各方對於實驗教育現場的關切益盛。除前述對於普通中小學校校長專業素養的討論外，陳建志（本書第八章）也提出「實驗教育學校校長如何實施素養導向領導」的研究觀察；陳建志以一所公辦民營實驗教育國小校長爲個案，分析個案校長進行素養導向領導之具體作爲，主要有六：

一、擘劃實驗教育願景，掌舵實驗教育主軸；

二、精進素養導向領導，創新實驗教育課程；

三、建立校內當責文化，賞識鼓舞同仁專業；

四、提升教師工作價值，協力搭建職涯階梯；

五、記錄領導實務作為，拓展實驗教育精神；

六、系統整合教育資源，活絡社區發展動能。

實驗教育包含非學校型態、學校型態，以及公辦民營等不同型態，身為前述機構的領導人對於108課綱的回應情形如何？不同型態實驗教育機構領導人在素養導向領導的實踐方面，呈現出何等樣貌？教育主管機關為支持前述領導人的專業發展，是否能提供教育主管機關哪些具體可行的建議？等，也是吾等面對教育變革所不應忽視的課題。

［參］ 宜提供教育人員法律與領導素養之必要支持

教育是提升國家人力資源發展的重要後盾，也是延續自由民主與法治社會發展的重要基石。近年面臨少子女化現象、國際教育與多元文化推展、經濟與產業轉型等新興挑戰，不僅考驗著臺灣整體社會的應對，同時考驗著教育現場的因應與創新能力。為了回應前述，各項新興的教育法令或相關變革不斷提出，教育人員面臨前述教育法令與變革則須有積極對應，如何持續提供教育人員法律與領導素養等必要支持，有賴教育學界持續關注與參與。

本書為提升教育人員法律與領導素養所規劃，分成法律素養與領導素養等兩大篇，擇取最新的教育法令修訂與教育變革，結合教育或法學學理與現場實例，總計收納專文十一篇。在《法律素養篇》方面，分別擇取學生學習權、原住民族教育權、教師資格評定與考核、教師注意義務、校園霸凌處理，以及不適任教師審議等六大議題，收納六篇專文如後：

一、智慧校園中學生人格權之保障── 兼論個人資料保護法適用校園時之法律效力

二、原住民教育權與多元文化教育── 學理與案例分析

三、論公立高級中等以下學校教師績效考核之法律規制

四、教師注意義務之內涵與實務——理論與案例研析

五、教師體罰與霸凌學生事件之處理——教師法與校園霸凌防制準則之適用

六、「教學不力或不能勝任工作有具體事實」作為中小學教師不適任事由——聚焦於處理程序與相關爭議

在《領導素養篇》方面，則以校長為主要探討對象，分別擇取校長專業素養內涵、校長素養導向領導、校長課程領導、校長故事領導，以及校長微觀政治領導行為等五項議題，收納五篇專文如後：

一、中小學校長專業圖像與素養分析——利害關係人觀點探究

二、公辦民營實驗教育國小校長素養導向領導發展與實踐之個案分析

三、108課綱變革後的校長課程領導角色與實踐——以新北市立安康高中為例

四、校長故事領導的故事敘說歷程與能力之提升

五、國小校長微觀政治領導行為分析——以學校推行國際教育政策為例

教育議題複雜多元，本書力求在議題的選擇上得以兼顧法令與教育變革的即時性，各項議題的探討均併成學理與實務的論述，務期各項議題的討論能貼近教育現場的發展樣貌，並提供相應的學理支持，以求教育議題的論述能盡力達成既廣且深的方向。

法律素養篇

第一章

智慧校園中學生人格權之保障
——兼論個人資料保護法適用校園時之法律效力

徐筱菁

摘要

　　本文旨在探討人工智慧運用於學校教學與管理時，對於學生人格權之影響及其保障，並探究《個人資料保護法》適用於智慧校園案例時，對於學生權利保護之法律效果。本文研究重心置於三個主要問題意識：首先，人工智慧如何運用在校園中？其次，人格權的概念和範圍為何？校園中之智慧化教學和管理，對於學生人格權有何影響？最後，現行《個人資料保護法》如何保障學生人格權？本研究有以下發現：(1)學生人格保護之重點包括：學生人格權以人性尊嚴為核心，其應為教學時之主體，且享有平等權；學生於學習時享有人格自主性，公共利益亦不得凌駕之；為保障學生人格自由開展之機會，法律應賦予學生有關人格圖像之自我表述權和資訊自決權、以及發展人格所需之私密空間的權利。(2)學校方面，智慧校園中為保障學生人格權，應確實遵守《個人資料保護法》之各項規定。(3)然就《個人資料保護法》適用範圍例外規定（第51條第1項）、特定目的拘束例外規定（第16條及第20條）、特種個人資料規定（第6條）部分，若學校依該法執行，恐造成學生人格權保障不足，學校教學與管理行為將無法充分回應社會之期待；建議未來修法方向，除可考量訂定排除上述兩類例外條款外，並增加特種個資之範圍和規範相關實施要件。

關鍵詞：人工智慧、人格權、個人資料保護法、智慧校園、隱私權

［壹］ 緒論

　　根據報載，臺北市政府教育局規劃於中小學內裝設自動販賣機，學生則使用數位學生證與悠遊卡消費，不料此一方案引起社會爭議，認為臺北市政府洩漏學生個人資料「要協助廠商蒐集全市中小學生的消費行為記錄大數據，演算發展人工智慧商業模式。」[1]臺北市長強調，「臺北市要成為智慧城市，自動販賣機與無現金交易是勢在必行，也會請資訊局訂定個資保護專章，列為契約附錄，解決所有人疑慮。」[2]此外，中國浙江省一所小學學生因上課配戴「智慧頭箍」，學校雖強調功能在於訓練注意力，惟仍引起社會爭議，有論者認為「讓學生佩戴智慧頭環這種作法是把學生當作學習的工具」，且建議「對於技術用於教育教學，必須立法規範」，學校因而暫停使用。[3]

　　隨著數位科技發展，學校教育也將逐漸進入數位化和智慧化的時代，除上述案例外，原校園內教務資料庫、雲端教室、線上開放課程、走廊錄影機等等之教學或管理相關設備，即可能逐步採用人工智慧技術；若蒐集學習者個人資料並加以處理後，可能介入學習者的學習動機、學習模式、學習行為、以及學習成果等。[4]不過，校園內運用人工智慧技術，從上述兩例可知，並非毫無疑義，智慧校園雖有上述許多好處，惟由於中小學生多為人格正在發展中的兒童，透過機器感測、記錄、評估其學習，對其人

1　中央社（10/07/2019）。學校設自動販賣機北市府：個資不會外洩，https://www.cna.com.tw/news/aloc/201910070224.aspx（最後瀏覽日：09/22/2021）；親子天下，智慧販賣機進國小校園3大爭議一次看清楚，https://www.parenting.com.tw/article/5080425（最後瀏覽日：09/22/2021）。

2　中央社（10/08/2019）。自動販賣機個資疑慮 柯文哲：訂專章解決，https://www.cna.com.tw/news/firstnews/201910080070.aspx（最後瀏覽日：09/22/2021）。

3　搜狐，浙江金華暫時停用「智慧頭箍」，專家：監測學生腦電違反倫理，http://www.sohu.com/a/350958088_260616（最後瀏覽日：09/22/2021）。

4　參見李瑞敏、李宏隆、李青燕、陳昌助、羅亦斯（2020）。智慧校園利用智慧輔助教學系統提高學生學習成效之研究，**課程與教學**，23卷2期，頁4-8。

格發展可能產生深遠、甚至不利的影響。[5]

　　根據《個人資料保護法》（以下簡稱《個資法》）第1條「為規範個人資料之蒐集、處理及利用，以避免人格權受侵害，並促進個人資料之合理利用，特制定本法」之規定，對於校園中學生個人資料之權益，可由《個資法》加以保障。然而，上述自動販賣機案中之學校和教育行政機關，雖已遵循現有《個資法》之規範，但是社會大眾對於學校和廠商如何使用學生購買行為資訊，依舊存有疑慮和爭議；換言之，現行《個資法》適用於智慧校園時，其保障學生人格權之法律效果似乎有限。因此，在人工智慧大舉進入校園前，國家對此疑慮實有重新再次加以討論和規範之必要，並應以人格權保障為基礎，讓科技充分發揮其提升教育品質的功能。

　　由於運用人工智慧與《個資法》之議題甚為廣泛和複雜，因此，為確實保障學生之人格權，並以順利發展智慧校園為目的，本文就以上爭議，僅設定以下研究議題：

　　(1) 人工智慧如何運用在校園中？

　　(2) 人格權的概念和範圍為何？校園中之智慧化教學和管理，對於學生人格權有何影響？

　　(3) 現行《個人資料保護法》如何保障學生人格權？

〔貳〕 人工智慧與智慧校園

一、人工智慧的概念

　　數位科技（digital technology）發展一日千里，人類生活持續數位化，並與使用數位資訊學習的機器，也就是具有人工智慧（artificial intelligence, AI）的機器共存。根據美國研究預測，2017年到2021年間，美

5　參見李芒、石君齊（2020）。靠不住的諾言：技術之於學習的神話，**開放教育研究**，26卷1期，頁17-19。

國教育中的人工智慧將增長47.5%。[6]

　　賦予人工智慧精準簡明的法律定義，囿於議題面向太廣並非易事。[7]歐盟嘗試定義人工智慧：[8]

　　　　指通過分析其環境並採取行動（具有一定程度的自主性）來實現特定目標的系統。以AI為基礎的系統，可指以其為基礎在虛擬世界中工作之純軟體（例如：語音助手、圖像分析軟體、搜尋引擎、語音和人臉識識系統），亦可指嵌入該系統之硬體設備（例如：高級機器人、自動駕駛汽車、無人機或物聯網應用）。

　　從而，人工智慧的特徵，乃為一套將資訊依照演算法（algorithm）獨自進行學習並判斷的軟體系統。[9]

　　AI系統依其能否模擬人類思考或具有情緒等意識，可區分為弱AI和強AI。[10]弱AI指僅能對於具體問題給予特定答案的智慧系統，目前弱AI在某

6　Marr, B. (2018). *How is AI used in education – Real world examples of today and a peek into the future*. Retrieved from https://www.forbes.com/sites/bernardmarr/2018/07/25/how-is-ai-used-in-education-real-world-examples-of-today-and-a-peek-into-thefuture/#36e55e39586e

7　Herberger, "Künstliche Intelligenz" und Recht, NJW 2018, S. 2826; Wischmeyer, Regulierung intelligenter Systeme, AöR 2018, S. 3.

8　European Commission (2019). *A definition of Artificial Intelligence: main capabilities and scientific disciplines* (p. 1). Retrieved from https://ec.europa.eu/digital-single-market/en/news/definition-artificial-intelligence-main-capabilities-and-scientific-disciplines.

9　European Commission (2020). *White Paper on Artificial Intelligence: a European approach to excellence and trust* (p. 2). Retrieved from https://ec.europa.eu/info/sites/default/files/commission-white-paper-artificial-intelligence-feb2020_en.pdf; Herberger, (Fn. 7), S. 2825.

10　Wischmeyer, (Fn. 7), S. 9.

些方面已經可以取代人力並做出建議，譬如：辨識照片或圖形、辨識文字或語言、自行針對個人投放廣告、自動翻譯、以專家資料庫為基礎給予疾病診斷建議、和地圖導航等。強AI則指軟體系統已具有如人類的智慧，如邏輯思考、於危險時迅速作出選擇、規劃與學習能力，或者是總和以上之能力，在多種不同目的需求下完成任務的能力等。時至今日，真正的人工智慧軟體系統尚未出現，不過，已有之弱AI卻已經改變了吾人的生活。

國家運用人工智慧執行行政任務，早有《行政程序法》第96條第1項第4款和第97條第1項第3款有關「以自動機器作成之大量行政處分」之規定，例如：製作地價稅繳納通知單；此外，國家亦已建立智慧警政系統，即「預測警政」（predictive policing），通過連結感測辨識技術、出入境或通信紀錄等資料庫、GPS定位，加入數據分析技術後產出結果，以協助警察預防或偵查犯罪。

二、人工智慧運用於校園

(一)以智慧教學與學習為發展重點之智慧校園

國家和民間亦致力於將數位科技和人工智慧引進學校。研究指出，數位科技或人工智慧運用於校園教學和管理，可以協助學生學習，並釋放教學者或教育行政人員困於繁瑣行政的壓力，專注提升教育品質。[11]尤其就學生學習方面，人工智慧技術最大的優勢是，能夠藉由「學習分析」（learning analytics），全面性地對學習者的學習歷程加以蒐集、分析、評量和報告，讓學習者、家長或教學者得以了解學習者的學習狀況，並加以檢討改善。[12]以下為目前教學時使用人工智慧之發展重點：

---

[11] 參見李瑞敏、李宏隆、李青燕、陳昌助、羅亦斯（2020）。智慧校園利用智慧輔助教學系統提高學生學習成效之研究，**課程與教學**，23卷2期，頁18。湯志民（2019）。智慧校園（Smart Campus）的理念與推展，**學校行政**，121期，頁137。

[12] 參見郭添財、林億雄（2017）。教育大數據時代的創新發展，**台灣教育**，708

1. 評估學習資料建立個人學習歷程檔案

將學習者的學習過程資訊數位化後，藉由搭載人工智慧軟體或區塊鍊的學習管理系統（learning management system, LMS），可支援學習者和教學者管理學習者的學習過程，功能方面包括註冊、課程安排、教材選擇與提供、學習進度與成果，以及學歷證書之認定等。由於LMS可以讓學習規劃個人化，並將學習過程檔案化，因此亦可具有預測學生未來表現的功能。[13]

2. 採用學習分析實施適性化課程

學習個人化的目的，在於提供適性化的教學，例如：運用「適應學習系統」（Adaptive Learning System, ALS; Intelligent Tutoring System, ITS）自動化個別分析學生學習過程中所取得之資訊，即時反饋予學生和教師參考。[14]此外，教育人工智慧系統亦可採集大數據並加以量化統計，呈現出全體之趨勢，讓教育政策制定者與教學者，得以全貌和個體相互參照，提出最佳可能之適性化教育。[15]

3. 人機協同精準教學

人機協同是智慧校園中，有關教師地位的重要變革。[16]教師原有職責以課堂教學爲主，現在則利用「智慧虛擬助理」（intelligent virtual assistant）作爲學生智慧個人教師（AI Tutor），[17]有利於教師將角色導向更重視教學設計、選擇機器指導方式、以及輔導學生學習的身分。換言

期，頁17；Jahn/Kaste/März/Stühmeier (2019), *Denkimpuls digitale Bildung*, S. 1. In: https://initiatived21.de/app/uploads/2019/05/d21-denkimpuls_schule_ki.pdf

13　Jahn/Kaste/März/Stühmeier, (Fn. 12), S. 2f.

14　參見黃國禎、付慶科（2019）。人工智慧的教育應用模式與潛力，**教育研究月刊**，307期，頁48。

15　參見林靜慧、陳俊宏、施慶麟（2017）。建立以數據驅動教育決策的學生學習成效平臺，**教育研究月刊**，280期，頁17。

16　劉磊、劉瑞（2020）。人工智能時代的教師角色轉變：困境與突圍—基於海德格爾技術哲學視角，**開放教育研究**，26卷3期，頁44。

17　盧宇、薛天琪、陳鵬鶴、余胜泉（2020）。智能教育機器人系統構建及關鍵技術——以「智慧學伴」機器人爲例，**開放教育研究**，26卷2期，頁83。

之，透過紀錄分析教師教學歷程數據，達成精準教學，已是智慧校園的基本任務；在機器成為知識提供者下，教學者應作為協助學生發展自我認同、社會參與、文化創新等高階能力的導師，培養學生的綜合素養。

4. 利用感測器和機器人適時補充教材

本文前述之「智慧頭箍」，其主要功能乃透過感測器（sensor）或相機，了解學習者之學習狀況並予以支援。[18]例如：透過裝置感測器之眼動儀（eye tracker），偵測與蒐集學習者查看教材時之視線資訊，並藉由分析學習者閱讀文本的方式，系統可以測知讀者是否對文本感興趣？讀者是否存在問題？或者讀者對文本所涵蓋內容的理解速度和能力為何？經由判讀學習者的學習過程和成效後，系統將適時地以其他數位教材作為個人化補充教材，甚至利用擴增實境（augmented reality, AR）或虛擬實境（virtual reality, VR）等技術，優化學習者之情境感知。[19]

5. 與學習有關之校園行政智慧化發展

除前述學習智慧化之發展外，校園內運用人工智慧的範圍尚包括智慧社群（iSocial）、智慧保健（iHealth）、智慧綠能（iGreen）、智慧管理（iManagement）及智慧行政（iGovernance），共同目的乃使教師或學校行政人員取得各項資訊，以協助學生適切地學習。[20]校園乃係各種人物聚集之地，不僅學習時需要進行聯繫合作，社團或一般社交活動亦有必要通訊、分享資訊並協作完成任務，智慧化社群活動，即能夠幫助社群蒐集有意義的資訊並加以運用。學生個人健康資訊和傳染病通報，亦得由人工智慧系統實施登錄和處理，採取預防性照護。此外，校園能源之使用，大量

18　Jahn/Kaste/März/Stühmeier, (Fn. 12), S. 3.

19　李瑞敏等，前揭註11，頁8。

20　李瑞敏等，前揭註11，頁4-8；Etisalat British Telecom Innovation Centre (2013). *White paper on the intelligent campus (iCampus): End-to-end learning lifecycle of a knowledge ecosystem* (pp. 1-6). Retrieved from http://www.intelligentcampus.org/iCampusMainSite/wp-content/uploads/2012/12/The-iCampus-Whitepaper.pdf（最後瀏覽日：09/22/2021）; Kwok, Lam-for (2015). A vision for the development of i-campus. *Smart Learning Environments, 2*(2), 6-8.

倚賴智慧型管理系統維護和運作，以進行保全與災害通報。最後，校園管理和行政，如休學之彙整分析預警等，均為人工智慧所擅長處理之範圍。

(二) 我國智慧校園暨其法律議題之現況與發展

國際上將人工智慧應用於校園或教育已呈趨勢，[21]我國除制定相關政策外，[22]實務上亦有一些成果，如酷學習網和因材網等。惟人工智慧之運作需要大數據以作為演算之基礎，無可避免須取得和使用學生各項資料，包含學生個人生物生理和社會等資訊，以及學習行為、學習過程、學習評量所釋出之數據等。人工智慧教育應用議題中，如何藉由規範保障學生權利，成為研究智慧校園者所重視與強調。[23]此議題不啻存在於所有人工智慧應用之項目中，[24]且有使用美國法隱私權（privacy right）的概念討論者制定。[25]本文即以此為重點研究之，且試從德國法「人格權」（Persönlichkeitsrecht）保障切入，以我國傳統大陸法之角度探討之。

21　聯合國教育科學及文化組織（2019）。《人工智能與教育——北京共識》第4、5點，頁57。載於https://unesdoc.unesco.org/ark:/48223/pf0000368303_chi（最後瀏覽日：09/22/2021）

22　行政院（2018）。臺灣AI行動計畫（2018-2021）。載於https://digi.ey.gov.tw/File/4C622B6A10053DAD（最後瀏覽日：09/22/2021）

23　《人工智能與教育——北京共識》第28、29、30點，詳參聯合國教育科學及文化組織，前揭註21，頁61。

24　如洪子偉（2020）。淺論AI風險預測的規範性爭議，**歐美研究**，50卷2期，頁207-229。翁清坤（2020）。大數據對於個人資料保護之挑戰與因應之道，**東吳法律學報**，31卷3期，頁95-105。Executive Office of the President (2016). *Preparing for the Future of Artificial Intelligence* (pp. 30-34). Retrieved from https://obamawhitehouse.archives.gov/sites/default/files/whitehouse_files/microsites/ostp/NSTC/preparing_for_the_future_of_ai.pdf（最後瀏覽日：09/22/2021）

25　《人工智能與教育——北京共識》第29點，詳參聯合國教育科學及文化組織，前揭註21，頁61。郭添財、林億雄，前揭註12，頁8。洪子偉，前揭註24，頁221-224。翁清坤，前揭註24，頁95-97。Kwok, *supra* note No.20, p. 9.

參、學生人格權之探討

一、人格權概念與範圍概述

　　現行法規中，有關人格權之規定，主要見於《民法》（第18條）、《個資法》（第1條）和《著作權法》（第3條第1項第3款等有關著作人格權之條文），然法規中並未對人格權做明確定義。我國有關人格權法律概念之建立，主要參考德國人格權理論及德國聯邦憲法法院相關判決。

　　有關人格權之概念，Ehmann指出，[26]要定義人格權是極度困難的事，因爲，很難有語彙可清楚地描述其概念並說明構成要件；同時，討論人格權時，不僅所涉個人，另外尚須考量社會整體公共利益，或是他人權益，因此人格權內涵難以界定，並具有特有固定範圍。從法規範而言，雖然《德國基本法》第2條第1項規範了一般人格權（allgemeines Persönlichkeitsrecht），以作爲個人得以主張防禦國家干預私人領域之條款，然本條所提供之保障範圍至爲廣泛，凡《德國基本法》其他條文未能保障之人格組成部分，均受一般人格權之保障。[27]因此，欲了解人格權之內涵，必須從個案中逐漸獲得明朗的輪廓，從而，德國憲法學者兼聯邦憲法法院大法官G. Britz彙整立憲者主張和聯邦憲法法院歷年判決，[28]建立了人格權的架構與內涵。

　　《德國基本法》第2條第1項一般人格權條款，乃憲法史上之創舉。Britz指出，[29]二次戰後，德國立憲者認爲，爲免重蹈納粹時代國家干預私人領域的覆轍，有必要於行爲自由外，另訂以保障個人人格（eigene Persönlichkeit）爲內容之條款，使個人得以自由地發展其個人認同（individuelle Identität）。經過聯邦

---

[26] Ehmann, Der Begriff des Allgemeinen Persönlichkeitsrechts als Grundrecht und als absolut-subjektives Recht, 2005, S. 2.

[27] 謝碩駿（2018）。憲法概括性權利保障條款之解釋──德國法的觀察，月旦法學雜誌，273期，頁49-52。

[28] Britz, Freie Entfaltung der Persönlichkeit (Art. 2 I1 GG), NVwZ 2019, S. 672-677.

[29] Britz, (Fn. 28), S. 672f.

憲法法院對於該條之闡述，目前人格權保障範圍包括：個人屬性（Personenstand）、親源認知（Abstammungskenntnis）、一般自我表述權（allgemeines Recht auf Selbstdarstellung）、免於強力人格圖像所造成侮辱之保障（Beleidigungsschutz als Schutz vor wirkmächtigen Persönlichkeitsbildern）、個人肖像與話語權（Recht an Bild und Wort）、資料保障（Datenschutz）、個人私密空間保障（Schutz der räumlichen Privatsphäre）、以及免受持續監控之保障（Schutz vor Gefühl eines ständigen Überwachtwerdens）等。

　　本文接續以前述Britz理論為基礎，藉由「自主性」（Autonomie）、「人格圖像」（Persönlichkeitsbilder）、以及「人格發展私密空間」（Privatsphärenschutz）的架構，逐項探討智慧校園中有關學生人格權相關之議題。由於德國人格權之發展，乃基於「人性尊嚴」之哲學基礎，[30]因此先予說明之。

二、人的存在與人性尊嚴

(一) 學生應為機器演算的主體

　　數位轉型（digital transformation）已是此一時代的特徵，論者認為我們正處於第四次工業革命的階段，它的特徵乃數據的蒐集、散布、連結和新創建，而因數據處理產生之演算、大數據、人工智慧、雲端、自動化系統、機器人、區塊鍊、虛擬實境等關鍵詞隨時圍繞在我們四周。由前述有關人工智慧運用於教學之四項發展重點可知，在教育數位轉型下，因教學或行政管理之需，校園內學生或教師、或其他軟體使用者，其個人資料或行為正不斷被軟體記錄和運算，並在雲端逐步形成可辨識之虛擬個人，甚至AI能夠透過分析預測，以做出回應或干預。

　　數位技術讓我們生活更為便利和多樣化，然而，過去機器明顯地僅為

30　BVerfGE 35, 202; BVerfGE 120, 274.

人所使用的工具，惟現今的機器卻在取代部分人類的觀察、思考與判斷。即便是弱AI，如智慧頭箍已可挑戰人對自身存在的認知；資訊機器植入人體內之賽博格（Cyborg），甚至虛擬人（Virtual Human）愈形廣泛後，何謂「人」（Human being; Menschsein）的爭議必定更為激烈。[31]故在數位時代中探討人與機器之道德與法律關係時，人性尊嚴（human dignity; Menschenwürde）仍為討論何謂人及其人格（personality; Persönlichkeit）問題的基礎與最終價值。[32]二十世紀中期，德國歷經過納粹種族主義，此一意識形態不僅將人單憑外表是否具備雅利安人種特徵區分為不同等級，且以非雅利安人種屬劣等種族並汙染日耳曼優秀種族之理由，對於近千萬所謂劣等人進行種族清洗。此舉促使人們思考，評斷誰是人的理由何在？人有所謂優劣之別嗎？所謂劣等人該被改造或清洗嗎？

　　二次戰後，1948年聯合國《世界人權宣言》明定：人人生而自由，在尊嚴和權利上一律平等（第1條第1句），且人人在任何地方有權被承認在法律前的人格（第6條）；1949年生效之《德國基本法》規定：人之尊嚴不可侵犯，尊重及保護此項尊嚴為所有國家權力之義務（第1條第1項），且為基本法永恆保障（Ewigkeitsgarantie）的條款（第79條第3項）；人於不侵害他人之權利或不牴觸憲政秩序或道德規範之範圍內，享有自由發展其人格之權利（第2條第1項）。其後之聯合國《公民權利及政治權利國際公約》序言，以及歐洲聯盟《基本權利憲章》第1條亦有類似的規範，均揭示人權源自於人固有的尊嚴。我國憲法雖未有明文，但理論與實務則均肯定之。[33]

　　相對於納粹主義，將人以外表是否具有雅利安人種特徵，以及是否優

---

[31] Geminn, Menschenwürde und menschenähnliche Maschinen und Systeme, DÖV 2020, S. 173.

[32] Gola, In Würde vor Ampel und Algorithmus, DÖV 2019, S. 676; Tiedemann, Menschenwürde als Rechtsbegriff, 2012, S. 10.

[33] 例如：司法院釋字第689號；王澤鑑（2012）。**人格權法**，頁73，自刊。李震山（2009），**人性尊嚴與人權保障**，頁19，元照。陳慈陽（2016）。**憲法學**，頁612，元照。

秀能夠對社會做出貢獻等，作為評斷人及其應受待遇的標準，人性尊嚴理論則是從人的內在和地位為出發，展開對個人與國家關係的闡述。[34]詳言之，只要具有人的心智，能意識和認同自我的存在，並試圖決定自己的人生，進而顯現出自我形象者，就可被稱作人；而人以被大自然賦予生命而享有尊貴的地位和權利，此一價值自是每個人均享，不因人的外表、家庭背景、或舉止行為等差異而有所不同；人性尊嚴應為他人所尊重，尤其國家應將人民視為國家行為的主體，個人的存在本身就是一種價值和目的，不得將人民作為權力客體或達成某一種結果的工具。[35]

　　前述自動販賣機和智慧頭箍爭議，在於學生可能成為演算客體的疑慮。[36]德國聯邦憲法法院對於國家是否侵害人民人性尊嚴，主要從「客體公式」（Objektformel）來加以檢視與監督，[37]例如：該法院1969年在其著名之Mikrozensus（抽樣調查）案判決表示，[38]本案中國家為制定政策需求，強迫人民接受抽樣調查，此舉乃將個人當作單純客體，牴觸了人性尊嚴，因為個人外顯的表達是連結於其內在的人格，當國家強制人民回答問卷之時，即強制個人將其內心公諸於外；問卷結果的處理，則是國家將個人整體的人格加以標註化和型錄化，即便是匿名的方式，也讓個人如同物品般被加以分類。我國2005年司法院釋字第603號關於指紋案中亦持相同看法，大法官指出，維護人性尊嚴與尊重人格自由發展，乃自由民主憲政秩序之核心價值，其中就個人自主控制個人資料之資訊隱私權而言，乃保障人民決定是否揭露其個人資料、及在何種範圍內、於何時、以何種方式、向何人揭露之決定權。指紋資料構成抽象人格一部分，為人格權之保障範圍，《戶籍法》強制採集人民指紋，建立資料庫，不僅侵入個人自主

34　司法院釋字第372號；Britz, Freie Entfaltung durch Selbstdarstellung, 2007, S. 16; BVerfGE 115, 118。

35　李震山，前揭註33，頁11。陳慈陽，前揭註33，頁616。

36　Gola, (Fn. 32), S. 675.

37　BVerfGE 27, 1; BVerfGE 45, 187; BVerfGE 87, 209; Linke, Die Menschenwürde im Überblick, JS 2016, 890.

38　BVerfGE 27, 20.

形塑其人格之私人生活領域，侵犯人民人格權，並限制人民對其個人資訊之自主權與隱私權。

　　人性尊嚴規範在要求國家視個人爲主體和爲目的本身，而非客體和目的之工具。國家抽樣調查或捺指紋這類資訊蒐集和處理行爲，除侵犯個人的資訊自主性外，其可非議者，乃國家將個人思想行爲或身心整體的人格切割爲部分，且對每一個人獨特的個體性及其個人認同進行評斷，侵害人格完整性。[39]因之，歐盟2021年4月所提出之《人工智慧法律調和規則草案》（又稱：人工智慧法）（Proposal for a Regulation Laying Down Harmonised Rules on Artificial Intelligence; Artificial Intelligence Act）之第3.5條基本權利保障條款，[40]即規定使用人工智慧時，不得侵犯人性尊嚴。

　　學生必須是使用數位學習機器的主體。學習工具從紙筆進步到數位技術，方式不同但尊重人性尊嚴的原則必須不變。[41]每位學生均有其獨特的個體性，對於自己是誰，享有發展、決定和認同的權利，家長、教育人員以及國家對他身爲人的尊嚴和其人格必須予以尊重和保障。當教育行政機關無時無刻不在進行教育資料運算統計時，根據客體公式，教學現場中有關教師和學生的任何數據，爲保障其主體性，不得強制採集外，資料蒐集須符合比例原則，資料庫之彙整亦必須將資料去人格化處理（Entpersönlichkeit），以及禁止讓資訊拼湊後可導向特定個人。[42]

(二) 避免演算偏見

　　我們信任機器判斷和處理事務，往往是因爲認爲機器沒有主觀意識，而推論其結果乃中立而公正，然而，演算偏見（Algorithmic Bias）

---

[39] Höfling, in: Sachs (Hrsg.), Grundgesetz: Kommentar, 2018, Art. 1, Rn. 35.

[40] European Commission (2021). *Proposal for a Regulation Laying Down Harmonised Rules on Artificial Intelligence*. Retrieved from https://eur-lex.europa.eu/resource.html?uri=cellar:e0649735-a372-11eb-9585-01aa75ed71a1.0001.02/DOC_1&format=PDF

[41] Gola, (Fn. 32), S. 673.

[42] BVerfGE 27, 21.

卻是屢見不鮮的事實。[43]例如：有關預測警政的研究指出，以大量已知和可用數據作為基礎的犯罪預測，由於演算過程無法涵蓋所有犯罪描述之語境（context），因此極易造成歧視性警察干預（discriminatory police interventions）。[44]尤其使用人工智慧軟體後，機器乃於幕後自行學習、進行決策和採取行動（黑盒子模式，black box model），由於無法得知其決策和行動的內部成因或理由，機器使用者更容易在無形中產生錯誤認知而毫無自覺。[45]

　　人性尊嚴與人格之價值，人人相同，此乃見於聯合國《世界人權宣言》第2條第1項和我國《憲法》第7條平等權之規定。大法官於釋字第682號有關國家考試應考資格案中，強調所謂平等的意義，乃國家不得恣意對人民採取差別待遇，任何分類行為均應與目的之間具有合理的關聯性。因此，平等並非指齊頭式平等，而是國家於有不同情狀時，應予斟酌具體案件事實上之差異及行為之目的，而為合理之不同處置。[46]

　　智慧校園的關鍵乃在學習分析，以智慧頭箍為例，學生是否專心，是軟體透過參照已有之量化數據和經過演算程序後予以判斷。從前文預測警政研究可知，目前演算法仍有其限制，因而有否專心，僅能在一個極小而又不盡正確的範圍內來檢測；數位學習機器亦可能具有演算偏見，而造成學生不合理地被差別對待。

　　職是之故，運用人工智慧於教學時，為避免演算偏見造成歧視性干預，手段合目的性係至為重要的關鍵。換言之，為何使用人工智慧設備、如何設定其使用方式、何種理由下採用人工智慧的決策和行動等，均應受學生教育目的之限制，並提出充分的理由。

43　Wischmeyer, (Fn. 7), S. 26.

44　Meijer, A. & Wessels, M. (2019). Predictive Policing: Review of Benefits and Drawbacks. *International Journal of Public Administration, 42* (12), 1035. Retrieved from https://www.tandfonline.com/doi/full/10.1080/01900692.2019.1575 664 （最後瀏覽日：09/22/2021）

45　BVerfGE 149, 222；洪子偉，前揭註24，頁212-217。

46　司法院釋字第211號。

三、學生自主性與自由意志

前述有關校園自動販賣機爭議之一，乃學生使用自動販賣機購買牛奶、在圖書館借還書、甚至進出校園時，載具（如智慧學生證）紀錄之訊息亦可同步或非同步傳輸給家長、學校或商家，讓各方取得學生行為的資訊。此舉不僅有侵害學生行為自由之虞，於學生人格自主性方面，亦有值得討論的空間。

與我國憲法並無明文關於人格權之規範不同，德國二次戰後於草擬《基本法》時，行為自由（Handlungsfreiheit）之外，並於第2條第1項明訂一般人格發展權。Britz認為，[47]立憲者從該條款所要表明者，乃人們外顯行為屬連結其內在個人認同之結果，因此憲法保障個人人格，乃因人格為個人外在作為或不作為的驅動力，且該人格亦同時為發展個人認同的基礎；自由發展人格的人，乃德國立憲者用以對比猶如被國家遙控之機器人的人。因此，具有自由發展人格的人，即為有自主性的人，不受國家操控，能夠以其自我認知所鋪展開的人生藍圖為據，做出各種行為選擇。德國此一確保個人透過自我決定（Selbstbestimmung）作為發展並捍衛其個人性的基本條件之規範，亦為我國憲法學所探認。[48]

當自主性討論對象為學生，特別是未成年學生時，更彰顯人格權保障之價值。人格之形成與發展，本非完全能夠由個人所決定，而是受到身心條件以及環境資源之限制；為突破該等限制，個人需要接受教育和協助。於是，家庭或社會於提供兒童教育和協助時，其目的乃支援兒童發展個人認同，強化其自決的能力，享有自主的人格，促使兒童能夠獨立擘劃出個人的人生藍圖並加以實踐。然而，不可否認地，教育開啟學生發展人格契機的同時，亦可能將固化的圖像烙印於學生腦海或生命中，成為另一種限制。因此，教育強調學習過程必須充滿溝通、嘗試、實踐、反省、批判、寬容與想像力，在此人格權即在保障個人與社會間，享有能夠充分互動的

---

[47] Britz, (Fn. 28), S. 673.
[48] 李震山，前揭註33，頁13。

機會，讓個人不致淪於空洞且任由他人擺布的傀儡。

　　將未成年學生所戴載具中之資訊傳送家長或學校之作法，通常以安全為由，進而得參與介入學生之決定，甚至，未來逐步進入強AI時代後，機器可能比學生更聰明，於記錄分析學生學習之餘，還能夠做出更多更符合社會期待的決策，據以指導學生的行為，是為「數位賦能」（digital empowerment）。[49]惟未成年學生人格成長階段，除安全保護外，亦倚賴學校教育人員給予引導、以及給予問題理解、詮釋和再次行動的空間。在學校中，學生遇見錯誤並從錯誤中改正的經驗，較之一路順遂更有意義，因為從錯誤中更能認識自己、認識環境。兒童必須從淚水及汗水中學習具有自主力和自決力，這是人工智慧時代中，人類仍須獲得保障的生存之路。

　　學校教學或管理行為，即便具有大規模數據作為基礎，仍受到憲法法治國原則的限制，需有法律依據，不得對學生人格權為不合理的干預，並應遵守過度禁止原則的界限。尤其人性尊嚴為憲法所永恆保障，人格完整性受到絕對的保護，不容有更高階的利益來權衡，亦無其他價值可取代，[50]就此，以大數據和結論當作干預學生人格權之理由時，只是在製造危害法治國的破口，終將吞噬個人的自由與人格。

四、人格圖像

(一) 自我表述權

　　學生在學校中留下之各種紀錄，如個人健康狀態和身分證電話號碼、學習練習和成果、出缺席和行為獎懲、家庭狀況與親師談話紀錄、機器感測學生學習等等，藉由這些紀錄將很容易拼湊出對於個別學生的想像。然

---

49 楊欣（2020）。人工智能「智化」教育的內涵、途徑和策略，**中國電化教育**，398期，頁25。

50 Hans-Jürgen Papier（著），李建良、蔡宗珍（譯）（2014）。**當代法治國圖像**，頁213，元照。

而，人格自由發展，很可能因爲第三人對其所具有的想像而受到侵犯，尤其隨著數位資料成立、決策並散布後，想像愈見鮮明深遠，侵害也愈發嚴重。

對於個人面對第三人以其相關圖文資料投射出不屬於個人所期待的圖像時，該如何阻止其侵害之問題，德國聯邦憲法法院認爲，個人以人性尊嚴及人格發展基本權爲基礎，享有「自我表述之權利」。[51]該法院認爲，個人對其個人圖像的表述具有支配權（Verfügungsrecht），包括第三人得否以及於何種範圍內得在公眾場合中描述該個人，以及個人亦可自行決定自己在公眾中要呈現何種形象。然而法院亦強調，個人之社會聲望乃由眾人觀點所累積，因此個人不可能享有請求權，要求他人以其所期待之內涵來進行描述；但是當個人人格受到特定危害，且無法受到足夠有效保護時，自我表述權將保障個人享有免於他人表述之侵害。

智慧校園中，無論是學習管理系統、適應學習系統或是智慧個人教師等，存放許多關於學校和教師對學生個人之描述，例如：形成性評量或成果發表錄影等。而這些以文字、照片或影片所呈現之描述或評論，當學校有意或無意將這些資訊發表於眾時，根據自我表述權理論與判決，學生得主張免於侮辱、自我話語權或肖像權。[52]

《刑法》之公然侮辱罪（第309條）與誹謗罪（第310條）爲《憲法》人格權之具體化法規，適用於智慧校園時，需有學校教育人員形成貶抑學生人格之言論爲構成要件。相對於教師牴觸刑法，有關學生自我話語權和肖像權之問題，現實上更爲常見和棘手。自我話語權保障學生於學校散布學生錯誤形象時，學生得有權請求更正並提出個人對自我形象的陳述；肖像權則保障學生，學校提供公眾學生照片等影像雖無不實，然學生之後對於個人認同有所自決或改變時，仍得請求學校不得公開其影像。[53]學校記錄學生活動資料並公開，例如：模範生表揚照片等，乃常見之校園行爲，

51　Britz, (Fn. 34), S. 37; BVerfGE 35, 202; BVerfGE 82, 236.

52　Britz, (Fn. 28), S. 675.

53　王澤鑑，前揭註33，頁161。

且學校此一作法並無不妥，因為學校作為社會重要教育機構，具有從事教育學生之義務外，亦負有與社會溝通之責任，不得評論學生或將所有資料均以保密為由不公開，而令社會無法監督時，亦非法規所允（如《教育基本法》第8條第3項之家長教育參與權）。然而另一方面，數位時代中人們得無期限以各種方式取得公開資料，亦對學生人格圖像帶來無止盡的負擔，例如：照片上的模範生可能多年被束縛於固定之優等生形象卻無法改變。故為保障學生人格得自由開展、創造全新的個人認同之機會，學生應有其權利請求學校尊重其人格圖像之形成與自我表述之權利。

此種學校義務與學生人格權保障衝突之難題，實務上不易解決，然為學生人格成長著想，學校仍應謹慎處理學生相關資料，以使用目的決定資料之公開必要性、方式與範圍，及其儲存期間。

(二) 資訊自決與保障

由前述自我表述權可知，學生享有自主決定是否揭露其個人資料、及在何種範圍內、於何時、以何種方式、向何人揭露之決定權，以及享有對其個人資料之使用有知悉與控制之權利，和資料記載錯誤之更正權與刪除權（資訊自決權，Informationelle Selbstbestimmung）。[54]因之學校蒐集和使用學生資訊有其界限，以確保學生的個人圖像有機會得以自我開展，免於受到永久的影響。

學校智慧校園相關行為中，為保障學生資訊自決權，首要需確認基於何種法律授權，以及對學生資訊之蒐集目的與範圍。以自動販賣機案為例，《個人資料保護法》作為學校處理學生使用智慧販賣機相關資訊尚非唯一根據，使學校得以在此理由下，漫無目的地全面記錄學生使用行為，之後再以特定原因彙整統計資料。相反地，學校必須根據比例原則，於開始蒐集資料前，即清楚規範界定蒐集資料之事由與目的，及其處理範

---

54 李震山，前揭註33，頁218。陳慈陽，前揭註33，頁640。司法院釋字第585、603、689號。BVerfGE 65, 1。

圍，[55]否則學校即嚴重侵犯學生之資訊自決權。

　　自動販賣機案另一爭議，乃學生持用記名載具，如智慧學生證，使用販賣機並被記錄相關資訊。學校智慧校園相關事項中，記名是極為常見的方式，而此所謂記名行為包括註記姓名、學號、身分證號、班級座號、出生地與日期、手機號碼等可能成為具有識別性個資之資訊，[56]根據前述保障人格主體性之說明可知，學校處理記名資訊需要嚴格遵守法治國原則。此外，學校將各項個人相關之數據匿名化，亦非可完全免於法律義務，尤其當資料能夠利用消除匿名化屏蔽技術，或對比其他公開資訊等程序，即可進行資料再識別化（Data Re-Identification, De-Anonymization; De-Anonymisierung）還原學生之標記時，學生人格權在此仍須受到保護。

五、人格發展之私密空間

(一) 享有數位個人空間

　　智慧校園所強調的優勢，在於適應學習系統能夠比傳統教學更能了解學生的需求，協助教師提供適性化教育。適應學習系統之強項，來自於機器能夠多面向地記錄學生學習表現，並以已有之大數據加以分析。此時，學校如何於一方面保障學生隱私，另一方面於滿足教學需求間取得適當基準？成為實施智慧校園時緊迫的議題。

　　關於學生人格權的保障，保護其享有私密領域有其必要，大法官且以隱私權保護之，[57]於釋字第585號謂「隱私權雖非憲法明文列舉之權利，惟基於人性尊嚴與個人主體性之維護及人格發展之完整，並為保障個人生活祕密空間免於他人侵擾及個人資料之自主控制，隱私權乃為不可或缺之基本權利，而受憲法第二十二條所保障。」法律所保障的人格，不僅指個人

55　BVerfGE 120, 378 汽車牌照錄影偵測案。
56　范姜真媺（2017）。大數據時代下個人資料範圍之再檢討，**東吳法律學報**，29卷2期，頁27。
57　王澤鑑，前揭註33，頁75。

的自我認同，尚包含自我認同發展的可能性。換言之，為使個人具有脫離公眾注視、卸下自我控制、安頓身心、自我省思並且嘗試轉換的機會，法律保障個人生活私密領域，免於他人窺探或侵擾。[58]對此，德國聯邦憲法法院曾寫下這樣的判決：「假若此種退守空間不復存在，個人精神將致超過負荷，因其須無時無刻地注意他人反應及其行止。」[59]即便個人身處公共場合，我國大法官亦認為，「他人之私密領域……在公共場域亦有可能受到干擾，而超出可容忍之範圍，該干擾行為亦有加以限制之必要。」[60]

　　數位技術的運用亦受到隱私權保障的限制。德國聯邦憲法法院於「線上搜索案」判決中，從一般人格權中導出「保障資訊科技系統中之私密性與整全性之基本權」（Das Grundrecht auf Gewährleistung der Vertraulichkeit und Integrität informationstechnischer Systeme）；[61]該法院指出，個人生活私密領域乃受到法律絕對保護和不得讓渡的核心領域，即便如國家安全等高階之公共利益，仍不得作為正當化侵犯此一核心領域之理由，因為「諸如感知與感受、思考、觀點、經驗等內在過程，乃具高度屬人性，不應恐於受到國家之監視」，[62]否則即是對人性尊嚴的貶抑。

　　由前述可知，學生於智慧校園中仍應享有私密空間，不因教育目的、身處學校公共場域或校園安全之理由而受到不當干預。

(二) 免於持續受監控感

　　智慧校園中，學生之隱私權應予尊重，國家不得以任何理由干預其私密空間，惟智慧校園之需要，機器仍有接近學生私人活動領域的可能性，學校該如何界定其措施？校園中隨時注視學生的設備，常見者乃監測器以及入口具有人臉或體溫辨識之機器、停車場車牌識別裝置、廁所或自動販

58　王澤鑑，同前註，頁207。

59　BVerfGE 101, 361摩納哥卡洛琳公主案（二）。

60　司法院釋字第689號。

61　參見施育傑（2019）。「資安基本權」之研究，**世新法學**，12卷2期，頁362。
　　BVerfGE 120, 274 線上搜索案。

62　BVerfGE 120, 274.

賣機附近之監視攝影機，另有如進行智慧校園時使用之智慧頭箍或前述之眼球感測器，以及其他學習進度監測等；以上智慧型機器多以公共衛生健康、校園安全或教育實驗等為目的所設，但此設備之使用並非毫無限制或疑義。

　　學生生活於校園各式監測器中，除安全感外，同時亦遭受恆受監控的威脅；換言之，學生的安全乃是以犧牲個人自在感所換取。然而人格發展自由為一受到絕對性保障的權利，假若個人無法確實掌握監測器究竟何時記錄何種資訊？數據將被何人使用？數據如何被散布？以及數據存在於資料庫多長時間？學生個人人格成長之權利，即可能在資料無法自決之寒蟬效應下，成為空洞的理論。因此，大法官對於公共區域監視議題，於第689號強調：「尤以現今資訊科技高度發展及相關設備之方便取得，個人之私人活動受注視、監看、監聽或公開揭露等侵擾之可能大為增加，個人之私人活動及隱私受保護之需要，亦隨之提升。是個人縱於公共場域中，亦應享有依社會通念得不受他人持續注視、監看、監聽、接近等侵擾之私人活動領域及個人資料自主，而受法律所保護。惟在公共場域中個人所得主張不受此等侵擾之自由，以得合理期待於他人者為限，亦即不僅其不受侵擾之期待已表現於外，且該期待須依社會通念認為合理者。」

　　法律對於國家監看行為，仍應遵守法治國原則，特別是依法原則與比例原則；司法院釋字第689號又特別指出，不得持續監看個人，且監看範圍應以社會通念認為合理者。學生即便在學校與他人共同學習和生活，仍保有自我私密空間和隱私，於數位世界中，同時受資訊科技系統中之私密性與整全性基本權之保障；學校不得持續性地監看學生外，監看事由與手段亦應正當合理節制。

［肆］　《個人資料保護法》之適用與檢討

一、現行法規與適用

　　智慧校園發展後，學校根據現行法規應如何藉由保護學生資料保障學

生人格權,乃本章所要探討的主題。根據現行法規和命令,學校處理學生資料有《個人資料保護法》、以及與教育有關之特別資料保護規範,後者計有《高級中等學校學生學籍管理辦法》第27條、《高級中等學校進修部學生學習評量辦法》第24條、《國民小學及國民中學學生成績評量準則》第13點、《高級中等學校學生學習評量辦法》第29條、《學校訂定教師輔導與管教學生辦法注意事項》第17點、《高級中等學校學生輔導辦法》第5條、以及教育部2019年函示《校園使用生物特徵辨識技術個人資料保護指引》等。由於特別法的規範方式多係概括扼要,類似《學校型態實驗教育實施條例》第6條第1項第6款之條文:「為保障學生之權益,學校型態實驗教育應維護學生基本人權,積極營造友善校園之教育環境,並遵守下列事項:……六、不得洩漏學生個人資料及其他隱私。」因此學校相關具體作法,除民法與刑法相關規定外,主要仍須從個資法得知。

智慧校園中對於學生資料之處理,首重須出於特定目的(《個資法》第5條),此一依據目的拘束原則(Grundsatz der Zweckbindung)之條款,臺北高等行政法院101年度訴字第585號有關學校持有學生個人資料之判決中,法院強調「(性平會調查記錄)……屬公務機關對於保有個人資料之利用,依個人資料保護法第16條規定,應於執行法定職務必要範圍內為之,並與蒐集之特定目的相符;如為特定目的外之利用,應符合個人資料保護法第16條但書各款情形之一,始得為之。惟無論係特定目的範圍內或特定目的外之利用,均應遵循同法第5條規定,不得逾越特定目的之必要範圍。」

法律原則上禁止學校蒐集和儲存學生之資料,除非獲得學生的同意(《個資法》第15條第2款和第19條第1項第5款)。本規定係踐行附許可保留禁止原則(Verbot mit Erlaubnisvorbehalt)以及直接(向當事人)蒐集原則,因此,學校應直接向當事人取得同意,始得蒐集學生資料;由於學生所同意之資料處理乃以特定目的為條件,學校不得將資料使用於無相關目的之事務上(《個資法》第16條和第20條);學校採集和使用學生資料時,應在必要的範圍內(《個資法》第5條),且於特定目的消失或當事人請求後,應立即刪除資料(《個資法》第11條第3項);資料內容應

正確（《個資法》第11條第1項）；其利用應透明並為學生所知（個資法第8條第1項）。學校若無遵守以上規定，《個人資料保護法》訂有罰則處罰之（個資法第41條以下）。

　　須注意者乃同意之生效要件，依《個資法》規定，蒐集資料前應取得當事人（在此為學生）之同意（個資法第15條第2款和第19條第1項第5款），惟根據《民法》，未成年人之意思表示原則上須經其法定代理人之允許（《民法》第77、78、79條）。因而學校於採用智慧校園時，應注意學生是否已成年，並應同時獲得其法定代理人之允許，該生同意之意思表示始生效力。

二、檢視個資法適用校園之問題

　　以前述自動販賣機為例，雖已訂有《個資法》提供學校、教育行政機關或學校財團法人運用，以保障學生之人格權，然實務上仍存在疑慮和爭議，其理由乃現行《個資法》除規範個人資料之蒐集、處理、利用限制外，另一方面藉由「個資法適用排除範圍」（《個資法》第51條第1項）、「例外之特定目的」（《個資法》第16條和第20條）、「縮限特種個人資料範圍」（《個資法》第6條）三類條款，排除掉《個資法》之適用，賦予公務機關和非公務機關更多彈性和權限。而此三類條款所鬆綁之個資使用範圍不可謂不大；僅以《個資法》第16條或第20條「增進公共利益所必要」條文為例，即可使學校無須遵守個資法之目的拘束原則。又如，教育部所訂定之《高級中等學校學生學習歷程檔案作業要點》，其第2點即規範「……其蒐集之學生學習歷程檔案資料，得依個人資料保護法第十六條或第二十條規定，釋出學生學習歷程檔案資料，供學習歷程中央資料庫處理及利用」，即顯示出《個資法》對於學校等機關之拘束力實為有限。以下分別述之。

(一) 個資法適用排除範圍

　　學校得否依《個資法》第51條第1項，主張於智慧校園時，不適用

《個資法》？此問題為本文重要議題之一，因《個資法》第51條第1項規定：「有下列情形之一者，不適用本法規定：一、自然人為單純個人或家庭活動之目的，而蒐集、處理或利用個人資料。二、於公開場所或公開活動中所蒐集、處理或利用之未與其他個人資料結合之影音資料。」學校似得依本條《個資法》適用例外之規範，主張不適用《個資法》。

　　《個資法》的規範客體為個人資料，目的在避免人格權受侵害，並促進個人資料之合理利用（《個資法》第1條）。由於人格權之重要性，以及數位時代中人格保護較之過往有過之而無不及，因此《個資法》適用範圍應以適用於所有自然人之資料為原則（個資保護平等原則），[63]僅於有法律明文規定者，例外不適用之。而根據《個資法》第51條第1項，例外不適用有兩種情況：一、自然人為單純個人或家庭活動之目的所處理之資料；二、於公開場所或公開活動中，且未與其他個人資料結合之影音資料。第一類「家務例外」，自然人為單純個人或家庭活動目的之處理個資不適用《個資法》之理由，蓋「因係屬私生活目的所為，與其職業或業務職掌無關，如納入本法之適用，恐造成民眾之不便亦無必要」。[64]第二類「公開場所例外」，於公開場所或公開活動中，且未與其他個人資料結合之影音資料亦屬不適用《個資法》之理由，乃因取得畫面中所有人書面同意始得蒐集、處理或利用個資較為不便。[65]

　　若參考國外立法例，歐盟《一般資料保護規則》（General Data Protection Regulation）第2條關於例外不適用清單中，與本文較相關之規定為「當事人所為單純之個人或家庭活動」（第2項第3款）或「主管機關為達預防、調查、偵查或追訴刑事犯罪或執行刑罰之目的（包

63　林洲富（2019）。**個人資料保護法之理論與實務**，頁2，元照。Kirchhof, in T. Maunz/G. Dürig, Grundgesetz-Kommentar, 2019, Art. 3 Abs. 1 Rn. 329.

64　立法院（2010）。民國99年4月27日個人資料保護法全文修正理由。載於https://lis.ly.gov.tw/lglawc/lawsingle?008071DA4B1A00000000000000000320000000 07FFFFFD^01829099042700^00017001001；林洲富，同上註，頁12；林鴻文（2018），《個人資料保護法》，頁393，書泉。

65　林洲富，前揭註63，頁12。

括爲維護及預防對於公共安全造成之威脅）所爲之個人資料處理」
（第2項第4款）。德國作爲歐盟會員國，於其《聯邦資料保護法》
（Bundesdatenschutzgesetz）第1條適用範圍規範，本法原則上適用所有公
務機關與非公務機關，僅允許家務例外（第1項）。由歐盟與德國法規可
知，適用《個資法》之條件，活動空間是否公開或者有無與其他個資結
合，並非所問。

　　從實務運用而言，學校似可僅以「未與其他個人資料結合」之理由，
即得於實體公共區域或虛擬數位公共空間攝錄所有關於學生之數據，而
不受《個資法》之限制；但本文認爲，學校依此規定不受《個資法》之限
制，並非妥適。首先，學生身處學校公共場合或公開活動，並非表示全盤
放棄隱私，[66]尤其司法院釋字第689號亦強調，「是個人縱於公共場域中，
亦應享有依社會通念得不受他人持續注視、監看、監聽、接近等侵擾之私
人活動領域及個人資料自主，而受法律所保護」。其次，「未與其他個人
資料結合」之要件亦無保護學生之功能，蓋於道路等開放空間，或因路人
爲陌生人，未與其他個人資料結合時無法辨識其身分，其人格權之侵害可
能較低；然於校園空間內或特定學校相關活動中，如須於影音資料中辨識
學生實非難事，無須利用其他資料庫即可導出特定個人。[67]尤其，隨意設
置監視錄影器的後果，恐造成「個人之私人生活及社會活動，隨時受他人
持續注視、監看、監聽或公開揭露，其言行舉止及人際互動即難自由從
事，致影響其人格之自由發展」，[68]因此處理不可不愼。

　　因之，爲保障學生人格自由發展與資訊自決之權利，未來修法時建
議於校園內，調整法規排除《個資法》第51條第1項第2款之條文；亦即學
校應全面遵守《個資法》，[69]除事前應取得學生同意在何種範圍內、於何
時、以何種方式、向何人揭露其資料外，事後學校亦應於學生請求下對錯

66　李震山（2007）。多元、**寬容與人權保障**，頁229，元照。
67　劉定基（2012）。個人資料的定義、保護原則與個人資料保護法適用的例外
　　（上），月旦**法學教室**，115期，頁48。
68　司法院釋字第689號。
69　劉定基，前揭註67，頁54。

誤資訊予以更正，或因學生不同意使用該資料而進行刪除（《個資法》第3至27條）。[70]

(二)例外之特定目的

　　本文開始案例中，無論是自動販賣機案或智慧頭箍案，均涉及一基本問題：蒐集、處理和利用資料之目的何在？對於教育或教學有何特別作用？由於《個資法》對於資料處置之合法性，皆以探究其目的爲始（目的拘束原則），[71]然智慧校園之範圍，除課堂上之輔導活動外，亦可能涵蓋所謂潛在課程，以及教學秩序與環境之維護，因此，學校利用如學生購置食品資料之正當性與合法性，有待未來修法時可考慮針對運用於智慧校園之個資處理時，具體規範特定目的之內容來加以界定。

　　根據《個資法》第5條，個人資料之處置必須符合特定目的，然該法復於第16條（適用於公務機關）及第20條（適用於非公務機關）明列利用目的限制例外事由。其立法理由主要係從調節私益與公益，或增進個人之權益爲考量。[72]職是之故，不僅公立學校此類公務機關，或是私立學校此類非公務機關，均得基於個資法之規定，於特定目的之外，享有利用資料之可能性。

　　若參考國外立法例，歐盟《一般資料保護規則》第89條有關「爲實現公共利益、科學或歷史研究目的或統計目的所爲處理之保護措施及例外規定」亦有類似規定。該條首先於第1項第1句規定，「爲實現公共利益、科學或歷史研究目的或統計目的之處理，應受本規則爲資料主體之權利及自由所定適當保護措施之拘束。」本條所強調者，乃該法原則上不允許單純爲實現公共利益、科學或歷史研究或統計之目的，進行個資處理，除非該特定目的之概念符合該法第5條個人資料處理原則、第6條處理合法性，以

70　劉定基（2012）。個人資料的定義、保護原則與個人資料保護法適用的例外（下），**月旦法學教室**，119期，頁43。

71　林玫君（2018）。大數據時代的個人資料保護，**興大法學**，24期，頁13。

72　立法院，前揭註64。

及第89條以下所規定之適當保障與框架條件。[73]而該法第89條所規範之條件包括：遵守資料最小原則下已做好技術和組織的措施（第1項第2句）、假名化之方式足以實現資料最小原則（第1項第3句）、以及運用各項措施以使個人無法和不可能被辨識以實現資料最小原則（第1項第4句）。

　　相較歐盟《一般資料保護規則》嚴格繁複之要件，我國對於特定目的限制之例外規定，顯然寬鬆許多。[74]其一，我國例外事由不限為實現公共利益所進行科學或歷史研究或統計，法規另採於法律明文規定、當事人同意或其已之前公開、為防止他人權益之重大危害、或有利於當事人權益等之情況亦得為例外事由。其次，歐盟《一般資料保護規則》為確實保護個人人格權，防範目的拘束原則於此被掏空，立法者先以明文規定原則上不允許上述目的之個資處理行為，續利用數量的明確性，清楚要求遵守資料最小原則，並於以上各項條件後，再指出應運用各項保護措施，例如：資料加密、員工的保密義務、特定工作說明、以及訪問權限等，盡可能拉高保障強度，[75]然而我國則無類似明文規範，甚至理論上視此一目的限制原則例外，同時亦包含適用資料最小原則之例外。[76]

　　智慧校園若適用《個資法》第16條及第20條明列利用目的限制例外事由，除對於成長中兒童之人格發展保護不足外，亦可能使得學校無所適從。以自動販賣機案為例，學校若堅持可設置自動販賣機且記錄學生購買行為，僅須提出依法維護公共利益之理由與條款（公立學校適用第16條第1項第2款、私立學校適用第20條第1項第2款）即可。惟，該條款之「公共利益」屬不確定法律概念，因而本案雖有《個資法》可依循，卻仍然造成

---

[73] Eichler, in: H. A. Wolff/S. Brink (Hrsg.), *Beck'scher Online-Kommentar Datenschutzrecht*, 2020, Art. 89 Rn. 1.

[74] 李惠宗（2013）。個人資料保護法上的帝王條款──目的拘束原則，法令月刊，64卷1期，頁58。范姜真媺（2018）。檢視行政機關蒐集利用個資之問題及展望，法學叢刊，63卷2期，頁49。

[75] Eichler, (Fn. 73), Rn. 12.

[76] 范姜真媺（2019）。自實務判決檢視行政機關蒐集、處理或利用個人資料之問題，警察法學，18期，頁9。

臺北市市長和議員間對保障學生權益之疑慮和爭議，至今無法獲致結論。

《個資法》之立法宗旨係保護個人之人格權（第1條），根據前述人性尊嚴永恆保障條款，人性尊嚴與人格權乃絕對不可取代和不可侵犯、以及無其他更高價值之基本權利核心，因此利用目的限制例外事由，在歐盟《一般資料保護規則》中之立法方式，僅視其為個資利用行為之「特權化」（Privilegierung）情形，[77]而非限制人格權之理由。學校之個資利用行為，就其法律責任而言，若無如歐盟《一般資料保護規則》之明確規定可遵循時，即較易受外界所質疑，前開自動販賣機案即屬此顯例，一項屬給付行政之美意，若以《個資法》暨保護學生人格權之角度檢視時，個資利用爭議似非提出有利於當事人權益（《個資法》第16條第1項第7款）之理由即可解決。設置自動販賣機尚且不易處理，裝置感測器料將更難以執行。

因此，本文建議訂定專法專款，明確化校園個資特定目的之相關規範，如大法官會議所要求「應以法律明定其蒐集之目的，其蒐集之範圍與方式且應與重大公益目的之達成，具有密切之必要性與關聯性，並應明文禁止法定目的外之使用。主管機關尤應配合當代科技發展，運用足以確保資訊正確及安全之方式為之，並對所蒐集之指紋檔案採取組織上與程序上必要之防護措施，以符憲法保障人民資訊隱私權之本旨。」[78]以利智慧校園之建置與施行。

(三) 縮限特種個人資料範圍

《個資法》針對「有關病歷、醫療、基因、性生活、健康檢查及犯罪前科之個人資料」，規定原則上不得蒐集、處理或利用（第6條），而智慧校園中，例如：智慧頭箍，亦可能涉及該項特種個人資料之使用，亦值得重視。

《個資法》立法者認為，特種個資因特殊或具敏感性，如任意蒐集、

77　Eichler, (Fn. 73), Rn. 11.

78　司法院釋字第603號。

處理或利用，恐會造成社會不安或對當事人造成難以彌補之傷害，因此規定不得蒐集、處理或利用，若必須利用時，應遵守該法第6條之相關規定。[79]而立法者詳列之特殊或敏感性資料則包括有病歷、醫療、基因、性生活、健康檢查及犯罪前科等六種個人資料。

　　參考國外立法例，歐盟《一般資料保護規則》第9條第1項明定「揭露種族或人種、政治意見、宗教或哲學信仰或貿易聯盟會員之個人資料、以及基因資料、用以識別自然人之生物特徵資料、與健康相關或與自然人之性生活或性傾向有關個人資料之處理，應予禁止。」本條文乃以禁止資訊歧視（informationelles Diskriminierungsverbot）為目的，將基因資料、生物特徵資料、健康資料等做分類，賦予不同等級具體化之保護要件（第9條第2至4項）。[80]根據該法第4條關於用語定義之規範，「基因資料」係指涉及當事人遺傳性或突變性之基因特徵之個人資料，尤其是經由當事人生物樣本分析後所取得關於該當事人獨特之生理或健康資訊（第13款）；「生物特徵資料」係指透過特定技術處理所得關於當事人身體、生理或行為特徵而允許或確認其特定識別性之個人資料，例如：臉部圖像或指紋資料（第14款）；「涉及健康之資料」係指與當事人之身體或精神健康有關之個人資料，包括提供揭示其健康狀況之醫療照顧服務（第15款）。歐盟《一般資料保護規則》於第9條第2項，則進一步規範得例外使用敏感性個資之具體要件。[81]

　　智慧校園中最具有爭議性的問題，乃學校得否利用感測器偵測學生臉孔、指紋、眼球移動等，了解其學習狀態或行為並記錄之。由司法院釋字第603號指紋案之解釋可知，類似眼球移動辨識之偵測行為恐有將學生客體化之虞，[82]且由於特種個資的內容均係關乎個人的身心特質、自我認

79　立法院，前揭註64。

80　Albers/Veit, in: H. A. Wolff/S. Brink, *Beck'scher Online-Kommentar Datenschutzrecht*, 2020, Art. 9 Rn. 1; Buchner, Grundsätze des Datenschutzrechts, in: *Einführung in das Datenschutzrecht*, 6. Aufl., 2017, S. 246.

81　Kühling/Klar/Sackmann, *Datenschutzrecht*, 4. Aufl., 2018, S. 182.

82　李惠宗，前揭註74，頁55。

同、自主性以及私密性，緊密地與個人人性尊嚴和人格連結在一起，因而歐盟對此極為重視，不僅對於禁止處理敏感性個資有關條文採廣義解釋，[83]並規定違反者最高得處2千萬歐元（約6億5千萬新臺幣）之罰款。惟我國《個資法》第6條並未明文將「生物特徵資料」相關項目列為特種個資，[84]因此學校利用感測器蒐錄學生生理特徵進行識別時，似無法直接按《個資法》禁止之，實存在嚴重的侵權疑慮。

　　教育部於2019年以函示《校園使用生物特徵辨識技術個人資料保護指引》，提供各級學校於處理個人資料時作為依據。本指引於《個資法》第6條原有特種個資範圍下，首先增加了「生物特徵」之項目，且定義生物特徵乃是具個人專屬性足以識別個別身分之個人生理特徵資料（如指紋、臉部特徵、虹膜、聲音、掌紋、靜脈等）（第3點）。本指引繼而規定，學校於蒐集、處理、使用學生生物特徵資料時，應有特定目的（第4、6點），並應事先獲得學生或其法定代理人之同意（第5點），且使用生物特徵辨識技術時，應以轉換為特徵值再行處理為原則（第7點）。

　　前述函示的重要性，在於指出現行《個資法》規範已無法完整保障校園中學生之人格權，因而必須另以行政規則補充之。此外，國家對於學生生物特徵資料亦非常重視，本指引限制學校於特定目的下，應取得當事人同意、未成年學生應同時取得其法定代理人同意後，始得蒐集（第5點第2項）；換言之，與歐盟《一般資料保護規則》第9條第2項九種例外規定相較，我國學校得蒐集學生生物特徵資料之條件更為嚴格，僅容當事人同意之可能性。

　　綜上，建議未來有機會修法時，宜以形式法律方式明令禁止學校蒐集、處理和利用學生生物特徵資料之行為，並詳細明訂需要使用生物特徵資料時之特定事由及具體保護要件。學校作為教育機構，應以適當標準保護學生之人性尊嚴與人格，避免可能造成學生個人客體化之情形。

83　Albers/Veit, (Fn. 80), Rn. 1.
84　林鴻文，前揭註64，頁89。

伍、結論

　　本文主旨乃從學生人格權之保障為觀點，探討智慧校園中適用《個人資料保護法》之議題。研究發現，智慧校園乃指人工智慧技術運用於教學與行政之學校，亦即利用電腦、軟體或感測器蒐集學生學習等行為，集結各種資訊並使用運算法，預測學生學習或其他行為。隨著監測技術和運算法的進步，以及資料庫逐漸完整，如何於不侵害學生人格權的前提下，繼續發展智慧校園，有賴於學校依循《個人資料保護法》相關法規執行校務教學和行政。

　　本文認為，智慧校園中學生人格權之重要範圍，包括「自主性」、「人格圖像」，以及「人格發展私密空間」：即於尊重人性尊嚴下，維護學生不受國家或學校操控，能夠以其自我認知所展開的人生藍圖為據，做出各種行為選擇；保障學生人格自由發展，不因為第三人對其所具有的想像而受到侵犯；支持學生享有自主決定是否揭露其個人資料、及在何種範圍內、於何時、以何種方式、向何人揭露之決定權，享有對其個人資料之使用有知悉與控制之權利，以及資料記載錯誤之更正權與刪除權；肯定學生享有私密領域，免於持續受監控。

　　《個人資料保護法》乃保障人格權之最重要法規，本法藉由限制公務機關和非公務機關蒐集、處理和利用個人資料之行為，避免人格權遭受侵害，並促進個人資料合理利用之目的。惟《個資法》適用排除範圍（第51條第1項）、允許例外之特定目的（第16、20條），及縮限特種個人資料範圍（第6條）等規定，將造成智慧校園中學生人格權之保障可能有所不足，應予關注。

　　智慧校園與個人資料保護均屬社會高度重視，但有關個人權利之外，還涉及科技、校園安全、資料庫設置等多面向的複雜議題。本文提出學生人格權保障範圍與《個資法》適用校園之初步研究成果，希望能夠促成校園安全有序地使用人工智慧。

參考文獻

一、中文部分

Hans-Jürgen Papier（著），李建良、蔡宗珍（譯）（2014）。**當代法治國圖像**，元照。

中央社（08/10/2019）。自動販賣機個資疑慮 柯文哲：訂專章解決，https://www.cna.com.tw/news/firstnews/201910080070.aspx

中央社（10/07/2019）。學校設自動販賣機 北市府：個資不會外洩，https://www.cna.com.tw/news/aloc/201910070224.aspx

王澤鑑（2012）。**人格權法 —— 法釋義學、比較法、案例研究**，自刊。

立法院（2010）。民國99年4月27日個人資料保護法全文修正理由，載於https://lis.ly.gov.tw/lglawc/lawsingle?008071DA4B1A0000000000000000032000000007FFFFFD^01829099042700^00017001001

行政院（2018）。**臺灣AI行動計畫（2018-2021）**。載於https://digi.ey.gov.tw/File/4C622B6A10053DAD

李芒、石君齊（2020）。靠不住的諾言：技術之於學習的神話，**開放教育研究**，26卷1期，頁14-20。

李惠宗（2013）。個人資料保護法上的帝王條款 —— 目的拘束原則，**法令月刊**，64卷1期，頁37-61。

李瑞敏、李宏隆、李青燕、陳昌助、羅亦斯（2020）。智慧校園利用智慧輔助教學系統提高學生學習成效之研究，**課程與教學**，23卷2期，頁1-24。

李震山（2007）。**多元、寬容與人權保障：以憲法未列舉權之保障為中心**，二版，元照。

李震山（2009）。**人性尊嚴與人權保障**，三版，元照。

林玫君（2018）。大數據時代的個人資料保護，**興大法學**，24期，頁1-45。

林洲富（2019）。**個人資料保護法之理論與實務**，二版，元照。

林靜慧、陳俊宏、施慶麟（2017），建立以數據驅動教育決策的學生學習成效平臺，**教育研究月刊**，280期，頁17-29。

林鴻文（2018）。**個人資料保護法，二版，書泉**。

施育傑（2019）。「資安基本權」之研究——以「線上搜索」爲核心，**世新法學**，12卷2期，頁343-416。

洪子偉（2020）。〈淺論AI風險預測的規範性爭議〉，**歐美研究**，50卷2期，頁207-229。

范姜眞媺（2017）。大數據時代下個人資料範圍之再檢討——以日本爲借鏡，**東吳法律學報**，29卷2期，頁1-38。

范姜眞媺（2018）。檢視行政機關蒐集利用個資之問題及展望，**法學叢刊**，63卷2期，頁29-60。

范姜眞媺（2019）。自實務判決檢視行政機關蒐集、處理或利用個人資料之問題，**警察法學**，18期，頁91-128。

翁清坤（2020）。大數據對於個人資料保護之挑戰與因應之道，**東吳法律學報**，31卷3期，頁79-159。

郭添財、林億雄（2017）。教育大數據時代的創新發展，**台灣教育**，708期，頁17-24。

陳慈陽（2016）。**憲法學，三版，元照**。

湯志民（2019）。智慧校園（Smart Campus）的理念與推展，**學校行政**，121期，頁125-140。

黃國禎、付慶科（2019）。人工智慧的教育應用模式與潛力，**教育研究月刊**，307期，頁48-65。

搜狐，浙江金華暫時停用「智慧頭箍」，專家：監測學生腦電違反倫理，http://www.sohu.com/a/350958088_260616

楊欣（2020）。人工智能「智化」教育的內涵、途徑和策略——人工智能何以讓教育變得更聰明，**中國電化教育**，398期，頁25-31。

劉定基（2012）。個人資料的定義、保護原則與個人資料保護法適用的例外——以監視錄影爲例（上），**月旦法學教室**，115期，頁42-54。

劉定基（2012）。個人資料的定義、保護原則與個人資料保護法適用的例外——以監視錄影爲例（下），**月旦法學教室**，119期，頁39-53。

劉磊、劉瑞（2020）。人工智能時代的教師角色轉變：困境與突圍——基於

海德格爾技術哲學視角，**開放教育研究**，26卷3期，頁44-50。

盧宇、薛天琪、陳鵬鶴、余勝泉（2020）。智能教育機器人系統構建及關鍵技術──以「智慧學伴」機器人為例。**開放教育研究**，26卷2期，頁83-91。

親子天下，智慧販賣機進國小校園3大爭議一次看清楚，https://www.parenting.com.tw/article/5080425

聯合國教育科學及文化組織（2019）。人工智能與教育──北京共識。載於 https://unesdoc.unesco.org/ark:/48223/pf0000368303_chi

謝碩駿（2018）。憲法概括性權利保障條款之解釋──德國法的觀察，月旦**法學雜誌**，273期，頁47-71。

二、英文部分

Center for Strategic and International Studies (2018). *A National Machine Intelligence Strategy for the United States*. Retrieved from https://csis-prod.s3.amazonaws.com/s3fs-public/publication/180227_Carter_MachineIntelligence_Web.PDF

Etisalat British Telecom Innovation Centre (2013). *White paper on the intelligent campus (iCampus): End-to-end learning lifecycle of a knowledge ecosystem*. Retrieved from http://www.intelligentcampus.org/iCampusMainSite/wp-content/uploads/2012/12/The-iCampus-Whitepaper.pdf

European Commission (2019). *A definition of Artificial Intelligence: main capabilities and scientific disciplines*. Retrieved from https://ec.europa.eu/digital-single-market/en/news/definition-artificial-intelligence-main-capabilities-and-scientific-disciplines

European Commission (2020). *White Paper on Artificial Intelligence: a European approach to excellence and trust*. Retrieved from https://ec.europa.eu/info/sites/default/files/commission-white-paper-artificial-intelligence-feb2020_en.pdf

European Commission (2021). *Proposal for a Regulation Laying Down*

Harmonised Rules on Artificial Intelligence. Retrieved from https://eur-lex.europa.eu/resource.html?uri=cellar:e0649735-a372-11eb-9585-01aa75ed71a1.0001.02/DOC_1&format=PDF

Executive Office of the President (2016). *Preparing for the Future of Artificial Intelligence*. Retrieved from https://obamawhitehouse.archives.gov/sites/default/files/whitehouse_files/microsites/ostp/NSTC/preparing_for_the_future_of_ai.pdf

Kwok, Lam-for (2015). A vision for the development of i-campus. *Smart Learning Environments, 2*(2), 1-12.

Marr, B. (2018). *How is AI used in education – Real world examples of today and a peek into the future*. Retrieved from https://www.forbes.com/sites/bernardmarr/2018/07/25/how-is-ai-used-in-education-real-world-examples-of-today-and-a-peek-into-thefuture/#36e55e39586e

Meijer, A. & Wessels, M. (2019). Predictive Policing: Review of Benefits and Drawbacks. *International Journal of Public Administration, 42* (12), 1031–1039. Retrieved from https://www.tandfonline.com/doi/full/10.1080/01900692.2019.1575664

三、德文部分

Britz, G. (2007). *Freie Entfaltung durch Selbstdarstellung*. Mohr Siebeck.

Britz, G. (2019). Freie Entfaltung der Persönlichkeit (Art. 2 I 1 GG) – Verfassungsversprechen zwischen Naivität und Hybris? *Neue Zeitschrift für Verwaltungsrecht,* S. 672-677.

Ehmann, H. (2005). *Der Begriff des Allgemeinen Persönlichkeitsrechts als Grundrecht und als absolut-subjektives Recht*. Verfügbar unter https://www.uni-trier.de/fileadmin/fb5/prof/eme001/apr_georg.pdf

Geminn, C. L. (2020). Menschenwürde und menschenähnliche Maschinen und Systeme. *Die* Öffentliche *Verwaltung,* S. 172-181.

Gola, S. J. (2019). In Würde vor Ampel und Algorithmus – Verfassungsrecht im technologischen Wandel –. *Die* Öffentliche *Verwaltung*, S. 673-681.

Herberger, M. (2018). "Künstliche Intelligenz" und Recht. *Neue Juristische Wochenschrift*, S. 2825-2828.

Jahn, S./Kaste, S./März, A./Stühmeier, R. (2019). *Denkimpuls digitale Bildung: Einsatz von Künstlicher Intelligenz im Schulunterricht*. In: https://initiatived21.de/app/uploads/2019/05/d21-denkimpuls_schule_ki.pdf

Kühling, J./Klar, M./Sackmann, F. (2018). *Datenschutzrecht* (4. Aufl.). C.F. Müller.

Linke, T. (2016). Die Menschenwürde im Überblick: Konstitutionsprinzip, Grundrecht, Schutzpflicht. *Juristische Schulung*, S. 888-893.

Maunz, T./Dürig, G. (Hrsg.) (2019). Grundgesetz-Kommentar (91. Aufl.). C. H. Beck. Verfügbar unter https://beck-online.beck.de/Dokument?vpath=bibd ata%2Fkomm%2Fmaunzduerigkogg_91%2Fcont%2Fmaunzduerigkogg. htm&pos=2&hlwords=on

Sachs, M. (Hrsg.) (2018). *Grundgesetz: Kommentar* (8. Aufl.). C. H. Beck. Verfügbar unter https://beck-online.beck.de/Dokument?vpath=bibdata%2Fko mm%2Fsachskogg_8%2Fgg%2Fcont%2Fsachskogg.gg.a1.htm&anchor=Y-400-W-SACHSKOGG_8-NAME-ID-Y-400-W-SACHSKOGG-G-GG-A-1

Tiedemann, P. (2012). *Menschenwürde als Rechtsbegriff - Eine philosophische Klärung* (3. Aufl.). Berliner Wissenschafts-Verlag.

Tinnefeld, M.-T./Buchner, B./Petri, T./Hof, H.-J. (Hrsg.)(2017). *Einführung in das Datenschutzrecht* (6. Aufl.). De Gruyter Oldenbourg.

Wolff, H. A./Brink, S. (Hrsg.) (2020). Beck'scher Online-Kommentar Datenschutzrecht (31. Aufl.). C. H. Beck. Verfügbar unter https://beck-online.beck.de/?vpath=bibdata%2fkomm%2fBeckOKDatenS_33%2fcont%2fBECKOKDATENS%2ehtm

第二章

原住民教育權與多元文化教育
—— 學理與案例分析

鄭川如

摘要

　　由於教育權是實現人權不可或缺的手段，過去七十多年來，聯合國通過許許多多的國際人權公約，要求締約國保障其國民的教育權。二十世紀以來，由於對原住民族實施的同化教育造成其嚴重的語言、文化流失，針對原住民的教育權，聯合國有不同的要求。到底原住民教育權的內涵是什麼？臺灣是否已經實踐原住民的教育權？本文透過訪談與文獻分析，發現目前國小、國中、高中的社會、歷史教科書中，已有許多原住民族社會文化文本，且絕大部分的內容描述是公平、準確、翔實的，僅需部分微調。而針對原住民重點學校，僅有少數學校能夠透過實驗教育制度，在教育內容、課程設置與教學方法上做文化上做調整；但絕大多數的原住民重點學校，僅能在為數甚少的「彈性課程」中實施民族教育，而以中文與原住民族語進行的雙語教育更是付之闕如。

關鍵詞：原住民教育權、多元文化教育、經濟社會文化權利國際公約、
　　　　　同化、原住民族教育法

一、前言

　　教育是提升個人人格與品行的方法，透過教育，個人可以習得立足於社會的專業知識與基本技能、提升生活品質。另一方面，國家透過基礎教育，也孕育出一群具有特定價值觀、語言與文化認同的國民。

　　自十九世紀末葉，許多歐美國家帶著前述信念，強迫原住民兒童接受教育，其目的一方面在使原住民脫離原始的生活、提升其生活品質，另一方面統治者透過同化教育，希望原住民可以「脫胎換骨」、融入主流社會。前述想法一直持續到二十世紀中葉，成為世界各國普遍的作法。例如：「國際勞工組織」於1957年發布的第107號公約——《土著和部落人口公約》（Indigenous and Tribal Populations Convention），即要求締約國提供給原住民與其國民相當的教育水準（第21條），並以原住民在社會、經濟與文化上融入國家社會為主要目標。（第22條1項）

　　前述作法雖然的確在某程度提升了原住民的物質生活水準，但卻也間接導致原住民族語言、文化的嚴重流失。1983年聯合國特別報告員J. M. Cobo在「原住民歧視的問題的完全深入研究」中指出，[1]國家提供給原住民兒童的教育內容，主要係由生活在都市地區的主流社群成員設計給主流社群兒童用的，國家「透過讓原住民放棄他們自己的文化，使其融入主流社群」[2]的作法，「剝奪了使原住民兒童成為原住民的一切。」[3]Cobo並在研究報告中嚴厲指摘，「在國家擁護語言及文化多元性的現今（意指：1980年代），如此不折不扣的侵害原住民的文化與生活方式是無法被正當

---

[1]　Sub-Commission Resolution 8 (XXIV) of 18 August 1971. 完成的報告名稱為*The Study of the Problem against Indigenous Populations,* 收錄於 UN Doc E/CN 4/Sub 2/1986/7.

[2]　José Martínez Cobo, *Study of the Problem of Discrimination against Indigenous Population, XXI. Conclusion*, para. 98, E/CH.4/Sub.2/1983/21/Add.8

[3]　José Martínez Cobo, *Study of the Problem of Discrimination against Indigenous Population, XXI. Conclusion*, para. 91, E/CH.4/Sub.2/1983/21/Add.8

化的。」[4]

　　之後，隨著聯合國以及學術界的大力鼓吹，加上社會大眾的自我反省，「多元文化主義」（multiculturalism）逐漸取代同化政策，成爲各國原住民教育政策的主要思維。臺灣也在1998年通過《原住民族教育法》，希冀透過民族教育的實施，「保障原住民之民族教育權，提升原住民之民族教育文化。」（第1條）隨著多元文化教育理念在臺灣發酵，立法院於2019年5月全文修訂《原住民族教育法》，要求「各級政府應鼓勵各級各類學校，以原住民族語言及適應原住民學生文化之教學方法，提供其教育需求。」（第6條），同時規定「各級各類學校相關課程及教材，應採多元文化觀點，並納入原住民族歷史文化及價值觀，以增進族群間之了解及尊重。」（第27條）前述規範的主要目的，在於扎根多元文化教育，並促進原住民族語言之傳承與永續發展（立法理由）。

　　然而，臺灣是否已經實踐原住民教育權與多元文化教育？落實的程度爲何？若尚有所不足，應該如何積極地補強？爲了回答前述提問，本文擬先介紹原住民教育權的法源與權利內涵，接著檢視原住民教育權之實踐現況，最後針對臺灣原住民教育權的實踐狀況加以反思並提出建議。

二、原住民教育權的法源與權利內涵

　　教育是實現其他人權不可或缺的手段，[5]因此，過去七十多年來，聯合國組織一直不斷地在各類宣言以及國際人權公約中強調教育權的重要性，呼籲國家保障人民的教育權。這些宣言／公約，包括（但不限於）如：《世界人權宣言》（1945）、《經濟社會文化權利國際公約》（1966）（以下簡稱《經社文公約》）、《消除一切形式種族歧視國際公約》（1965）（以下簡稱《消歧公約》）、《消除對婦女一切形式歧視公

---

[4]　José Martínez Cobo, *Study of the Problem of Discrimination against Indigenous Population, XXI. Conclusion*, para. 92, E/CH.4/Sub.2/1983/21/Add.8

[5]　《經濟社會文化權利國際公約》，第13號一般性意見書，段落1。

約》（1979）、《兒童權利公約》（1989）、《身心障礙者權利公約》（2007）以及《反對教育歧視公約》（1960）等。

　　針對一般人民的教育權，主要規定在《經社文公約》第13條第1項：「本公約締約國確認人人有受教育之權。締約國公認教育應謀人格及人格尊嚴意識之充分發展，增強對人權與基本自由之尊重。……」同條第2項規定：「本公約締約國為求充分實現此種權利起見，確認：①初等教育應屬強迫性質，免費普及全民；②各種中等教育，包括技術及職業中等教育在內，應以一切適當方法，特別應逐漸採行免費教育制度，廣行舉辦，庶使人人均有接受機會；③高等教育應根據能力，以一切適當方法，特別應逐漸採行免費教育制度，使人人有平等接受機會；④基本教育應儘量予以鼓勵或加緊辦理，以利未受初等教育或未能完成初等教育之人；⑤各級學校完備之制度應予積極發展，適當之獎學金制度應予設置，教育人員之物質條件亦應不斷改善。」依據上述條文規定，所有人民都應享有受免費初等教育的權利；中等以上教育，則視各國經濟情況，儘量免費提供給所有人民；而高等以上教育，國家應依人民之能力提供之。[6]

　　依據《經社文公約》第13號的一般性意見，各級教育至少應具有「4A」基本特徵：分別是可提供性、可獲取性、可接受性、可調適性（availability、accessibility、acceptability、adaptability），相關內涵茲分述如下：

1. **可提供性**（availability）：締約國應在管轄範圍內，設置足夠能運作的教育機構和方案。這些教育機構和方案到底需要配備什麼才能運作？取決因素包括（但不限於）建築物或其他遮風蔽雨的設施、男女衛生設備、教學材料、圖書館、電子電腦和資訊技術等；

2. **可獲取性**（accessibility）：締約國在管轄範圍內，應使每一個人能夠利用教育機構和方案，且不受任何歧視。可獲取性包含了互相重

6　關於第13條受教育權的權利內涵，可參考《經社文公約》第13號一般性意見。一般而言，第13條教育權，包括三種權利：①受教育的權利；②（父母替小孩）選擇教育機構的權利；③（一般人）設立與管理教育機構的權利。

疊的三個因素，包括：

(1) 不歧視：人人必須受教育，最易受傷害群體的成員更有必要，國家必須以法律明文規定且在事實上確實做到，不得援引任何理由歧視任何人。

(2) 實際可獲取性：教育必須在安全的物質環境中進行，學生可在便利的地點上學（例如：鄰里單位的學校），或透過現代技術設備接受教育（例如：收看「遠距教學」節目）。

(3) 經濟上的可獲取性：教育費用必須人人負擔得起。此因素以第13條第2款中對初等教育、中等教育和高等教育的各別規定為準：初等教育應「一律免費」，締約國對中等教育和高等教育要逐漸做到免費。

3. 可接受性（acceptability）：教育的形式和實質內容，包括課程和教學方法，必須得到學生的接受（意指：課程內容需與學生相關、文化上是合適的、且教育的形式與內容必須是優質的），在適當情況下，也應該被學生家長接受；

4. 可調適性（adaptability）：教育必須靈活，能夠針對變動中的社會和社區的需求而進行調適，使其符合各種社會和文化環境中的學生的需求。

以上是1966年《經社文公約》中教育權的內涵。除了《經社文公約》，1989年聯合國大會通過的《兒童權利公約》亦重申教育權的重要性，並規定締約國應確認兒童有接受教育之權利（第28條）。該公約明訂教育的目標應包括：「①使兒童之人格、才能以及精神、身體之潛能獲得最大程度之發展；②培養對人權、基本自由以及聯合國憲章所揭櫫各項原則之尊重；③培養對兒童之父母、兒童自身的文化認同、語言與價值觀，[7]兒童所居住國家之民族價值觀、其原籍國以及不同於其本國文明之尊重；④培養兒童本著理解、和平、寬容、性別平等與所有人民、種族、民族、宗教及原住民間友好的精神，於自由社會中，過負責任之生活；

7　底線為作者所加。

⑤培養對自然環境的尊重。」（第29條）

　　雖然《經社文公約》與《兒童權利公約》適用在所有締約國（幾乎是全世界）國民身上，但礙於各國社會情狀的不同，仍有許多人，特別是女性、身障者、少數民族、原住民或是經濟弱勢者，無法享受到免費的初等教育。因此，《消歧公約》特別規定，「締約國依本公約第二條所規定之基本義務，承諾禁止並消除一切形式種族歧視，保證人人有不分種族膚色或原屬國或民族本源在法律上一律平等之權，尤得享受下列權利：……(5)享受教育與訓練之權。……」（第5條第5項第5款）而《消除對婦女一切形式歧視公約》亦規定，「締約各國應採取一切適當措施以消除對婦女的歧視，以保證婦女在教育方面享有與男子平等的權利，特別是在男女平等的基礎上保證……」（第10條）。[8]而《身心障礙者權利公約》第24條也規定，身心障礙者如同一般人民，有受教育的權利，且其不因身心障礙而被排拒在普通教育體系之外。[9]而《保護所有移徙工人及其家庭成員權

8　關於婦女和女童的受教育權，可參考《消除對婦女一切形式歧視公約》第36號一般性建議。

9　《身障者權利公約》第24條：「一、締約國確認身心障礙者享有受教育之權利。為了於不受歧視及機會均等之基礎上實現此一權利，締約國應確保於各級教育實行融合教育制度及終身學習，朝向：①充分開發人之潛力、尊嚴與自我價值，並加強對人權、基本自由及人之多元性之尊重；②極致發展身心障礙者之人格、才華與創造力以及心智能力及體能；③使所有身心障礙者能有效參與自由社會。二、為實現此一權利，締約國應確保：①身心障礙者不因身心障礙而被排拒於普通教育系統之外，身心障礙兒童不因身心障礙而被排拒於免費與義務小學教育或中等教育之外；②身心障礙者可以於自己生活之社區內，在與其他人平等基礎上，獲得融合、優質及免費之小學教育及中等教育；③提供合理之對待以滿足個人需求；④身心障礙者於普通教育系統中獲得必要之協助，以利其獲得有效之教育；⑤符合充分融合之目標下，於最有利於學業與社會發展之環境中，提供有效之個別化協助措施。三、締約國應使身心障礙者能夠學習生活與社會發展技能，促進其充分及平等地參與教育及融合社區。為此目的，締約國應採取適當措施，包括：①促進學習點字文件、替代文字、輔助與替代性傳播方法、模式及格式、定向與行動技能，並促進同儕支持及指導；②促進手語之學習及推廣聽覺障礙社群之語言認同；③確保以最適合個人情況之語言與傳播方法、模式及於最有利於學業及社會發展之環境中，提供教育予

利國際公約》第30條則規定，「移徙工人的每一名子女應與有關國家國民同等的待遇享有接受教育的基本權利。不得以其父親或母親在就業國的逗留或就業方面有任何不正常情況為由或因為其本人的逗留屬不正常的情況，而拒絕或限制其進入公立幼稚園或學校。」

　　前述規範的精神同樣適用於檢視原住民教育權。原住民與一般國民的教育權有何不同？因原住民亦屬國民，所有針對一般國民的教育權規範，應同樣適用在原住民；同理，針對一般婦女所做的規定，也應適用在原住民婦女身上；針對身心障礙者所作的規定，適用在原住民身心障礙者身上……，依此類推。然而，身為一群與主流社群有著截然不同語言、文化、價值觀、信仰、知識體系的一群人，倘若原住民與所有人接受相同的教育內容，勢必會面臨語言、文化流失的窘境。因此，在《經社文公約》第13號一般性意見書（1999）中，人權委員會特別強調，「各國有義務：確保教育在文化上滿足少數民族和原住民族的需要……。」[10]至於滿足原住民族文化上需要的意旨為何？

　　根據《兒童權利公約》針對原住民兒童之教育權所做出之第11號一般性意見，「《公約》第29條規定，教育所有兒童的目的，除其他目標外，應指向：培養對兒童的文化認同、語言和價值觀的尊重以及對不同於其自身文明的尊重。進一步目標包括，培養兒童本著各國人民、族裔、民族和宗教群體以及原為原住民居民的人之間諒解、和平、寬容、男女平等和友好的精神，在自由社會裡過有責任感的生活。這些教育目的適用於對所有兒童的教育，各國應確保這些目的在課程設置、教材內容、教學方法和政

視覺、聽覺障礙或視聽覺障礙者，特別是視覺、聽覺障礙或視聽覺障礙兒童。四、為幫助確保實現該等權利，締約國應採取適當措施，聘用合格之手語或點字教學教師，包括身心障礙教師，並對各級教育之專業人員與工作人員進行培訓。該等培訓應包括障礙意識及學習使用適當之輔助替代性傳播方法、模式及格式、教育技能及教材，以協助身心障礙者。五、締約國應確保身心障礙者能夠於不受歧視及與其他人平等基礎上，獲得一般高等教育、職業訓練、成人教育及終身學習。為此目的，締約國應確保向身心障礙者提供合理之對待。」

10　《經社文公約》第13號一般性意見書（1999），段落50。

策中得到充分反映。[委員會]鼓勵各國參照委員會關於教育目的的第1號一般性意見以獲進一步指導。」[11]換句話說，在主流社會以漢人占絕對多數的臺灣，國民小學的課程設置、教育內容、教學方法，不僅要能夠培養原住民兒童對其自身文化的認同、以及對其語言、價值觀的尊重，同時也要能夠培養一般漢人兒童對於原住民族文明的尊重。又「為確保教育的目的符合《公約》精神，締約國有責任保護兒童免遭《公約》第2條所規定的一切形式的歧視，並積極打擊種族主義。這項責任特別切合原住民兒童。為有效履行這項義務，締約國應確保學校課程、教材和歷史教科書公平、準確、翔實地描述原住民人民的社會和文化。……」[12]

又《兒童權利公約》第30條規定，「在種族、宗教或語言上有少數人民，或有原住民之國家中，這些少數人民或原住民之兒童應有與其群體的其他成員共同享有自己的文化、信奉自己的宗教並舉行宗教儀式、或使用自己的語言之權利，此等權利不得遭受否定。」因此，學校應依據此規定，對學校課程進行文化上的調整和提供雙語課程。[13]關於此點，委員會認為，「以兒童自己的語言進行教育十分關鍵。《國際勞工組織第169號公約》第28條確認，除給予機會流利地掌握所在國的官方語言外，還應教育原住民兒童使用自己的語言進行閱讀和寫作。雙語和跨文化課程是教育原住民兒童的重要標準。」[14]因此，「原住民兒童的教師應盡可能從原住民社區內部招聘，並給予充分的支持和培訓。」[15]

由於課程內容需反映原住民文化，且必須對原住民兒童實施雙語教育，國家勢必需要花費更多的費用。聯合國的委員會也在前述公約的一般性意見書中呼籲，「為使原住民兒童與非原住民兒童平等享有受教育的權利，國家應專項提撥財力、物力和人力資源，以實施明確旨在改善原住民

11　《兒童權利公約》第11號一般性意見，段落56。
12　《兒童權利公約》第11號一般性意見，段落58。
13　《兒童權利公約》第11號一般性意見，段落59。
14　《兒童權利公約》第11號一般性意見，段落62。
15　《兒童權利公約》第11號一般性意見，段落62。

兒童受教育機會的政策和方案。」[16]

　　綜上所述，我們可以將原住民教育權的內涵濃縮成二個核心概念。首先，針對原住民兒童，其教育內容、課程設置與教學方法，必須在文化上做調整，以培養原住民兒童對其自身文化的認同、語言和價值觀的尊重；且原住民教育必須以雙語進行，以使原住民兒童能夠用自己的語言進行閱讀和寫作。其次，針對主流社群兒童，教育內容與課程設置應能夠納入原住民歷史、文化及價值觀（多元文化教育），且學校課程、教材和歷史教科書應公平、準確、翔實地描述原住民人民的社會和文化，以培養其對原住民族文明的尊重。此二核心概念恰恰是2019年全文修正的《原住民族教育法》的重點內容，完整回應國際人權法上有關原住民教育權的內涵。接下來的問題是，臺灣是否已經真正實踐原住民教育權與多元文化教育？實踐的程度為何？

　　以2021年為例，有將近一半的原住民居住在都會地區，一半的原住民居住在原鄉地區，原鄉地區（山地鄉、平地鄉）的國民中小學絕大多數為「原住民重點學校」（指原住民學生達一定人數或比率之高級中等以下學校），而都會地區的國民中小學主要以漢人學生為主，原住民學生僅為少數。因此，針對原住民學生數占相對多數的「原住民重點學校」，我們應進一步檢視其教育內容、課程設置與教學方法是否有做文化上的調整；同時，學校是否有進行雙語教學（中文＋族語）？而針對以漢人學生為主的一般學校，則應檢視其課程及教材是否公平、準確、翔實地描述原住民人民的社會與文化，並採多元文化觀點？以下分別討論之。

三、原住民教育權之實踐現況──原住民重點學校

　　依據《原住民族教育法》，原住民學生達一定人數或比率之高級中等以下學校稱為「原住民重點學校」，而為了推動原住民族教育，教育部應對「原住民重點學校」寬列員額（第10條），並提供從事族語教學工作

16　《兒童權利公約》第11號一般性意見，段落60。

之族語老師、族語教學支援工作人員或代理教師進修及介聘機會（第32條）。根據教育部國民及學前教育署的統計，2020年原住民高級中學的重點學校有66間，國民中學的重點學校有79間，原住民國民小學的重點學校有290間（如表2-1所示）。

因臺灣一至九年級之國民教育屬義務教育，依據《國民教育法》，國民教育全方面受教育部管轄（第8條），而教育部設計的課程綱要，係以民族精神教育及國民生活教育為中心，以學生身心健全發展為目標，並注重其連貫性（第7條）。因漢人為臺灣最大族群，（占臺灣總人口96.45%），長久以來，國民教育內容係以漢人學生的需求為主，因此，倘若不調整既有課程架構與教育內容，恐無法滿足原住民學生的教育權。在臺灣，有二種學校可以調整既有課程架構與教育內容，一為依《私立學校法》設立私立學校，二為依據實驗教育三法[17]設立實驗教育學校。截至目前為止，臺灣尚無為原住民學生設立的私立學校，但有依實驗教育三法設立的原住民實驗教育學校。因此，以下有關原住民教育權實踐的現況分析，將區分為「原住民實驗教育學校」與非實驗教育之「一般原住民重點學校」二大類。

(一) 原住民實驗教育學校

根據教育部的統計資料，109學年度（2020年）依據實驗教育三法設立的原住民實驗教育學校，高中計有1間、國中計有5間（包含2所中小學）、國小計有29間。就比例而言，僅分別占該類別1.5%、6.3%、10%（如表2-1所示），因此，我們可以說，現階段能夠就課程設置、教育內容、教學方法上為原住民學生做全方面文化調整的原住民重點學校，數量仍顯過少。當然，實驗教育涉及全校學生的學習權益，倘若原住民學生數占全體學生數比率仍不夠高，恐會影響漢人學生的權益，因此，我們應進

17　實驗教育三法，係指：《高級中等以下教育階段非學校型態實驗教育實施條例》（2014.11.4制定）、《學校型態實驗教育實施條例》（2014.11.4制定）、《公立國民小學及國民中學委託私人辦理條例》（2014.11.7制定）。

一步檢視原住民學生數占全體學生數90%以上的原住民重點學校成為實驗教育學校的比率。從表2-1可以得知，原住民學生數占全體學生90%以上的高級中學有2間，其中已有1間申請成為實驗學校，比率不算低，但在原住民學生數超過90%的21間國民中學裡，僅有不到5間申請成為實驗教育學校（申請成為實驗教育學校的國民中學，並非全部都是原住民學生數超過90%的學校）；原住民學生數超過90%的144間國民小學裡，僅有不到29間的學校申請成為實驗教育學校（同上）。因此，現階段能夠針對原住民學生進行全面調整課程架構與教育內容的原住民重點學校，數量上仍屬過低。

表2-1
原住民重點學校數與實驗教育學校數

	高級中學	國民中學	國民小學
原住民重點學校	66	79	290
原住民學生數90%以上	2	21	144
實驗教育學校	1	5	29
實驗教育學校占全體原住民重點學校比率	1.5%	6.3%	10%

資料來源：作者整理

那麼，這些少數的原住民實驗教育學校，在教育內容、課程設置與教學方法上有做哪些文化上的調整？其是否符合原住民學生的需求？以下以宜蘭縣立大同國中作為實例分析之。

1. 有關課程設置、教育內容、教學方法上的調整

宜蘭縣大同鄉大同國中，是臺灣第一所原住民實驗教育國中。2021年9月全校共有46位泰雅族學生，19位教職員。[18]校長胡文聰（*Watan Silan*）

18　19位教職員，包括7位正式教師（含校長）、3位代理教師、3位合理員額計畫教師、2位技藝專班代理教師、2位實驗計畫相關助理，以及2位專職的族語老師。這些教職員中，泰雅族人共有8位、排灣族人1位、漢族老師10位。

亦爲該族族人，自104學年起任該校校長。爲了找回原住民教育本質，培育負責、卓越、理想又有自信的眞正的泰雅人，胡校長在全校教職員的支持下，於2017年申請成立實驗教育學校，經過一年的籌備，大同國中終於在2018年8月正式成爲實驗教育學校。依據申請書，該校的課程目標，在於幫助學生：①增進自我了解，發展個人潛能；②培養獨立自主生活的知能；③培養獨立思考與解決問題的能力；④培養表達、溝通和分享的知能；⑤發展尊重他人、關懷社會、團隊合作的能力；以及⑥熟悉泰雅族豐富的文化內涵。

在課程設置方面，學校保留所有教育部的「部定課程」（包括：國語文、本土語文、英語文、數學、社會、自然科學、藝術、綜合活動、科技、健康與體育），但除了18節學科節數不變以外，適度縮減了非學科的節數，再加上彈性學習節數，使得每週文化課程可達12節（約占總課程節數的1/3），每年級皆是如此。關於教育內容，經過一整年（籌備期）與「泰雅族南湖大山部落學校」文化老師的共同討論，學校將泰雅族五個面向的文化課程（包括：燒墾生活、婚姻文化、彩虹編織、山林文化、傳統智慧），打散在三個年級的所有課程中（如表2-2所示）。這些豐富的文化課程，其特色在於增進泰雅文化傳承與族群認同、建立學生倫理價值與部落秩序、復振與延續族群語言、建構與探索族群文化知識體系、以及同時兼顧學生基本能力的提升與民族教育的發揚。

表2-2
宜蘭縣大同國中七、八、九年級全學年文化課程內容

文化課程		
七年級 燒墾生活與技能	八年級 Gaga家庭與編織	九年級 山林智慧
◇ 植物認識與應用（30節） ◇ 開墾與播種（36節） ◇ 育苗除疏及間作管理（45節）	◇ 婚姻制度（33） ◇ 家的發展與族譜建置（30） ◇ 財產管理與繼承（18） ◇ 傳統信仰與生命禮	◇ 部落遷徙與族群關係（33） ◇ 部落山川與傳統領域（24） ◇ 部落地圖繪製（30）

✧ 摘穗收割與打米（18節） ✧ 小米糕製作（12節） ✧ 小米酒製作（12節） ✧ 小米醃肉製作（12節） ✧ 苧麻栽植與管理（21節） ✧ 三石灶與工寮（33節） ✧ 藤製器具製作（45節） ✧ 竹製器具製作（54節） ✧ 木製器具製作（45節）	✧ 俗（33） ✧ 泰雅之美與耳飾製作（15） ✧ 傳統服飾與器具認識（6） ✧ 桌上機平織與斜紋織（42） ✧ 傳統地機編織（51） ✧ 苧麻捻線與染色（33） ✧ 肩背帶製作（45） ✧ 編織品用與創作（24） ✧ Gaga團體與部落組織（33）	✧ 狩獵生態與體驗（42） ✧ 漁撈生態與體驗（15） ✧ 傳統樂器製作（24） ✧ 漁撈器具製作（24） ✧ 狩獵器具製作（24） ✧ 傳統建築（24） ✧ 藤製器具製作（42） ✧ 竹製器具製作（36） ✧ 木製器具製作（24）
12單元 計363節	12單元 計363節	12單元 計342節

資料來源：大同國中提供

　　在課程安排上，因文化課程有許多實作項目，不適合分散上課，且文化老師需要充分的時間準備教具，因此，學校將泰雅族文化課程集中在每週三、四、五下午。班級課表以七年級課表為例，表示如下（表2-3）。如此的安排，能讓學生在不影響一般學科的學習下，又可以充分學習泰雅文化。

表2-3
宜蘭縣大同國中110學年度第1學期七年級課表

節次／星期	星期一	星期二	星期三	星期四	星期五
第一節 8:25-9:10	自然	英語文	數學	健康與體育	國語文
第二節 9:20-10:05	英語文	自然	國語文	國語文	生活科技

第三節 10:15-11:00	國語文	數學	英語文	公民	數學
第四節 11:10-11:55	數學	歷史	自然	英語文	族語
第五節 13:10-13:55	藝術	自習	泰雅文化	泰雅文化	泰雅文化
第六節 14:05-14:50	輔導活動	社團活動	泰雅文化	泰雅文化	泰雅文化
第七節 15:00-15:45	地理	社團活動	泰雅文化	泰雅文化	泰雅文化

資料來源：大同國中提供

　　因為教育部以及原住民族委員會對實驗教育學校的經費挹注（每年150萬），學校得以聘請三位專職的泰雅族文化老師，三位皆為鄰近部落熟知泰雅族文化的族人（其中一人亦為大同國中之畢業校友）（符合兒童權利公約第11號一般性意見書的建議）。

　　在教學方法上，文化課程主要以講授、示範、實作為主，學生的評量則以實作、口頭報告作為多元評量的方式。

　　在教材準備方面，雖然文化老師熟稔泰雅文化，作為文化老師是足夠的，但因文化老師並未受過正式的教師訓練，因此在教案設計、學生評量、課程改進方面仍需要一般學校教師的協助。因為學校正式教師每週必須滿足一定的授課時數，因此，學校遂於文化課程中安排一般學科正式教師同時擔任「協同教學」老師（會依據各別老師的興趣媒合課程）。這麼做，有以下兩項優點：

　　(1) 學校內正式教師大部分為漢人教師，透過協同教學，漢人教師也可以進一步了解泰雅族的文化與知識體系，同時也有助於其在教授一般學科時，能夠透過泰雅族人的觀點去解釋概念，幫助學生更容易理解學科內容。

　　(2) 文化老師熟知泰雅文化內涵，也知道可以教授學生什麼內容，但尚缺乏將教學內容轉換成教案的能力，透過正式教師的協助，可幫助文化老師將教學內容文本化，將文化課程內容轉化成一套可供流傳、滾動式修

正的教案。（此教案內容未來也可供其他有興趣提供泰雅文化課程的學校作參考）

　　值得一提的是，現任九年級的文化老師A，為臺灣師大體育學系的畢業生，同時也是該校校友，因為熱愛泰雅文化，在大學畢業若干年後，決定回校服務。透過計畫申請，A老師先擔任實驗計畫助理，協助當時九年級的文化老師（耆老B）教學；經過三年的學習與強化自身的泰雅文化知識，現在文化老師A已經可以獨撐大局。

2. 雙語教育

　　所謂「雙語教育」，係指學校「同時」[19]以兩種語言作為教學語言，教授所有科目。在臺灣的教學現場裡，一般係指以「中文」與「英文」作為教學語言，教授數學、社會、自然科學、藝術、綜合活動、科技、健康與體育等科目。當然，因為學科的屬性，有些學科並不適合以英文作為教學語言（例如：國語文、本土語言），因此，在實際的課程安排上，國語文、本土語言的課程僅以中文、本土語言作為教學語言，英語文僅以英文作為教學語言，但數學、社會、自然科學、藝術、綜合活動、科技、健康與體育等科目，則可安排以雙語進行教學。關於雙語教學時數的安排，理想上應各占一半，如此，學生才能真正精熟二種語言，並且能用二種語言學習新知識。

　　對原住民而言，「雙語教育」應指學校同時提供以「中文」、「原住民族語」作為教學語言的課程，且二種語言的授課時數應各占一半。大同國中是否能夠提供「雙語教育」？

　　就一般課程（占所有課程數2/3）而言，目前因7名正式教師（含校長）與3名代理教師中，扣除泰雅族校長，僅有一位教師為排灣族人，也就是說，教授一般學科的教師並無泰雅族人，因此，目前該校就一般課程尚不能提供以「泰雅族語」作為教學語言的課程。

19　當然，這裡的「同時」，並不是指教師在同一節課裡，同時使用二種語言，而是指這一節課A教師用一種語言教授社會（學科），另一節課A教師（或B教師）用另一種語言教授社會（學科）。

　　就文化課程（占所有課程數1/3）而言，該校的三位文化老師中，有一位老師可以全程以泰雅族語進行授課，但由於學生的族語能力普遍不佳，即使文化老師能夠以全族語上課，但為了避免學生聽不懂，妨礙其學習泰雅文化，現階段該位文化老師仍以中文為主要的教學語言，以族語作為輔助教學語言（但有要求一定比例的族語授課）。學生族語能力普遍不佳，主要原因在於其父母、家人在家中以「中文」作為彼此溝通的語言，而小學階段亦未提供充分的族語課程；胡校長也有提到，倘若附近的部落小學也成為實驗教育學校，透過文化課程增強學生的族語能力，或許未來國中端的文化課程就可以以全族語授課。[20]

　　綜上所述，我們可以說，現階段大同國中的課程設置與教育內容，在文化上應可滿足原住民學生的需求，然而現階段尚無法實施雙語教育，因此該校原住民學生未能培養以自己的語言進行閱讀和寫作的能力，尚屬可惜。此部分則有賴同學區內的原住民重點小學的共同努力，提供充足的原住民族語言及文化課程給該校原住民小學生。

(二) 一般原住民重點學校

　　如上所述，一般原住民重點學校，除了在教師員額可能被寬列以外，其課程設置、教育內容基本上與一般學校無異。然而，自97學年度（2008年）開始，教育部鬆綁學校的課程設置，將每年級上課節數中的10%作為「彈性學習節數」，以一、二年級為例，每一週學習總節數共22-24節，領域學習節數共20節，彈性學習節數共2-4節，而七、八年級之學習總節數共24-32節，領域學習節數共28節，彈性學習節數共4-6節。因此，各校可以依據各校之發展方針，設置不同的彈性學習課程。以下以宜蘭縣金岳國小為例，分析其在彈性課程的安排下，是否有回應原住民學生的文化需求。

1. 有關課程設置、教育內容、教學方法上的調整

　　金岳國小為位於宜蘭縣南澳鄉的原住民重點學校，全校共43名泰雅族

20　受訪者：大同國中現任校長。訪談日期：2021年9月1日，訪談地點：該校校長室。

學生，全校教職員共12位（正式教師7位、代理教師5位）。一、二、三年級的彈性課程，安排如下：

表2-4

金岳國小110學年度第1學期一、二、三年級彈性課程（單位：節）

課程名稱／年級	一年級	二年級	三年級
部落史地	6	6	8
生活藝術	6	6	5
傳統技能	9	9	8
文化學習	21	21	0
英文學習課程	0	0	21
性別平等教育	6	6	6
性侵害防治教育	3	3	3
家庭暴力防治課程	3	3	3
家庭教育	3	3	3
環境教育	5	5	5
法治及國防教育	1	1	1
數學強化課程			6
國語強化課程			5
閱讀與品德			2
資訊教育課程			8
共計	63	63	84

資料來源：金岳國小教師提供

　　從表2-4可以得知，金岳國小全學年的課程設置中，與「泰雅文化」有關的課程，在一、二年級共計84節，[21]僅占全學年課程的6%，到了三年級剩42節，僅占全學年課程的不到3%。對於原住民學生而言，其文化上的刺

21　假設下學期的彈性課程節數安排與上學期相同。

激是相當不足的。然而，爲何金岳國小未將所有彈性課程安排爲與泰雅文化相關的課程？其中一個重要原因在於學校因應不同法規的要求，必須要提供一定時數的性別平等教育課程、性侵害防治教育課程、家庭暴力防治課程、家庭教育課程、環境教育課程、以及法治及國防教育課程，因此，壓縮了學生學習自身文化的時間。

2. 雙語教育

　　金岳國小現任7位正式教師中，有4位爲泰雅族族人，5位代理教師中有4位爲泰雅族人，泰雅族籍的教師比率超過一半（67%），然而，學校的正式課程設計中尚未提供「雙語教育」。事實上，教育部並未明文規定國小教師一定要用「中文」授課，依據《國家語言發展法》第3條與第9條3項的規定，學校教育得使用各國家語言（臺灣各固有族群使用之自然語言）爲之。因此，原住民籍的教師（如果想要的話）依法可以使用原住民族語進行一般學科的授課（當然該位老師所說的語言必須也是學生的母語），然而，截至目前爲止，並未聽聞有原住民籍的教師以原住民族語言進行一般學科的授課。[22]本例中，金岳國小12位教師中，有8位泰雅族籍教師，但尚未有任何一位教師以「泰雅語」進行授課，筆者以爲可能的原因可能有：

　　(1) 泰雅族籍教師在受教育的過程中（國小至大學），未曾接受過以泰雅語爲教學語言的課程，因此，也不知道如何以泰雅語進行一般學科的授課；

　　(2) 泰雅族籍教師雖然會說族語，但是族語能力、詞彙還不夠豐富，因此無法全程以泰雅族語授課；

　　(3) 教師的族語能力雖然夠強，但是學生普遍聽不懂族語，因此爲了顧及學生的受教權，而選擇不使用族語作爲教學語言；

　　(4) 學校禁止教師以原住民語進行教學。

　　到底是哪一個因素導致該校未進行「雙語教學」？根據該校某位教師所述，雖然學校有提醒老師在教學時能多用泰雅語跟學生互動，但因大

22　受訪者：該校任教教師。訪談日期：2021年7月31日，訪談地點：研究者家中。

部分教師平時生活就很少使用泰雅語，因此在教學上應該也沒有很常使用。[23]因此，或許該校尚未實施「雙語教育」，主要原因是具原住民籍身分的教師之族語能力尚無法支持其進行全族語教學。

　　以上為針對原住民重點學校之原住民教育權實踐現況分析。接下來本文分析一般學校裡原住民教育權的實踐現況。

四、原住民教育權之實踐現況──一般學校

　　如上所述，臺灣的主流人口為漢人，雖然已有將近一半的原住民居住在都會地區，然就人口比率上，一般學校還是以漢人學生為大宗，原住民學生為極少數。因此，以漢人學生為主的一般學校，其原住民教育權之實踐現況則依《兒童權利公約》以及《原住民教育法》[24]之規定，應檢視各級各類相關課程之教材，是否已採多元文化觀點，並納入原住民族歷史文化及價值觀，而納入教材的原住民族社會與文化內容，是否公平、準確與翔實？又所有學科中，以人文社會與文化為課程內容的學科主要為「社會」（國小、國中）與「歷史」（國中、高中），以下將分別檢視國小、國中及高中的社會與歷史教科書的內容。首先，先說明何謂「多元文化觀點」，以及為何對主流社群實施多元文化教育是一件重要的事。

(一) 多元文化教育

　　多元文化教育（multicultural education）起源於1960年代的美國。在那之前，美國一直是一個以白人盎格魯－撒克遜新教徒（WASP）為主的國家，不僅國家領導人、企業領袖以WASP成員為主，就連學校的教育內容，也以WASP的經驗、觀點、文化與歷史為主。然而，這種以白人文化至上、日常生活中充滿種族歧視的現況，也造成美國社會嚴重的族群分化

23　同前揭註22。

24　《原住民族教育法》第27條：「各級各類學校相關課程及教材，應採多元文化觀點，並納入原住民族歷史文化及價值觀，以增進族群間之了解及尊重。」

與衝突。隨著1960年民權運動的興起，許多人開始對既有的教育體制中知識的生產與傳授進行反思，而後逐漸發展出「多元文化教育」此一教學理念。[25]

　　所謂多元文化教育，根據「美國多元文化教育協會」（National Association for Multicultural Education），係指一個立基於自由、平等、正義與人性尊嚴的哲學思想。其承認教育機構（學校）係在培育民主社會該有的態度與價值。[26]而多元文化教育的目標，在於透過提供各族群之歷史、文化以及貢獻，幫助學生認識自己，發展其正向的自我認同；又所謂「多元文化觀點」，則係指老師在教學時，應以學生以及他們（各自）的歷史經驗為中心，且老師必須提供多元思考（multiple ways of thinking）。[27]

　　為了達到上述多元文化教育的目標，學校的教職員必須具備文化上的能力（culturally competent），並且盡可能的在種族、文化以及語言上多元。再者，學校裡的職員必須具有多元文化素養，且能夠將學生的家庭、社區納入學校體系，並且創造一個足以容納多元觀點、經驗與民主的環境。[28]

　　為何對主流社群實施多元文化教育是一件重要的事？依據J. A. Banks的看法，「一個只知道從自己的文化觀點去認識世界的人，無法觸及人類經驗中很重要的部分，且在文化上是封閉的。因為在文化上是盲目的，這樣的人也無法全然地了解自己的文化。」[29]「透過從其他文化觀點理解自

25　劉美慧、游美惠、李淑菁編著（2016），多元文化教育，頁3，四版，臺北市：高等教育。

26　National Association for Multicultural Education, Definition, http://www.nameorg.org/resolutions/definition.html

27　同前註。

28　同前註。

29　James A Banks, An Introduction of Multicultural Education, 2, 6th edition, Pearson Education, Inc. 2019.

己，多元文化教育可以幫助一個人更加地認識自己。」[30]

　　依據Banks的觀點，多元文化教育具有五個面向，包括：內容統整、知識建構、減低偏見、平等教學與增能的學校文化。[31]「內容統整」，係指教師在教學時，利用不同文化的內涵或例子，來闡釋學科的概念或原理原則，此可幫助學生從多元的觀點理解概念與議題，而不只是從主流文化或男性的觀點來理解學科內容。「知識建構」，係指在教學過程中，讓學生理解知識如何產生，以及學科中的文化假設、觀點與偏見如何影響知識建構的過程。「減低偏見」係指教師在教學時運用各種策略減低偏見，「平等教學」係指教師運用各種教學方法以提升不同文化背景學生的學業成就。而「增能的學校文化」則係指學校應改革整體環境，以營造出一個使不同族群背景學生都能增能的學校文化。[32]以上種種措施與教學方式，皆係為了提升學生的「文化敏感度」，透過理解弱勢族群的歷史、文化與觀點，對於弱勢族群不再存有偏見，甚至當偏見或歧視發生時，能夠立即辨認出來並進一步遏止，以達到真正的社會正義、促進族群和諧。

　　臺灣學術界最早於1994年開始研究多元文化教育，[33]迄今，以「多元文化教育」為標題之期刊論文也已累積202篇，教育部也在1998年公布的《國民教育階段九年一貫課程綱要》中首次納入「多元文化」概念。然而，教育部最初並未對「多元文化」的意義與目的多所著墨，直到2014年的《十二年國民基本教育課程綱要總綱》中，才點出多元文化教育的目的係為追求社會正義。依據2014年的課程綱要總綱，國民基本教育的課程目標有四：一、啟發生命潛能；二、陶養生活知能；三、促進生涯發展；

30　James A. Banks, An Introduction of Multicultural Education, 3, 6th edition, Pearson Education, Inc. 2019.

31　同註25，頁25-30。

32　同前揭註31。

33　最早期的文章，例如：劉蔚之所著之「多元文化教育之實地探究──以一個山地學校為例」（1994年3月）、葉坤靈所著之「多元文化教育及其課程設計之理念」（1994年6月）、陳枝烈所著之「從多元文化教育分析小學社會科之原住民文化內涵」（1994年6月）。

四、涵育公民責任，其中，關於第四點，涵育公民責任，係指「厚植民主素養、法治觀念、人權理念、道德勇氣、社區/部落意識、國家認同與國際理解，並學會自我負責。進而<u>尊重多元文化與族群差異，追求社會正義</u>……。」

　　如上所述，實踐多元文化教育，除在課程內容上有所改變外，任課教師的教學方式、學校整體的氣氛也具有舉足輕重的地位。礙於文長，本篇僅先從《兒童權利公約》以及《原住民族教育法》之角度，檢視國小、國中以及高中「社會」與「歷史」教科書內容，是否公平、準確、翔實地描述原住民族的社會與文化，並採多元文化觀點；至於任課教師的教學方式、學校整體的氣氛是否符合多元文化教育的實踐方式，則需另文探究。又關於教科書，臺灣目前係採一綱多本政策，也就是由教育部訂定課程大綱，開放各廠商自行編寫教科書，編寫完成後由教育部審查內容，審查通過後逕由國中、小學決定使用哪一版本的教科書。現今主攻臺灣國民基本教育教材之出版社包括南一、翰林與康軒文教事業股份有限公司，而目前國中小市占率最高者為康軒所出版之教科書，高中為翰林出版社。因此本篇即以2021年（包含109學年度下學期及110學年度上學期）康軒出版之的國小、國中社會與歷史教科書，翰林所出版之高中歷史科教科書內容為檢視對象。

(二) 國小教科書是否已採多元文化觀點

　　相較於1990年代國立編譯館主編的國小教科書，2021年的教科書內容較能反映臺灣人民真實的生活態樣與觀點，內容豐富且多元，此為過去許多教改推動者共同努力的成果，仔細閱讀文本內容，也可以感受到編者群的用心。以下將逐本分析國小教科書是否滿足原住民教育權之內涵。

　　社會三上的主題係以家庭與學校為主，有「我的家庭」、「家庭與倫理」、「自治與安全」、「學習與成長」、「和諧的相處」、「學校與我」、「讓班級更美好」等單元，這些主題與原住民族文化與歷史較無關，因此與原住民有關的內容較少是可以想見的。整本書裡，只有提到原住民的命名方式（頁14）與對親人的稱呼（頁17）。關於原住民的命名

方式，課本14頁提到「原住民族不一定都會有『姓』，有些會採用大自然的事物來命名，有些會在孩子的名字後面，加上父親或母親的名字⋯⋯」這一段敘述中，第一句是錯誤的敘述，因為「不一定都會有『姓』」解讀起來係指有些族群的命名方式有「姓氏」，有些族群的命名方式沒有「姓氏」，但是原住民族的命名文化裡，原本就沒有「姓氏」的概念，「姓氏」乃漢人的命名文化。較正確的敘述方式應為：「原住民族的命名方式與漢人不同，沒有『姓』，多以自己的名字再加上父親或母親的名字，為他完整的名字，有些原住民族則以自己的名字加上家屋名，為其全名。⋯⋯」

　　社會三下的主題為我們生活的家鄉，共有「家鄉的生活」、「家鄉的活動」、「家鄉的消費與生活」、「家鄉的風情畫」、「家鄉的地名」、「守護我家鄉」等單元。本冊中有2個與原住民有關的內容，一是頁51中有關「布農族的傳統服裝以獸皮縫製而成（單元：家鄉的風情畫）」，以及頁67中介紹臺北市的北投、屏東縣的牡丹是原住民族的社名。很可惜的是，本冊編寫方式主要係以漢人的觀點為主，缺乏原住民族的觀點，例如：頁8敘述「家鄉是我們出生、成長或長期居住的地方，我們通常用鄉、村、里，以及鄉、鎮、市、區等單位，向別人介紹自己所居住的地方」，然而之後就沒有介紹到原住民族的家鄉係以「部落」為主，而部落的生活樣貌為何。頁52中介紹家鄉的先民，包括漢人的張達京、陳福謙、陳維英等人，並敘述他們的故事，但之後就沒有任何介紹原住民先民的內容（明明原住民族比漢人先民更早居住在臺灣）。

　　社會四上的單元，延續三下的內容，包括「美麗的家鄉」、「家鄉巡禮」、「家鄉生活大不同」、「家鄉的生活作息」、「家鄉的節慶與節日」、「話我家鄉」，本冊在編寫上較滿足多元文化教育的課本內容編寫方式，許多單元都有依續介紹漢人與原住民族不同的生活內涵，例如：課本中有介紹漢人的傳統住屋與原住民族的傳統住屋（頁24）、早期漢人的生活器物與原住民族的生活器物（頁47）、漢人傳統的生活作息與原住民傳統的生活作息（頁55）、漢人的節慶與祭典以及原住民族的節慶與祭典（頁68）等，內容豐富多元且正確。然而，美中不足的是，在頁46-47中有

一幅「早期原住民族生活情境圖（參考阿美族太巴塱部落祖屋圖繪製），圖中屋子裡有二位圍坐在爐火前的老人與小孩，都是「短髮」，傳統阿美族男子多為「長髮」（因原住民部落不易取得剪刀），而非短髮，此短髮意像似為漢人的想像。

社會四下的主題為居民的來源以及人口與家鄉的關係，有「飲水思源」、「家鄉的人口」、「家鄉的產業」、「產業與生活」、「家鄉的運輸」、「天涯若比鄰」等單元。本冊提到原住民族的部分較少，除了提到原住民族亦為臺灣先民之一外，在家鄉的人口與教育程度、家鄉的產業、家鄉的運輸，皆未提到原住民族。透過圓餅圖，同學可以清楚的了解近十年來家鄉人口的年齡分布、產業類別、教育程度的改變（頁25-27），原住民族不管是在年齡分布、產業類別或是教育程度，都與全臺平均不同，課本中並未加以呈現。（但或許這些內容，對於四年級的同學來說，太過複雜，不適合在此時呈現）頁12提到「家鄉的各種景觀，是先民辛苦開發的成果。荒涼的海岸，慢慢變成熱鬧的漁村；廣大的平原，成為生產豐富的稻田；平緩的山坡地，也開闢成梯田和果園。⋯⋯」此段很明顯是純漢人觀點，而忽略了原住民族觀點（例如：平埔族在漢人的「辛苦開發」下，被迫離開自己的家園、喪失賴以為生的土地）。

社會五上的主題為臺灣的地理環境、公民生活與歷史發展，有「臺灣在哪裡」、「自然環境」、「生活中的規範」、「人民的權利與義務」、「臺灣的先民」、「世界發現臺灣」等單元。前三個單元為地理，第四個單元為法律，皆為一般通識內容，第五個單元詳細地介紹原住民族的文化（頁84-89），在荷蘭人統治臺灣的單元裡，有描寫到荷蘭人征服各地原住民族以及要求他們捕鹿繳稅、使用羅馬字母書寫原住民族語言一事（頁94-95），內容準確且翔實，但是因文本並未說明荷蘭人統治臺灣的範圍僅限於現今臺南一帶，容易讓學生以為荷蘭人曾經征服全臺原住民族。

社會五下的主題為臺灣的歷史、公民生活與地理，有「唐山來的拓荒者」、「臺灣現代化的起步」、「生產與消費」、「理財與投資」、「臺灣的自然災害」、「生活與環境」等單元，與原住民族社會文化較相關者為講述清治時期臺灣歷史的「唐山來的拓荒者」單元。此單元描述了清初

至清末時期漢人到臺灣開發的歷史，裡頭有發生移民不同群體間（閩、粵）的衝突、民官之間的衝突，以及漢人與原住民族之間的衝突。文本中也特別提到「漢人在開墾時，經常侵犯到原住民族的生存空間，清廷因此特別畫設界線，以隔離漢人和原住民族，避免雙方發生衝突。後來，漢人違法越界開墾的情形愈來愈多，迫使原住民族的生存空間愈來愈小。」（頁14）並且於動動腦的對話框提出「漢人的開發對原住民族的生活與文化可能帶來哪些影響？」此對話框可以引導漢人學生從原住民族的角度看事情（不過討論的深度、廣度還有賴任課教師的帶領）。同樣地，本冊文本並未清楚說明清治時期政府有效統治臺灣的範圍僅限於現今臺灣西部平原一帶，不包括臺灣山區，因此，學生可能會有錯誤的印象（以為高山族原住民族也有清治時期的被統治經驗）。

　　社會六上的主題為臺灣近代的歷史政治經濟社會文化發展、人口和城鄉關係，有「日本來的統治者」、「戰後臺灣的政治演變」、「戰後臺灣的經濟發展」、「戰後臺灣的社會與文化」、「臺灣的人口」、「臺灣的城鄉與區域」等單元。第一個單元主要講述日本在臺統治五十年的歷史與文化，第二、三、四單元主要在講述1945年後臺灣的政治演變、經濟發展與社會文化，此四章內容主要係以漢人的經驗為主，缺乏屬於原住民族（特別是高山族）的歷史經驗描述，例如：1900年前的高山族，在臺灣山區過著獨立於世、自給自足的生活，直到1900年後，才被日本人征服、喪失賴以為生的土地。日治時期的高山族（也就是現在臺灣官方認定的原住民族）被統治者限制居住在蕃人行政區，禁止下山，原則上由理蕃警察管理，因為在法律上不被認定具有法人格，因此並未享有一般法律上的權利義務（原住民是無法投票的），倘若有糾紛，也是由理蕃警察依原住民傳統慣習（大部分的情形）予以處理，不適用施行於當時臺灣本島的法律。[34]因當時日本統治者積極開發山林資源，徵用大量的原住民勞役，日人警察對於高山族原住民的態度不佳，如此種種導致發生1930年的霧社事件。中華民國統治時期，原住民族成為「國民」，享有一切法律上的權利

34　王泰升（2011）。日治時期高山族原住民族的現代法治初體驗：以關於惡行的制裁為中心，**臺大法學論叢**，40卷1期，頁84。

義務，然而，隨著「同化政策」，原住民的語言、文化逐漸流失，也因爲「山地平地化政策」（將原住民移出山地）、禁止原住民使用傳統領域土地，愈來愈多的原住民移入都市工作、生活，造成部落的解體……。簡而言之，原住民族在日治時期以及中華民國時期的歷史經驗，與平地漢人非常不同，實有必要另文說明。

社會六下的主題爲世界歷史與文化，有「文明與科技生活」、「從臺灣走向世界」、「放眼看世界」、「關心我們的地球」等單元。本冊主要係以全球性議題爲主，介紹世界古文明、近代科學發展、生態環境以及國際組織，內容較不涉及原住民族之社會文化。

如同本段落一開始所說，相較於1990年代國立編譯館主編的國小教科書內容，現在的國小教科書內容較能反映臺灣人民眞實的歷史發展、生活態樣與觀點，內容豐富且多元，然而，分析國小社會科教科書內容後發現，文本裡與原住民族有關的內容，大多與傳統住屋、生活器物、生活作息、節慶與祭典、服飾、歌唱等文化表現有關（社會四上），而較少關於原住民族的歷史與社會發展的介紹，特別是原被日本統治者概稱爲高山族也就是現在的臺灣原住民族，他們是從何時、如何納入外族統治的？而日治時期、中華民國統治時期原住民族發生了什麼事？外族統治對他們生活的影響爲何？國小教科書中隻字未提，甚是可惜。

(三) 國中教科書是否已採多元文化觀點

國中教科書中，因教學內容增加，在「社會」科裡，每學期皆分成「地理」、「歷史」與「公民與社會」三冊課本，與本篇主題──原住民族教育權與多元文化教育有關者，爲當中的「公民與社會」[35]以及「歷史」課本。以下將分開討論之。在「歷史」教科書中，我們要檢視文本內容是否以及在多大程度上呈現了原住民族觀點的歷史，而其內容是否公

35　本研究所檢視的康軒「公民與社會」1上、1下、2上、2下教科書（109學年度下學期、110學年度上學期）爲依據民國103年發布之「十二年國民基本教育課程綱要總綱」及107年發布之「十二年國民基本教育課程綱要國民中小學暨普通型高級中等學校─社會領域」編輯而成。

平、準確且翔實，而在「公民與社會」[36]教科書中，我們要檢視其是否有教導多元文化的意義。

在國中歷史科方面，一上的主題為臺灣從史前至清末的歷史與社會發展、一下為臺灣從日治時期至戰後臺灣的歷史與社會發展、二上為中國從商周至晚清的歷史與社會發展、二下為中國二十世紀的歷史與社會發展、三上則為世界史。與臺灣原住民直接相關者為一上與一下的歷史課本。相較於國小社會課本，國中歷史課本中對於原住民族的歷史、社會發展有較多的描述，包括歷史一上單元3-1：原住民與歐洲人的互動、單元3-2：原住民與鄭氏政權的互動、單元6-3：清帝國時期原住民社會文化的變遷、頁138探究活動中閱讀二份不同觀點的歷史資料，歷史一下單元1-3：「理蕃」政策與霧社事件、日治時期原住民的社會演變（頁110）、戰後中華民國政府對山地原住民的治理（頁119）、1980年代的族群運動（頁137）、西雅拉族正名運動（頁138）等等，文本內容公平、準確、翔實地描述原住民族的社會與文化，並於多處站在原住民族的觀點思考問題，符合多元文化教育的理論。

不過，筆者發現社會一下歷史課本有關「原住民保留地」的名詞定義是錯誤的，原文為「原住民保留地：中華民國政府接收在日治時期被收歸國有的原住民土地，定為原住民保留地……」（頁119）。正確的描述應為「原住民保留地：日本總督府於征服原住民族後將其土地納為國有，並將部分土地編為『蕃人所要地』保留給原住民使用。中華民國政府接收日治時期被收歸國有的原住民土地後，將『蕃人所要地』改為『原住民保留地』。」（前段與後段文字的差異在於，前段文字讀者會以為，所有原住民族的土地後來都變為原住民保留地，實際上，原住民族土地中，原住民傳統領域占絕大多數，保留地僅占很小一部分。）而關於增進族群間之了

36　本研究所檢視的康軒「歷史」1上、1下、2上、2下教科書（109學年度下學期、110學年度上學期）為依據民國103年發布之「十二年國民基本教育課程綱要總綱」及107年發布之「十二年國民基本教育課程綱要國民中小學暨普通型高級中等學校─社會領域」編輯而成。

解及尊重，在社會一下的「公民與社會」第3課：社會文化中的多元尊重中，文本具體描述了「什麼是文化」、「文化不平等如何形成」以及「如何營造多元文化的社會」，使一般學生理解尊重多元文化的意涵。不過，文本內容中屬抽象描述的概念較多，實際案例的探討較少，學生能否真正理解如何尊重他人文化，則有賴任課教師的帶領。

(四) 高中教科書是否已採多元文化觀點

在高中歷史教科書中，與臺灣原住民族歷史文化直接相關者為「歷史1」，[37] 該冊教科書中除在「第一章：臺灣的原住民族」（頁12-33）以專章介紹原住民族的生活與社會文化，以及原住民族的權利伸張與文化復振以外，在稍後的章節中亦有提到「熟番地的開墾與族群關係」（頁88）、日治時期的林野調查對原住民族的影響（頁91）、多樣化的原住民信仰（頁108）、原住民的文學與藝術（頁109-110）以及白色恐怖時期原住民菁英被政治迫害的歷史事件（頁168）。平心而論，高中歷史1文本內容豐富，並公平、準確、翔實地描述原住民族的社會與文化，且充分說明不同政權的統治行為對於原住民族社會與文化產生的負面影響，編輯群的用心與努力值得讚許。

然而，關於原住民教育權與多元文化教育的實踐，仍有一些不足之處。首先，文本鋪陳的方式，仍是從漢人的角度認識原住民社會（只是比較中立，有將原住民所受到的不義陳述出來），例如：「歷史1」頁13的歷史時代表格中，係以「荷西治臺時期（1624-1662）—鄭氏時期（1662-1683）—清治時期（1684-1895）—日治時期（1895-1945）—中華民國（1945-）」作為歷史時代區分，列出各個時代重要的原住民族社會事件，然而，若從高山族原住民族（現在絕大多數官方認定的原住民族）的歷史觀點來看，1910年前係「自治時期」，1910年後為「外族統治時期」，而

---

37 本研究所檢視的康軒高一歷史教科書（110學年度上學期）為依據民國107年教育部發布之「十二年國民基本教育課程綱要國民中小學暨普通型高級中等學校—社會領域」編寫。

對平埔族群而言，部分有經歷荷治時期、部分有經歷清治時期，但1900年後，平埔族群的歷史經驗，幾乎與漢人一致，而與高山族原住民族的歷史經驗截然不同。且在歷史事件的敘述上，仍然以統治者做了什麼事為主，顯少以原住民族的觀點去描述一個事件（但是筆者可以體會這件事有困難，因為早期的原住民沒有留下文字紀錄，不過現在坊間愈來愈多由原住民自己書寫的傳記式書籍，[38]或許可從中探知部分歷史事件中的原住民觀點）。

　　另外，在文字敘述方面，仍然要小心是否強化對原住民的文化偏見。例如：頁21提到「……這些祭儀往往以樂舞的形式進行，用身體實踐傳承其信仰，造就原住民族成為愛歌舞的民族。」原住民族的祭典中使用許多歌舞是個事實，但祭典也只是一年一次的文化活動，並不是每位原住民每天都在唱歌跳舞，此段的敘述方式，會讓讀者形成一個既定印象「原住民就是很會唱歌跳舞」。

五、反思與建議（代結論）

　　如前所述，從《經社文公約》與《兒童權利公約》，可知原住民教育權包含二個核心概念，一是國家／學校必須針對原住民兒童的教育內容、課程設置與教學方法，做文化上調整，以培養對兒童的文化認同、語言和價值觀的尊重；二是原住民教育必須以雙語進行，以使原住民兒童能夠用自己的語言進行閱讀和寫作。我國於2019年修正的《原住民族教育法》亦呼應國際人權法中有關原住民教育權的內涵，規定「各級政府應鼓勵各級各類學校，以原住民族語言及適應原住民學生文化之教學方法，提供其教育需求。……」「各級各類學校相關課程及教材，應採多元文化觀點，並納入原住民族歷史文化及價值觀，以增進族群間之了解及尊重。」因應臺灣原住民人口的分布（一半居住在原鄉地區，一半居住在都會地區），位

38　例如：下山一（林光明）自述、下山操子（林香蘭）譯寫（2011），《流轉家族：泰雅公主媽媽日本警察爸爸和我的故事》，遠流。

於原鄉地區的原住民重點學校，校內學生以原住民學生為主，而位於都會地區的一般學校，以漢人學生為絕大多數。因此，在檢視原住民教育權的實踐時，針對原住民重點學校，係以學校是否針對教育內容、課程設置與教學方法，在文化上做調整，以及是否進行雙語教育；而針對一般學校，係以教材內容是否公平、準確、翔實地描述原住民族的社會與文化，並採多元文化觀點。

研究發現，目前一般學校國小、國中、高中的社會、歷史教科書中，已有許多原住民族社會文化文本，且絕大部分的內容描述是公平、準確、翔實的，僅需部分微調。而針對原住民重點學校，僅有少數的學校（35/405），能夠透過實驗教育制度，在教育內容、課程設置與教學方法上在文化上做調整，絕大多數的原住民重點學校，僅能在為數甚少的「彈性課程」中實施民族教育，而以中文與原住民族語進行的雙語教育更是付之闕如。

為何原住民重點學校未能實施雙語教育，是一個值得進一步研究的議題，知道原因後，才能夠「對症下藥」，逐步實踐雙語教育，使原住民學生能在強化一般教育內涵的基礎下，同時學會用自己的語言書寫與閱讀，進一步防止原住民族語言與文化的流失。另一方面，如何在現行體制下（不申請成為實驗教育學校）深化原住民學生民族教育的內涵，亦是一個值得探究的問題。如上所述，大部分的原住民重點學校並未申請成為實驗教育學校，而礙於教育部以及各個法規的規定，學校能夠實際運用的彈性課程節數並不足以深化學生的民族教育內容，但到底應該怎麼做？或許一個可能的解決方式，是利用《偏遠地區學校教育發展條例》。

2017年11月27日，為實踐教育機會平等原則，確保各地區教育之均衡發展，並因應偏遠地區學校教育之特性及需求，立法院通過《偏遠地區學校教育發展條例》，該條例依據交通、文化、生活機能、數位環境、社會經濟條件或其他因素，將學校分為偏遠學校、特別偏遠學校以及極度偏遠學校，並針對三類學校（偏遠、特偏、極偏）給予不同程度的教育資源補助。由於大部分的「原住民重點學校」都可落入該條例之補助範圍，或許學校可以把握該經費，聘請當地熟悉族語的耆老、專業人才，請他們以

「母語」作爲教學語言（或者一個以中文教課，同時搭配一個族語翻譯人員），教授學生該族之歷史、文化、傳統知識、生活方式等等。

　　以一所極度偏遠原住民重點學校爲例，3年補助200萬元，每年平均有66萬的教育資源，可將其中四分之一的經費（16萬）作爲講師費進行以「族語」作爲教學語言的民族教育。實際的操作方式如下：每週下午安排3小時（一、三、五下午各1小時，或是二、四下午各1.5小時）的課外課程，小一、小二共同上課（耆老A），小三、小四共同上課（耆老B），小五、小六共同上課（耆老C）（A、B、C老師可以安排在同一天、同一個時段上課，也可安排在不同天、不同時段上課），三位老師的課程內容與族語難度應依學生的程度作調整。一學期共16週（扣除第1週、考試週……），因此，共需講師費：16週×3小時×3老師×1,000元＝144,000元。

　　講師以族語上課時，建議任教於該校具原住民身分的老師作爲助教一同上課（要算加班費），一方面協助耆老製作教材、教具、開發教案，一方面提升自己的族語授課能力（最重要的目的），如此，六、七年甚至十年後，該校或許就有多位能以該族族語授課的專任教師，則該校（如果願意的話）可申請成立實驗教育學校，成爲以雙語（中文、原住民語）教學的原住民族實驗教育學校。單單以原住民語、中文作爲教學語言的雙語學校，已經滿足「實驗教育學校」的精神，倘若進一步在課程設計、教學內容上融入先前與耆老共同上課的教學內容，則更能符合「實驗教育學校」的精神。當然，申請成爲「實驗教育學校」並不只是爲了名聲，而是希望能夠透過實驗教育，培育認同自身文化、語言與價值觀，尊重不同族群、自然環境，以及具高尙人格、才能、認眞與負責任的原住民兒童。

---------------- **參考文獻** ----------------

一、中文部分

吳學明主編，**歷史1**，普通型高級中等學校/社會領域，國家教育研究院審定普審字第108113號，翰林，2020年8月初版，2021年9月初版二刷。

《兒童權利公約》，第11號一般性意見。

康軒文教事業。**社會1上：公民與社會**，教育部國審字第108031號，2019年8月初版，2021年8月再版。

康軒文教事業。**社會1上：歷史**，教育部國審字第108031號，2019年8月初版，2021年8月再版。

康軒文教事業。**社會1下：公民與社會**，教育部國審字第108069號，2020年2月初版，2021年2月初版二刷。

康軒文教事業。**社會1下：歷史**，教育部國審字第108069號，2020年2月初版，2021年2月初版二刷。

康軒文教事業。**社會2上：公民與社會**，教育部國審字第109033號，2020年8月初版，2021年8月初版二刷。

康軒文教事業。**社會2上：歷史**，教育部國審字第109033號，2020年8月初版，2021年8月初版二刷。

康軒文教事業。**社會2下：公民與社會**，教育部國審字第109078號，2021年2月初版。

康軒文教事業。**社會2下：歷史**，教育部國審字第109078號，2021年2月初版。

康軒文教事業。**社會3上：公民與社會**，教育部國審字第110055號，2021年8月初版。

康軒文教事業。**社會3上：歷史**，教育部國審字第110055號，2021年8月初版。

康軒文教事業。**社會3下：公民與社會**，教育部國審字第109078號，2021年2月初版。

康軒文教事業。**社會3下：歷史**，教育部國審字第109078號，2021年2月初

版。

康軒文教事業。**國小社會3**上，國民小學第一冊教育部審定國審字第110011號，2021年8月初版。

康軒文教事業。**國小社會3**下，教育部國審字第1434號國民小學第二冊，2021年2月五版二刷。

康軒文教事業。**國小社會4**上，教育部審定國審字第1582號國民小學第三冊，2012年8月初版，2021年8月四版四刷。

康軒文教事業。**國小社會4**下，教育部審定國審字第1583號國民小學第四冊，2013年2月初版，2021年2月四版四刷。

康軒文教事業。**國小社會5**上，教育部審定國審字第1703號國民小學第五冊，2013年8月初版，2021年8月四版三刷。

康軒文教事業。**國小社會5**下，教育部國審字第1726號國民小學第六冊，2014年2月初版，2021年2月四版二刷。

康軒文教事業。**國小社會6**上，教育部審定國審字第1827號，2014年8月初版，2021年8月四版。

康軒文教事業。**國小社會6**下，教育部國審字第1828號國民小學第八冊，2014年2月初版，2021年2月四版二刷。

《經社文公約》（1999），第13號一般性意見書。

《經濟社會文化權利國際公約》，第13號一般性意見書。

劉美慧、游美惠、李淑菁編著。**多元文化教育**，四版，臺北市：高等教育，2016年9月。

二、外文部分

James A. Banks, AN INTRODUCTION TO MULTICULTURAL EDUCATION, 6th edition, Pearson Education, Inc. 2018.

José Martínez Cobo, Study of the Problem of Discrimination against Indigenous Populations, Introduction (30 July 1981) E/CN.4/Sub.2/476, 10 August 1982E/CN.4/Sub.2/1982/2, 5 August 1983E/CN.4/Sub.2/1983/21

第三章

論公立高級中等以下學校教師績效考核之法律規制

徐筱菁

摘要

本文旨在探討公立高級中等以下學校教師績效考核之法律規範。研究重心則置於三個主要問題意識：首先，現行相關法規之內涵與沿革為何？其次，學理上對於教師績效考核之意義和教師權益有何討論？最後，如何根據前述研究發現修正現行法規？研究成果為：(1)現行相關教師考核法規，因教師身分與績效標準規範不明確，造成考核不確實，無法達成立法宗旨；(2)前述教師乃屬廣義公務員，基於功績原則和民主原則，有必要保障其專業自主權，惟其仍須善盡績效責任；(3)根據研究成果，本研究提出五項修法建議。本文期待藉由教師績效考核法學理論之建立，能夠對教師績效考核制度有所貢獻，以提升教育品質，保障學生之受教權。

關鍵詞：教師成績考核辦法、教師專業自主、教師評鑑、教師績效責任、績效考核

壹　緒論

　　學生人格鍛造和表現，以及學校教學與經營的優劣，實繫於教師之良窳，[1]因此，如何爭取最優異之教師並打造最優異的教學團隊，成爲學校經營事務之首；教師績效考核（performance evaluation; dienstliche Beurteilung）（以下或簡稱「考核」）因而乃完善校務之關鍵。然而，評定教師專業表現之良窳並非易事，除須具備適當之標準外，亦須評定者具有精準且多面向之判斷力。因此，教師績效考核制度和法規建立之主要目的，並非僅在於篩選教師，而是同時作爲引進客觀公正之人才判斷標準和規範，以杜絕人治之觀察能力有限或專斷。

　　現行公立高級中等以下學校教師（以下簡稱「系爭教師」）考核制度所遵循的重要法規爲《公立高級中等以下學校教師成績考核辦法》（以下簡稱《成績考核辦法》），該法且於2020年2月20日公布施行第十八次之修正。根據該法，系爭教師每年均須接受績效考核，其效果除表現優異可晉薪、[2]受獎金或獎勵外，表現不佳者，則留支原薪或受懲處處分，包括申誡、記過和記大過（成績考核辦法第4至7條）；考核審議則由學校考核會或考核委員會（以下簡稱「考核會」）、[3]校長和主管機關辦理（成績

1　參見Chetty, R., Friedman, J. N. & Rockoff, J. E. (2014). Measuring the Impacts of Teachers II: Teacher Value-Added and Student Outcomes in Adulthood. *American Economic Review 104*(9), 2633-2679 (2634-2635). 此一由哈佛大學和哥倫比亞大學教授合作之著名研究，以二十多年長期追蹤250萬名學生後發現，優良教師可以幫助學生提高入學考試成績獲得更多教育，而更多更佳的教育又促使學生做出較佳的決定，例如：避免青少年時期懷孕，並於未來獲得更好的工作機會和收入；OECD (2009). *Creating effective teaching and learning environments: First results from TALIS*. Retrieved June 14, 2021 from https://www.oecd.org/education/school/43023606.pdf

2　《教師待遇條例》第12條第1項規定：「公立中小學教師薪級之晉級，依公立高級中等以下學校教師成績考核辦法規定辦理。」

3　根據《成績考核辦法》第8條，高級中等學校辦理教師考核之組織稱爲考核會，國民中小學則稱爲考核委員會。

考核辦法第8條以下）。

　　實務上常見爭議，蓋係教師考核制度從目的至標準與流程，似顯不夠明確，令考核辦理單位因無法確實掌握該工具，而於評價教師表現時產生困擾，進而無法達成激勵士氣和獎優懲劣之效果，[4]實有礙教育品質的保障。

　　為完善公立高級中等以下學校教師績效考核制度，本文擬從法規面規劃以下研究目的：

　　(1) 檢視現行教師績效考核規範與沿革。

　　(2) 確認教師績效考核之意義與目的，及其法律學理之基礎。

　　(3) 針對前述考核目的、適用爭點和困難等，提出立法修正建議。

［貳］ 教師績效考核法制內涵與發展

一、現行相關法規與內涵

　　現行關於系爭教師考評之法源，乃《國民教育法》第18條第2項和《高級中等教育法》第33條；《公立高級中等以下學校教師成績考核辦法》乃前述法規授權教育行政機關，所訂定之相關行政命令。《成績考核辦法》第4條中明定，教師之年終成績考核應按其教學、訓導、服務、品德生活及處理行政等情形加以辦理，適用相關規定後，決定是否予以晉薪和獎金；該辦法第6條則訂有獎懲之規定，其中獎勵區分為嘉獎、記功、

4　參見程煒庭（2020）。公立高級中等以下學校教師成績考核的問題與改善，**臺灣教育評論月刊**，9卷6期，頁104。程煒庭指出，由於教師評鑑制度尚未立法，且未連結教師聘任、薪資、職級晉升、獎金、獎勵、專業成長、不適任教師處理等考核制度，因此造成教師士氣低落，以及我國學生於國際學生能力評量計畫中，表現不如亞洲其他具有教師評鑑制度之國家。類似意見尚有張德銳（2012）。區別化教師評鑑制度的規劃與實施策略，**臺北市立教育大學學報—教育類**，43卷1期，頁125-126。王逸榛（2020）。我國中小學推動教師評鑑的需求與對策，**臺灣教育評論月刊**，9卷1期，頁110。

記大功，懲處則分為申誡、記過、記大過。關於教師考核程序，乃依據《成績考核辦法》第8至15條辦理，由考核會進行初核、校長覆核，最後由主管機關核定。以下表3-1係有關績效考核結果不利於教師之法規與法律效果。

表3-1
《公立高級中等以下學校教師成績考核辦法》有關績效考核結果不利於教師時之適用法規與法律效果

法條和法律效果	事由
§6Ⅰ第2款 記大過	（一）違反法令，情節重大。 （二）言行不檢，致損害教育人員聲譽，情節重大。 （三）故意曲解法令，致學生權益遭受重大損害。 （四）因重大過失貽誤公務，導致不良後果。 （五）違法處罰學生，造成學生身心傷害，情節重大。 （六）執行職務知有校園性侵害事件，未依規定通報。
§6Ⅰ第4款 記過	（一）處理教育業務，工作不力，影響計畫進度。 （二）有不當行為，致損害教育人員聲譽。 （三）違法處罰學生或不當管教學生，造成學生身心傷害。 （四）對偶發事件之處理有明顯失職，致損害加重。 （五）有曠課、曠職紀錄且工作態度消極。 （六）班級經營不佳，致影響學生受教權益。 （七）在外補習、違法兼職，或藉職務之便從事私人商業行為。 （八）代替他人不實簽到退，經查屬實。 （九）對公物未善盡保管義務或有浪費公帑情事，致造成損失。 （十）其他違反有關教育法令規定之事項。
§6Ⅰ第6款 記申誡	（一）執行教育法規不力，有具體事實。 （二）處理業務失當，或督察不周，有具體事實。 （三）不按課程綱要或標準教學，或教學未能盡責，致貽誤學生課業。 （四）對學生之輔導或管教，未能盡責。 （五）有不實言論或不當行為致有損學校名譽。 （六）無正當理由不遵守上下課時間且經勸導仍未改善。 （七）教學、訓輔行為失當，有損學生學習權益。

	（八）違法處罰學生情節輕微或不當管教學生經令其改善仍未改善。 （九）其他依法規或學校章則辦理有關教育工作不力，有具體事實。 （十）其他違反有關教育法令規定之事項，情節輕微。
§4 I 第3款 留支原薪	（一）教學成績平常，勉能符合要求。 （二）曠課超過二節或曠職累計超過二小時。 （三）事、病假期間，未依照規定補課或請人代課。 （四）未經校長同意，擅自在外兼課兼職。 （五）品德生活較差，情節尚非重大。 （六）因病已達延長病假。 （七）事病假超過二十八日。
§4 I 第2款 晉薪和半個月獎金	（一）教學認真，進度適宜。 （二）對訓輔工作能負責盡職。 （三）對校務之配合尚能符合要求。 （四）事病假併計超過十四日，未逾二十八日，或因重病住院致病假連續超過二十八日而未達延長病假，並依照規定補課或請人代課。 （五）品德生活考核無不良紀錄。

註：作者自行整理

二、教師績效考核制度沿革

(一)系爭教師之聘任法律關係與公教分途

　　爲探討教師考核制度，首先應了解系爭教師和國家間的法律關係，及其發展沿革。

　　1990年代教育改革前，我國公立學校教師之身分，係仿效德國與日本，視之爲公務員，[5]與國家間之法律關係爲公法上的職務關係

5　惟早期最高法院和行政法院認爲，學校與教師之聘任關係屬私法性質之僱傭關係，詳見如最高法院77年台上字第1517號判決和最高行政法院78年度判字第2207號判決等。

（öffentlich-rechtliches Dienstverhältnis），適用時且繼受德國之「特別權力關係」（Besonderes Gewaltverhältnis）理論，[6]教師具有絕對服從上級命令之義務。教師成為公務員，是教育國家化和義務教育歷史發展的結果。詳言之，為增進人民個人幸福和社會整體的利益，十八世紀以降，教育從私人事務，轉變而為國家的重要施政事項，國家除興建學校、建置教育制度、培育師資和任用教師外，並推動免費但強制兒童入學的措施。[7]教育事務因而屬於國家任務（《憲法》第21條及第158至167條），公立學校中執行教育事務之教師即當然視為公務員。此一時期有關公立學校教師之重要法規，包括如《教育人員任用條例》（1985）、《公務人員考績法》（1948）、《公立學校教職員成績考核辦法》（1971）、《教育專業人員獎懲標準》（1970）等。

　　二十世紀末，國際上自由主義興起，國家施政效能備受質疑下，我國亦於90年代拉開了教育改革的布幕。關於現今公立學校教師身分之法律意見，首見於1992年司法院大法官會議釋字第308號解釋，其謂「公立學校聘任之教師不屬於公務員服務法第二十四條所稱之公務員。惟兼任學校行政職務之教師，就其兼任之行政職務，則有公務員服務法之適用。」理由是「公立學校聘任之教師係基於聘約關係，擔任教學研究工作，與文武職公務員執行法令所定職務，服從長官監督之情形有所不同，故聘任之教師應不屬於公務員服務法第二十四條所稱之公務員。」為踐行大法官之決議，立法院於1995年制定施行了《教師法》，制定原則係「公教分途」，宗旨乃為保障教師教學專業自主權。[8]之後最高行政法院進而揭示：「按

6　有關解嚴前公務員與國家間法律關係暨特別權力關係之發展，請詳見呂炳寬、張毓真（2015）。我國特別權力關係之演變：歷史制度主義的觀點，**文官制度季刊**，7卷3期，頁9-18。有關公立學校教師適用特別權力關係理論問題，請參照司法院釋字第736號解釋：黃舒芃（2016）。「特別權力關係」的隱晦終結—評司法院釋字第736號解釋，月旦**裁判時報**，48期，頁109-114。

7　關於教育國家化和義務教育之歷史沿革，請詳見以討論教育去國家化為文之文獻：秦夢群（2015）。**教育選擇權研究**，頁5-14。

8　參見教育部，教育部部史，http://history.moe.gov.tw/policy.asp?id=20（最後瀏覽

司法院釋字第308號解釋理由揭櫫公立學校聘任之教師係基於聘約關係，擔任教學研究工作。由於法律基礎如教育人員任用條例、教師法等多具有強制性、公益性及公法性，且此種聘約之契約標的內容乃為接受行使教育行政高權之任務或委託行使教育行政高權，故依學者通說及本院實務向來見解均以行政契約之公法關係定其屬性。」[9]

公立學校教師既不具有《公務員服務法》定義之公務員身分，與國家間之法律關係乃係契約關係，且享有教學專業自主權，職是之故，公立學校教師之績效考核制度即被認為，應與公務員考績制度有所區別。[10]

(二)系爭教師績效考核規範立法沿革

1990年代研擬《教師法》草案時期，對於如何規範教師績效考核頗有爭議，且未能形成共識，直至1994年立法院《教師法》三讀時，甚至刪除草案之第七章「績效評量」全章，致使現行《教師法》並無關於教師績效考核之相關規定。[11]根據1993年行政院函請立法院審議之《教師法》草案版本，[12]被刪除之第七章「績效評量」之內容為：「各級學校教師之教學、輔導、研究及服務等，應由教師評審委員會評量之」（草案第19條）、「教師之績效評量，分年終評量及專案評量兩種……」（草案第20條）、「教師績效評量優異者，應分別給予獎金、晉級或年功俸之獎勵」（草案第21條）、「教師績效評量不佳者，應分別給予留原俸級、縮短聘期、停聘、解聘之懲處或不予續聘」（草案第22條）、以及「教師之績效評量，另以法律定之」等。由該條文可知，原有教師績效考核之規定，乃

日：06/14/2021）；立法院公報處（1993）。立法院公報，82卷17期，頁183-200，立法院。

9　引自最高行政法院109年度判字第513號判決。相同意見另可參閱最高行政法院98年7月份第1次庭長法官聯席會議決議、最高行政法院108年度判字第383號判決等。

10　參見立法院公報處（1994）。立法院公報，83卷24期，頁418-431，立法院。

11　參照立法院教育、法制委員會中華民國83年7月11日(83)台立教字第141號函。

12　參見行政院函中華民國82年6月11日台82教字18993號。

與草案第三章之第11條有關資格評定條文,構成為完整的人事考評體制,且均屬教評會之職權範圍;換言之,現行教師任教資格評定與績效考核被區分為兩個不同體系,乃非草擬法規初期之原意。

(三) 教師專業評鑑由來與內容

　　系爭教師之考核,除前述成績考核辦法之規定外,現行另存在教師評鑑(teacher evaluation)之制度。所謂「教師評鑑」,乃指有計畫地蒐集和了解教師工作表現的資料,依據特定之規準進行評價,評價結果將作為教師審視個人專業之參考,並作為聘任機關聘任和獎懲之準據,以確保教育品質。[13]準此,教師評鑑的種類,按照前述評鑑結果暨目的,可區分為「形成性評鑑」與「總結性評鑑」:前者係以協助教師專業發展為目的所為之評價,協助其提升教學效能;總結性評鑑則又稱為「績效評鑑」,旨在評價教師專業表現之優劣,且將產生聘任獎懲之法律效力。[14]

　　我國有關教師評鑑的發展歷程如下:2006年(95學年度)各校開始試辦《教師專業發展評鑑實施計畫》,2009年(98學年度)改為每年正式辦理,2017年(106學年度)後,前項計畫則變更為「教師專業發展實踐方案」。教育部訂定之相關補助法規為《教育部補助辦理教師專業發展評鑑實施計畫》(2006)、《教育部補助辦理教師專業發展評鑑實施要點》(2010)和《教育部補助辦理教師專業發展實踐方案作業要點》(2017)。前述教師評鑑,均未涉總結性評鑑,僅針對促進中小學校教師專業知識與技能,以規劃和提升生涯發展之目的而設。[15]

　　無獨有偶,長年來教師評鑑制度的爭議內容,與《教師法》擬定草案時有關考核之爭議類似,包括評鑑目的是否包括獎懲的疑慮、評鑑時要求

13　參見吳和堂(2007)。**教師評鑑:理論與實務**,頁25,高等教育。張德銳(2017)。專業發展導向教師評鑑的意義、目標與運作過程,張德銳與李俊達(編),**專業發展導向教師評鑑理論與實務**,頁2-3,五南。

14　參見張德銳,前揭註4,頁122;吳和堂,前揭註13,頁14-32。

15　林思騏、陳盛賢(2018)。從歷史制度論觀點剖析教師專業發展評鑑的政策變遷與延續,師資培育與教師專業發展期刊,11卷3期,頁65-66。

的書面資料過多、缺乏給予教師足夠教學和輔導資源與支持、評鑑方式單一不多元、評鑑法源闕如等。[16]

三、教師考核之問題

現有文獻中，有認為現行系爭教師績效考核成效未彰者。[17]本文認為，造成教師考核失效有兩項重要原因：

(一) 考核規定不明確；個別學校未制定相關實施標準

現行教師考評法規均以大量不確定法律概念所構成，立法者將複雜的教師表現態樣，利用諸如「對教育重大困難問題，能及時提出具體有效改進方案，圓滿解決」（《成績考核辦法》第6條第1項第1款）或「對學生之輔導或管教，未能盡責」（《成績考核辦法》第6條第1項第6款）等條文，賦予考核會不小的判斷餘地（Beurteilungsspielraum）。採取此種立法模式之目的，蓋為提供個別學校考核會，得以根據其設校地區學生之特質、學校教育理念和課程、或者各類教師等之需求，為最適當之處置，以適切完成教育任務。因而各校得進一步，於合乎《國民教育法》及《高級中等教育法》宗旨下，從事制定相關考核實施標準或要點。惟多數學校之考核會設置要點，[18]僅重複規範成績考核辦法條文，未能針對考核標準制定更為具體之規範，故適用現行成績考核辦法時，即因條文內涵籠統隱晦，易導致適用之困難，尤其當須做成不利於教師處分時，考核委員難免躊躇不安。

16　張德銳，前揭註13，頁9-10；吳和堂，前揭註13，頁224-232。

17　參見張德銳，前揭註4，頁126。

18　參見如《新北市淡水區新市國民小學教師成績考核委員會設置要點》、《臺南市立復興國民中學教師成績考核委員會設置要點》、《國立北斗高級家事商業職業學校教師考核會設置要點》等。

(二) 考核會未能落實平時考核；委員未了解綜核名實的意義

　　無論績效考核或評鑑，均非一時可爲之決定，乃倚賴長期多方面之觀察和了解，然現行成績考核辦法並未規定平時考核之方式與流程，以至於考核多以會議和書面資料爲單向之形式審查。此外，按照現行《成績考核辦法》第9條，考核會多由教師所組成，若教師未具有績效考核相關專業知能時，實難了解考核意義及其重要性，而致使成績考核辦法之立法目的難以被貫徹。尤應注意者，目前各級教師申訴評議委員會與法院均主張，教師績效考核屬專業性和高度屬人性之評定任務，應有判斷餘地之適用，教師申訴評議委員會和法院對於考核會之決議應予以尊重，僅就學校「考核會組成是否合法、判斷過程是否遵守相關之程序、或其判斷是否以錯誤或不完全之事實爲基礎、有無違反不當聯結之禁止、法律概念與事實關係間之涵攝有無明顯錯誤、有無違背解釋法則或牴觸既存之上位規範、是否有違一般公認之價值判斷標準及有無違反行政法原理原則等情形，予以審查。」[19]是故，考核會考核行爲和決議之品質，決定了績效考核制度之落實程度。

　　綜上，教師績效考核之目的，在於增進教師專業發展與效能，並作爲聘任獎懲之依據，以激勵教師和提升教育品質。本文以下將從法律學理，針對上述問題，探討教師績效考核制度之應有原則與內涵，並試提出修法方向。

19　摘自教育部中央教師申訴評議委員會再申訴評議書發文字號1090148624。相關見解詳見如最高行政法院106年度判字第522號判決、臺中高等行政法院108年度訴字第258號判決、以及教育部中央教師申訴評議委員會再申訴評議書發文字號1090144019。

［參］建構教師考核原則與法規體系
——以教師專業自主權爲中心

一、系爭教師身分乃屬最廣義公務員

　　國家受《憲法》授權或委託須履行憲法賦予之任務，而此等以執行公權力完成國家任務之人，稱之爲公務員。由於公務員實施公權力背負完成國家任務之責，因此其法律地位暨權利義務，與一般勞動者或受僱者截然不同。基於《憲法》，國家享有教育高權與任務（《憲法》第162條等），公立學校中執行教學之教師是否爲公務員？即爲一值得探討的議題。

(一)公立學校中教師之種類及其法律意義

　　原則上，爲完成國家任務行使公權力者，應爲公務員。然現今系爭教師似與一般公務員具有不同的面貌。

　　目前公立高級中等以下學校中，以教師是否爲專任爲標準，可區分爲「專任教師」和「兼任教師」；兼任教師則可再區分爲「狹義兼任教師」、「代理教師」、「代課教師」以及「教學支援工作人員」。所謂專任教師，乃指學校編制內，按月支給待遇，並依法取得教師資格之教師，又可稱之爲編制內教師（《教師法》第3條第1項參照）；兼任教師則指學校編制外，擔任學校課程教學之教師。[20]

　　專任教師與學校設立主體間的法律關係，如上所述，通說認爲屬行政契約關係。兼任教師之法律身分方面，本文認爲，根據《高級中等以下學校兼任代課及代理教師聘任辦法》以及《國民中小學教學支援工作人員聘任辦法》，條文所謂「由校長聘任之」，表示兼任教師與學校設立主體間

---

[20] 有關狹義兼任教師、代理教師、代課教師和教學支援工作人員之定義，請詳見《高級中等以下學校兼任代課及代理教師聘任辦法》第2條，以及《國民中小學教學支援工作人員聘任辦法》第2條。

所成立者，亦為行政契約，從而，兼任教師亦係依契約聘任之教學人員。

(二)公務員的意義與概念

　　自法律關係性質而言，公務員者乃指與國家間具有公法上職務關係之人。[21]公務員身分之取得，需經考試（憲法第85條）及任用之程序；公務員之工作為執行職務（Dienst），其應忠實履行其職責，尊重憲法秩序和維護公益。

　　除上述理論從法律關係定義公務員外，我國法規對於公務員實有各種規定，學者吳庚將之區分為四種態樣：(1)根據《國家賠償法》第2條第1項，凡依法令從事於公務之人員，均該法所稱之公務員；(2)《公務員服務法》第24條，以是否受有俸給作為公務員之判別標準；(3)《公教人員保險法》第2條規定，適用本法者為法定機關和公私立領有俸給且專任之人員；(4)按《公務人員任用法施行細則》第2條，該法所稱公務人員，指各機關組織法規中，除政務人員及民選人員外，定有職稱及官等、職等之人員（第1項），而此各機關則為包含各級公立學校等之機構（第2項）。[22]

　　立法者允許不同規範間，對公務員採取不同適用之範圍的目的，乃為維護公共利益和實現法治國原則，限制國家公權力任意擴張，以及保障公務員之權益，因此可知，雖公立學校教師與國家間非屬公法上的職務關係，惟多數法規仍讓將公立學校教師，尤其是專任教師，納入公務員範疇內；詳言之，不僅《公教人員保險法》和《公務人員任用法》明示公立學校教師為其規範對象，當公立學校教師若依法令從事公務，如依法從事教學，亦應屬於《國家賠償法》所定義公務員之範圍。[23]

21　參見司法院釋字第396號解釋。

22　詳參吳庚、盛子龍（2020）。**行政法之理論與實用**，頁204-206，三民。

23　肯定說參見李建良（1995）。過當的「管教」措施（上）——國家賠償責任與公務員賠償責任，**月旦法學雜誌**，8期，頁58-59；許育典、劉惠文（2010）。教育基本權與學校事故的國賠責任——兼評台灣高等法院93年上字第433號玻璃娃娃判決，**政大法學評論**，113期，頁221-222。法務部81年05月11日（81）法律字第06909號函；最高法院101年度台上字第624號民事判決、最高法院96年度

(三) 公立學校教師乃廣義之公務員

　　公立學校教師究竟是否為《公務員服務法》定義範圍內之公務員，需要進一步加以說明。關於公務員之法令，不僅在保障公務員之權益（如《公務人員保障法》），亦在詳細規範公務員的義務，尤其是忠實與服從的義務（如《公務員服務法》第1、2條）。而1990年代所倡議「公教分途」之目的，乃希望藉由賦予公立學校教師契約身分，鬆綁原有職務關係中較無彈性之權利義務關係，一方面促進教師聘任程序之專業與中立，使其更為靈活；[24]另一方面則強化教師專業自主權，以衡平《公務員服務法》第2條「長官就其監督範圍以內所發命令，屬官有服從之義務」之影響。[25]因而於大法官會議釋字第308號解釋後，公立學校中兼任學校行政職務之教師，僅就其兼任之行政職務，適用《公務員服務法》。[26]

　　關於公立學校教師法律身分議題，學界通說仍採廣義公務員。[27]詳言之，公立學校教師雖非以公務員之任用程序，與國家建立公法上職務關

台上字第802號民事判決等。限制說認為，教師行為僅就錄取學生、確定學籍、獎懲學生、核發畢業或學位證書等權限，係屬由法律在特定範圍內授與行使公權力者，適用國家賠償法；此說參見楊智傑（2011）。校園性侵害之學校賠償責任探討，**軍法專刊**，57卷5期，頁164，其所採理由，是為避免國家賠償法適用範圍於公立學校過於擴張，造成與私立學校不一致。

24 參見陳加再（2000）。教師法的問題探討與改進建議，**學校行政**，6期，頁109。

25 參見曾大千（2015）。教師法與勞動法之交會：論教師之法律地位，**師資培育與教師專業發展期刊**，8卷1期，頁110。

26 吳庚另指出，公務員服務法所謂之受有俸給採狹義解，即該法僅限因任命而取得俸給者；若因契約聘任而支薪者，即非公務員服務法之規範對象，詳見吳庚、盛子龍，前揭註22，頁205。據此，公立學校教師因契約聘任，而非公務員服務法之規範對象。

27 參見董保城（1992）。教師身分之我見，瞿立鶴（編），**教師法定身分權**，頁45-55，全國教師會。許育典（2016）。**教育行政法**，頁198-201，元照。學者李惠宗則認為，公立學校教師與國家所存者乃公法關係，理由是憲法第162條賦予國家教育監督權，無論公私立學校教師均須依《教育人員任用條例》認定其教師資格，詳見李惠宗（2014）。**教育行政法要義**，頁147-153，元照。

係，而是採行政契約之聘任行為，然，公立學校教師執行《憲法》和教育法職務之行為，與一般公務員執行職務之態樣，並無公務員法本質上的根本差異。此外，現行公務員相關法規適用範圍，多涵蓋公立學校教師，顯示立法者視教師教學輔導等行為，乃屬踐行公務之一環，其行為須受公法原則和法規的支配和拘束。

　　綜上，公立學校教師，尤其是履行國民教育之教師，其考核制度係屬國家人事行政，且應從公務員法制面加以建構與評析。

二、以保障和促進專業自主權為核心之教師考核

(一) 公務員與教師考核之目的

　　人事行政或可稱為「人力資源管理」（human resource management, HRM），乃指組織一系列提供和統合組織內人力資源所設計的活動，包含人力資源規劃、招募和甄選、人力資源發展、報酬與福利、安全與健康、員工間以及員工與組織間關係、人力資源研究等。[28]人力資源管理理論中，人事考評乃係從人力資源發展角度出發，探討員工從培訓到其生涯發展過程中的績效核評（performance appraisal）問題；所謂績效核評，乃組織為了解和促進營運成效，對個別員工或團隊進行績效管理和評估；換言之，即比較員工實際工作產出與已設定工作目標，評價其結果，且將結果與職務、薪酬及獎金產生連結，以激勵士氣和獎優懲劣。[29]對於組織而言，員工不僅是投資最鉅之處，且其價值直接顯示出組織的價值，人力資源更對組織的成長、效率和成功，具有重大影響力；而績效核評則為管理人力資源之重要手段。以上說明運用在公務員之於國家，亦無太大差異。[30]

28　參見黃同圳、Byars, L. L.與Rue, L. W.（2014）。**人力資源管理：全球思維 台灣觀點**，頁3，麥格羅希爾。

29　參見卓正欽、葛建培（2017）。**績效管理：理論與實務**，頁55，雙葉書廊。

30　參見黃朝盟（1999）。21世紀公務人力資源發展之策略議題管理，中國行政評

　　傳統國家人事行政中，最重要之原則乃屬「功績原則」（principle of merit; Leistungsprinzip），又稱績效原則。例如《德國基本法》第33條第2項規定：「任何德國人民，享有依其個性、能力及專業表現，平等服公職之權。」本條一方面規定國家具有憲法上的義務，按照績效挑選和任命最適合與最優之人民擔任公務員，即「最優挑選原則」（Prinzip der Bestenauslese）；[31]另一方面，人民亦得依本條請求國家設置「合理公平選用基準及程序」之制度，並於具體爭議案例中享有任用請求權（Einstellungsanspruch）。[32]上述原則被貫徹於德國職業公務員體制（Berufsbeamtentum），且因由憲法所規定，被公務員法之理論和法院視為絕對無例外之原則。[33]我國公務員相關法令，不僅《公務人員陞遷法》第5條第1項「各機關職務出缺時，除依法申請分發考試及格或依本法得免經甄審（選）之職缺外，應就具有該職務任用資格之人員，本功績原則評定陞遷。」定有關於功績原則之明文，《公務人員考試法》第2條「公務人員之考試，以公開競爭方式行之，其考試成績之計算，除本法另有規定外，不得因身分而有特別規定。其他法律與本法規定不同時，適用本法。」亦有人民有基於平等地位，依各人才能與專業請求任用為公務員之涵義。[34]

　　為使功績原則得以實現，國家行政組織即須進行績效考核，故國家人事行政中之績效考核乃指，享有考核權限之主體，基於公務人員考績法

論，9卷1期，頁77-78。蔡秀娟（2007）。員工績效結果策略應用：高績效政府組織觀點，研考雙月刊，31卷2期，頁42。

[31] Battis, in: Battis, Bundesbeamtengesetz Kommentar, 2017, § 9 Auswahlkriterien, Rn. 2. In: https://beck-online.beck.de/?vpath=bibdata/komm/BattisKoBBG_5/cont/BattisKoBBG%2Ehtm

[32] Battis, (Fn. 31), Rn. 27.

[33] Schwarz, in: Brinktrine/Schollendorf, BeckOK Beamtenrecht Bund, 2021, § 9 Kriterien der Ernennung, Rn. 4. In: https://beck-online.beck.de/?vpath=bibdata%2fkomm%2fBeckOKBeamtenRBd_21%2fBEAMTSTG%2fcont%2fBECKOKBEAMTENRBD%2eBEAMTSTG%2eP9%2eglB%2eglI%2egl1%2ehtm

[34] 施傑能（2003）。公務人員考選制度的評估，台灣政治學刊，7卷1期，頁164。

等法規，對於受考核對象之組織或公務員個人，就其執行職務之表現或成效，所進行之一種綜合性的評價。藉由績效考核及其結果的評估，國家得據以調整組織的資源配置，以及了解個別公務員之特質和工作潛能，決定其職務與薪酬外，並給予適當訓練和協助其進行生涯規劃，助其成爲專業人士，亦可同時讓公務員了解組織目標及其定位與責任。[35]

　　現今國家人事行政，或稱公部門人力資源管理（public human resource management, PHRM）之面貌，經過新自由主義和新公共管理思潮的洗禮，呈現出以下特徵：分權化（decentralization）、績效基礎薪酬（performance-based pay）、去分類制（declassification）、解除管制（deregulation），以及民營化（privatization）；[36]換言之，市場機制與成果導向思維，似開始挑戰傳統公務員生涯發展的基礎——功績原則與永業制。惟學者林俞君綜合美國學者Battaglio等的研究發現，美國試行之公務員自由僱傭制失敗，乃因「公務員的工作誘因結構有其特殊之處，透過績效獎金增加金錢誘因不見得能夠產生激勵效果。去除永業制的保障讓公務員的不安全感上升，激勵效果下降；而這種結果是因為這些改革沒有考慮到『公共服務動機』（public service motivation）的結果。」[37]該研究進而認爲，公務員與私人企業員工不同，「爲了讓公務員的專業能力能夠發揮，功績制賦予了公務員工作的保障，讓他們能不受政治輪替的影響而去職。公務員不受政治輪替的影響，是維持國家社會穩定的力量之一；使得政策的推動不會因爲政治勢力的改變而有巨大的變動，維持人民對政府穩定性的信任。……公務員的『中立能力』意味依靠專業判斷與法律依據，

35　蔡良文（2018）。**人事行政學——論現行考銓制度**，頁356，五南。林安邦、莊雅婷、姜驊凌與張國恩（2019）。以校務研究觀點探討行政管考制度之建構，**教育科學研究期刊**，64卷1期，頁248-249。范熾文（2008）。**學校人力資源管理**，頁216-218，冠學文化。

36　詳參林俞君（2017）。新公共人力資源管理：比管理更重要的事，**公共行政學報（政大）**，52期，頁123-124。李逸洋（2004），數位時代之公務人力資源管理新方向，**研考雙月刊**，28卷2期，頁56-57。

37　詳參林俞君，前揭註36，頁124。

向政治長官說『不』的能力」，[38]此即行政法學中所強調者，國家行政應以保障人民基本權利和維護公共利益為核心，並且依法行政，因之公務員工作內涵在於執行職務，而非僅欲換取個人酬勞。

藉由上述公共部門人力資源管理近年發展可知，系爭教師考核制度的變遷與國家人事行政之發展息息相關，其近三十年來雖嘗試採行自由化或市場機制，然由於教師願意終身獻身中小學、從事教學與輔導之動機和熱情，自始主要由理念所支撐，而非僅績效獎金或晉級，因此系爭教師考核制度，即應從支持尊重教師之教育理念及其專業為始。

(二) 教師專業自主權及其界限

1. 教師專業自主權的概念

保障教師專業自主（teacher professional autonomy; Pädagogische Freiheit）係教育法規中最重要之事項之一。《教育基本法》第15條規定：「教師專業自主權……遭受學校或主管教育行政機關不當或違法之侵害時，政府應依法令提供當事人或其法定代理人有效及公平救濟之管道」；《教師法》第1條條文中，將提升教師專業地位作為本法立法宗旨，且於本法第五章有關權利義務中，明定「教師之教學及對學生之輔導依法令及學校章則享有專業自主」（第31條第1項第6款）。

因之，按照《教師法》第31條規定，所謂教師專業自主權，係指教師個人就其學校教學和輔導之內容與方法，享有依照專業不受干擾的判斷和決行之空間，即「課程自主權」。[39]惟亦有廣義說認為，[40]教師專業自主

38　詳參自林俞君，前揭註36，頁126。

39　參見孫敏芝（2007）。國民小學教師課程自主權的實踐與限制，**課程與教學季刊**，10卷2期，頁66-67；最高行政法院106年裁字第2005號裁定。

40　詳見Avenarius/Hanschmann, Schulrecht, 2019, 9. Aufl., S. 666. 我國《教師法》第31條關於教師專業自主之規範，與德國學校法（Schulgesetz）規定類似，例如：巴登烏騰堡邦（Baden-Württemberg）學校法第38條第6項規定，德國相關規定和歷史發展，詳見Stock, Die pädagogische Freiheit des Lehrers im Lichte des schulischen Bildungsauftrags, RdjB 1986, 212, 212-232. 教育學方面之說明，

權的範圍不限於教學，尚應涵蓋教室內或全部學校中，教學外其他行政和各項活動之事項。

此外，教師專業自主權之行使目的，必須基於學生學習之需要。換言之，教師專業自主權係與學術自由（Akademische Freiheit）不同的概念。[41]教師專業自主權乃保障國民教育階段之教師，得以學生學習和教育目的為念，作出之專業性判斷，因而並非保障教師可以選擇自己熟悉或喜好之教學。而學術自由則以實踐追求真理、不受國家干預為目的，並強調大學中授課乃屬學術研究之一環，防範國家藉由監督課程或教學，進而決定研究取向。兩概念和保障目的均不同，無法互相推導。

2. 國家基於教育監督權對教師專業自主權之限制及其界限

教師享有專業自主權之意義有三：首先，保障學生學習品質：教育法令應給予教師自主性，依學生個別需求，調整教學活動。[42]第二，實現教育分權：藉由權力下放，促進教師對教育事務之參與，提升其個人創造力和國家競爭力。[43]第三，提高教師工作效能與滿意度：教師於享有自主權之學校從事教學，壓力較小且效能更高。[44]

然而，教師專業自主權並非毫無限制，理由是國家基於憲法享有教育監督權。《憲法》第162條「全國公私立之教育文化機關，依法律受國家之監督」之條文，與《德國威瑪憲法》第144條前段類似，且本條續由《德國基本法》第7條第1項所繼受。[45]德國學界指出，憲法賦予國家享

參見Grant, A., Hann, T., Godwin, R., Shackelford, D. & Ames, T. (2020). A Framework for Graduated Teacher Autonomy: Linking Teacher Proficiency With Autonomy. *The Educational Forum, 84*(2), 102有關教師專業自主概念之界定。

[41] 詳見Avenarius/Hanschmann, (Fn. 40), S. 666f.；許育典，前揭註27，頁206-208。

[42] 陳世聰（2020）。核心素養導向的學校組織文化：理路與策進作為，**教育研究月刊**，313期，頁89。

[43] 參見黎萬紅、盧乃桂（2002）。權力下放與教師的專業自主——港臺兩地教育改革的經驗與思考，**教育研究集刊**，48卷4期，頁57-58。

[44] 參見Grant, Hann, Godwin, Shackelford & Ames, supra note 40, at 100.

[45] 德國威瑪憲法第144條前段和基本法第7條第1項均規定「整個教育制度應受國家之監督(Das gesamte Schulwesen steht unter der Aufsicht des Staates)」。

有教育監督權，乃因教育制度暨文教政策涉及重大公共利益，其不僅作爲個別人民生存發展之基礎條件，且爲所有社會政策之根本議題。[46]因此，德國憲法之教育監督權之性質，乃國家對於全國公立學校享有支配權（Herrschaftsrecht）；詳言之，國家有權制定和執行涵蓋公立學校之設立、變更和廢止，及其校務計畫和課程規劃，並且有權決定課程內容與教學目標等事項之法律。我國對於國家基於憲法享有教育監督權之解釋，與德國理論相同，[47]惟憲法條文和實務上且擴及於私立教育機構。[48]

　　職是之故，討論教師專業自主權之重心，乃在探討教師專業自主權於國家教育監督權下，尤其是公務員職務法令下，得獨立行使其判斷的空間爲何。[49]本文認爲，首先，當今社會之特徵，乃強調分權和去管制，學校自主（school autonomy; Schulautonomie）即在此發展中所產生的現象，其中賦予和保障教師自主，乃達成學校自主目的之必要手段；換言之，教師專業自主係體現學校自主之重要條件，且屬國家教育監督權管制鬆綁之結果。因之，教師專業自主乃係源出於學校自主和法規條文所釋出之判斷餘地，並非法律所賦予之主觀權利，[50]此其二。最後，既然教師專業判斷源

46　參照Badura, in: Maunz/Dürig, Kommentar zum GG, 2020, Art. 7, Rn. 1-4. In: https://beck-online.beck.de/?vpath=bibdata%2Fkomm%2FMaunzDuerigKoGG_93%2Fcont%2FMaunzDuerigKoGG%2Ehtm

47　參見許育典（2007）。在學關係下教育行政的法律監督——以中小學生爲核心，**教育研究集刊**，53卷2期，頁91-96。

48　德國憲法條文和實務僅允許國家監督公立學校，不得干預私立學校，參見 Ennuschat, Kommunen als Träger von Ersatzschulen? RdjB 2020, S. 328-337.

49　德國學界多從教育法令壓縮教師專業自主性觀點，討論法律和自主間之關係，參見Badura, (Fn. 46), Rn. 61.國小校長王逸棻則另提出值得深思的觀點，其認爲我國實務上過於強調教師專業自主權，導致國家教育法令執行不夠確實，應予平衡處理，參見王逸棻，前揭註4，頁112。

50　此爲德國通說，參見Niehuest/Rux, Schulrecht, 6. Aufl., 2018, Rn. 1134ff.及其註明之相關學說和判決。惟學者李仁淼認爲，教師專業自主權由憲法國民受教育權（第21條）和講學自由（第11條）所導出，乃屬人權性質，然又與一般人權不盡相同；教師於教學活動中之教學自由，則屬專門性裁量，請詳見李仁淼（2017），〈教師專業自主權之法律性質及內容〉，《月旦法學教室》，172

於法律授權，因而於怠惰不行使、濫用或逾越專業範疇時，仍得受法院之監督審查。

故教師專業自主權具有下列特徵：

(1) 系爭教師具有遵守教育法規義務，且僅於條文使用不確定法律概念或多項選擇時，得享有解釋和判斷之空間。

(2) 教師行使自主權時，應從學生學習需要、教育法規和教育專業等，綜合予以判斷和執行，而非依個人之教學或行政需求。

(3) 教師專業自主權之執行結果，應符合教育法規之立法宗旨，即學生權益與公共利益之衡平後之決定。

三、教師績效責任

保障與強化教師專業自主權，賦予教師教學或學校行政決定權，表示教師必須同時對其決定負起責任；連結於功績原則時，即為教師績效責任。系爭教師績效考核之意義，除在於監督評價其表現外，尚包括教師專業表現不佳，或工作成果未能達成法規所期待之目標時，追究其責任之功能。[51]理由是，系爭教師乃履行國家行政之人員，其有權利和義務奉獻教育專業並依據法律，進行教學和實施教育行政，故教師問責制（accountability of teachers）之目的，乃係藉由教師對學生和社會負起責任，以確保人民受教等權利並實踐公共福祉。[52]

如何公平公正地向教師課責，無可否認地，係屬一項極為複雜和困難的議題，因其一方面涉及教師個人行為態度和教育專業能力，另一方面亦須回應社會期待與市場選擇。惟國家向人民負責，乃憲政主義和自由民主

期，頁8。

51 有關學校中人員之績效責任概念，詳范熾文，前揭註35，頁196。

52 參閱吳清山（2019）。教師專業績效責任的理念與實踐，**教育研究月刊**，302期，頁5。許籐繼（2019）。中小學教師專業發展支持系統架構的探究：規範與自主交織的觀點，**臺灣教育評論月刊**，8卷2期，頁1。張瓊玲（2014）。公務人員考績法中淘汰機制演進之探討，**中國行政評論**，20卷1期，頁32。

原則無可迴避的核心，因而即便複雜與困難，國家仍應不斷研擬和執行適當之教育問責規範、標準和程序，使教師了解自身責任。[53]

　　討論教師績效責任包含三個面向：組織問責、專業問責與法律問責。[54]組織問責的意義在於，教育行政機關有義務制定教學和教育行政相關規範，以使教師從事教育活動時有法可遵循；專業問責則強調，教師應遵守專業規準，並受同僚的監督；法律問責，乃聚焦法規對於績效考核後，對教師之處置規範。

　　由而，教師對其績效之法律責任，乃指教師對於其職務表現或成效之評價，所應承受之法律利益或懲罰，其範圍包括身分、財產或其他利益之有利或不利處置。由於法律問責對教師之權益具有重大影響，除適用時應考慮對於促進教師績效之可行性和效能外，根據法治國原則，相關事宜不僅應由法律規定或具有法源基礎，且規範應明確並符合比例原則。詳言之，追究教師履行契約之績效責任時，是否應賦予如晉級或減扣薪資之法律效果，必須在政策面思考該項措施之效益，執行時則應遵守事先訂定之具體條款，按比例原則為之。

［肆］法規修正具體建議

一、教師考績原則

　　1994年立法院三讀審查刪除教師法草案「績效評量」全章後，近三十年來，對於系爭教師績效考評，歷經成績考核、教師專業評鑑、教師專業發展……等討論，至今尚存許多爭議。本文自法律觀點探討系爭教師績效考評，得出以下四項原則：

53　參見鄭彩鳳（2004）。教育績效管理與績效責任，**教育研究月刊**，124期，頁9-11。

54　詳見吳清山、黃美芳與徐緯平（2002）。**教育績效責任研究**，頁17-18，高等教育。范熾文，前揭註35，頁201-210。

(1) 系爭教師係廣義公務員，其績效考評乃屬國家人事行政之事項。

(2) 公務員暨系爭教師績效考評之意義，在於了解機關定位和資源配置，以及促進人員適才適所，並協助其改善和發展專業知能。

(3) 針對系爭教師進行績效考評時，應以促進其教學專業自主權為核心，以保障學生之受教權。

(4) 追究系爭教師績效責任之目的，乃於藉由績效問責，實現民主原則和功績原則；惟於課予法律責任時，因對系爭教師具有重大影響，故國家須遵守法治國原則。

二、教師考績法規修訂建議

為確保國家執行其任務之品質，向人民負責，故而國家有義務告知其機關和人員之任務，並監督其完成任務之效能，[55]也就是進行績效考核，並追究其責任。然而，實施教師績效考核並非易事，因為，國家並非私人企業，利潤絕對不是目標，保障人民權利和公共利益才是國家行為的目的，然而後者卻是抽象不可見之目標。因而，明確化和具體化系爭教師績效之評價意義和標準，乃係極為重要之議題，一方面確保教育行政之目標得以實踐，另一方面讓系爭教師得以依循。故由上述四項原則，推論出以下制定系爭教師考績法規之參考建議。

(一) 明確化績效考核目的

現行教師成績考核辦法，對於教師績效考核目的未有明確規定，[56]建議於《教師法》增訂條文規定，績效考核乃為達成人員管理以及教育品質保證之目的，定期對個別教師之表現、能力和資格所為之核評；績效核定

---

55 吳清山（2020）。建立中小學「教與學為核心」的品質保證機制之探究，**教育研究月刊**，315期，頁12-16。

56 《國民教育法》第18條第2項和《高級中等教育法》第33條僅規定如「應辦理成績考核」之條文。

之結果，應作爲決定教師專業晉升、薪資決定和教師進修訓練之重要基礎。從而，教師績效考核目的，應納入《教師待遇條例》和《教師進修研究等專業發展辦法》，成爲兩法立法宗旨和體系的一部分，除法制化現行《成績考核辦法》第4條有關獎金之規定外，並確保人力資源管理之成效。

　　例如：德國巴伐利亞邦之《巴伐利亞邦公立學校教師和校長的績效考核準則》（Richtlinien für die dienstliche Beurteilung und die Leistungsfeststellung der staatlichen Lehrkräfte sowie der Schulleiterinnen und Schulleiter an Schulen in Bayern）（以下簡稱《巴邦考核準則》）明訂本準則之首要目的，乃向個別教師呈現上級如何獲得其表現，個性和能力的圖像，以達成人員管理和教學品質保證（巴邦考核準則Abs. 1 §1.2.1）。其次，藉由績效考核，得定期以比較性觀點，概覽不同教師績效之潛能，進而規劃人力、協助教師專業發展、決定職務擔任者，並達成憲法功績原則之規定（巴邦考核準則Abs. 1 §1.2.2）。第三，績效考核亦爲該邦根據俸給法（Besoldungsgesetz）決定薪資之重要基礎（巴邦考核準則Abs. 1 §1.2.3）。

(二) 依專業需求，區分考核對象種類

　　現行《成績考核辦法》對於考核對象未做區分，如初任教師和資深教師均適用同樣法條。由於教師乃一專業性職務，且評核涉及對教師才能和能力表現，因此基於不同科目、不同年資、及其他不同教學需求之專業考量，績效有異時應採取不同考核方式。故建議教師成績考核辦法於考核對象作如下之區分：初任和資深教師、專任教師和兼任教師、或不同科目間教師等。

　　例如：德國《巴邦考核準則》第三篇中，即非常細緻地區分出各種教師種類，包括公立學校教師、特殊教育學校教師、海外學校教師、專任教師、代課教師、科任教師、輔導教師等。不同教師間則適用不同之考核標準和表格，此乃法律平等原則與明確性原則之適用。

(三)依是否享有自主性之標準，區分考核事項

近年對於教師績效考核，除了解教師之能力和表現外，亦強調協助其專業增能，以賦予更廣泛之自主權，學校和教師並共同形塑教師職涯發展，也因此教師於自主性提升後，將承擔更多之責任。如上文所述，教師績效非僅關乎個人之努力、表現或利益，教師個人以外之學生個人權益和公共福祉及其條件，亦應於考核時加以考量。因此，績效導向之考核，應量化與質化並重，且應給予教師自我表述之權利。[57]詳言之，教師考核表單上，必須依法行政之事項，如依照法定課綱從事教學者，得由教育行政機關單方面檢覈；具有教師專業自主得決定之事項，如個別課程之教學者，除由教育行政機關針對教師表現，給予考核成績，亦應提出描述性評價，另一方面，教師應於績效考核時，負有提供教學卷宗或自我評述等資料之義務，[58]以達成共同形塑教師職涯之功能。

例如：德國《巴邦考核準則》第一篇中，將考核標準分為「專業績效」（fachliche Leistung）和「個性與能力」（Eignung und Befähigung）兩項種類（《巴邦考核準則》Abs. 1 §2.2）。其中專業績效部分，再區分為課程規劃與形塑、課程成效、教育作用（erziehrisches Wirken）、合作、其他職務作為、行使學校授予之行政工作（Wahrnehmung von übertragenen schulischen Funktionen）、領導作為等七個具有細項說明的項目。能力考核則包括決策能力、盡忠職守能力（Einsatzbereitschaft）、以及職業知能和運用能力。考核標準不同外，績效認定成績亦分七個等級（《巴邦考核準則》Abs. 1 §2.3），且係由與同薪級之教師所比較而得出。總結考評後，除依各項目給予等級外，最後還須以文字敘明評價理由。

(四)依影響學生受教權之程度，區分表現範圍與成效

現行教師《成績考核辦法》第4條和第6條，將教師個人道德操守、教

57　張瓊玲，前揭註52，頁46。

58　有關教學卷宗之內容，詳見宋曜廷、劉俊廷（2007）。教學卷宗在中小學教師專業評鑑的應用——評析NBPTS經驗，**教育研究集刊**，53卷1期，頁59-67。

育專業資格與能力、教學成效、工作態度和團隊精神等標準與責任，併同規範，考核結果同時形成獎懲效力外，且另於該法第5、7條亦允許功過相抵。

本文建議，首先，為實踐明確性原則和比例原則，標準和責任應盡可能分類明確一致及相關，而其所依據之考量則為學生受教權之影響。例如：教師於校外駕車不慎撞傷路人，受有刑事追訴，該行為對於教育專業和教學之影響若有限時，根據不當連結禁止原則，應注意是否有此必要與教學績效做連結處理。其次，教師績效考核結果是否需同時形成獎懲，或可另為規範，理由是，本法主要功能為績效考核，其功能乃作為未來其他任免、敘薪、晉級或專業發展決定之基礎，此非考核會所能掌握之權限。最後，功過相抵亦應有所限制，因為績效考核之目的在於了解和評價教師教學成效與資格，不同考核項目間不見得相關，有時並無理由功過相抵。例如：教學成效優異與團隊精神不佳，兩者應個別看待與處置，時無功過相抵之可行性。

考核後之法律效果，即上述教師績效責任，本文認為，應由《教師法》不適任教師條文（教師法第14條以下）、《教師待遇條例》或其他如教師職級法規，進一步詳細、體系性之方式規範之，以定其責任，並作為人力資源管理之手段。一如上述，功績原則乃公務員法之基本原則，人民以其績效表現，比較性和競爭性取得國家之任用或聘任，不僅符合《憲法》機會平等原則，且踐行公務員法上之最優挑選原則。現行教師《成績考核辦法》之績效責任規範，限於獎金和功過書面紀錄，未與其他任何人事法規做連結，使得系爭教師考核流於形式，侵害優秀教師之平等權。尤有甚者，實務上處理不適任教師時，時有學校教師評審委員會根據《教師法》議決時，以考核會考核結果作為理由，認為教師並未符合不適任教師之條件，或者，以移送考核會考核為由，適用最輕之停聘處分（《教師法》§18 I）。由於教師成績考核辦法和《教師法》之關係，未有明文規定，而成為處理上述不適任教師之爭議所在，其決議有時另產生違反功績原則和最優挑選原則之虞，對於學生受教權之影響不可謂不鉅。

德國《巴邦考核準則》中，並無關於考核結果所生獎懲措施之規定，

因而最終之總結性評價，不僅各考核項目均有等第標示，並標註綜合性文字理由敘述，以使考核結果清晰可視。此一方式與我國《高級中等以下學校教師專業發展評鑑規準（105年版）》類似，該結果僅作為上級和教師人力資源管理時決定之參考，尚未直接發生任何法律效果，然而根據該準則目的規定、俸給法和任免法規等，教師績效責任仍將呈現於其職涯發展上。

(五) 落實考核會等教育監督之責

《憲法》第162條明定國家享有公私立學校之教育監督權，其目的在於責成國家完成教育任務。此一任務體現在教師績效考核，即表示國家有責任監督教師之表現。根據《教師成績考核辦法》第8、9條，系爭教師考核之初核由考核會為之，而考核會主要由校內教職人員所組成，此乃尊重學校自主和教師專業自主之規範，實值肯定。從而，以最小變動觀之，法規未來似可朝更細緻化之規範，一方面考核會任務乃屬執行監督權，法規應使其善盡評價教師對其工作目標之了解和執行狀況，以及追究教師績效責任之責；其具體作法，即詳細規範考核流程，以及利用文字敘明考核決議理由。另一方面，有關校長之覆核（《成績考核辦法》第14條第1項）及主管機關之考核核定（《成績考核辦法》第15條第2項）等條款，亦可從組織定位和資源配置之宏觀角度調整，促使其思考個別教師之人力管理，並落實對考核會決議之監督。例如：德國《巴邦考核準則》有關考核程序之規定，訂於第一篇中之第4.1至4.10點，多達十大點之規範，涵蓋有關考核時間、種類、考核主體之權限、考核結果之檢驗等。

⌐伍⌐ 結論

學生學習和學校教育品質良窳實繫於教師。落實教師績效考核，以實踐民主原則，並達成教育目標及協助教師專業發展，因而屬於國家教育監督權之必要任務，然而，根據現行《教師成績考核辦法》之教師考核，似未能帶來激勵士氣和獎優懲劣之效果。本文從研究教師考核法規沿革、績

效考核意義、系爭教師公務員身分、教師專業自主權、以及教師績效責任後，提出五項修法建議：明確化績效考核目的、區分考核對象種類、區分考核事項、區分績效及其責任、落實考核會等教育監督之責。

參考文獻

一、中文部分

王逸菜（2020）。我國中小學推動教師評鑑的需求與對策，**臺灣教育評論月刊**，9卷1期，頁110-113。

立法院公報處（1993）。**立法院公報**，82卷17期，立法院。

立法院公報處（1994）。**立法院公報**，83卷24期，立法院。

吳和堂（2007）。**教師評鑑：理論與實務**，高等教育。

吳庚、盛子龍（2020）。**行政法之理論與實用**，16版，三民。

吳清山（2019）。教師專業績效責任的理念與實踐，**教育研究月刊**，302期，頁4-24。

吳清山（2020）。建立中小學「教與學為核心」的品質保證機制之探究，**教育研究月刊**，315期，頁4-23。

吳清山、黃美芳與徐緯平（2002）。**教育績效責任研究**，高等教育。

呂炳寬、張毓真（2015）。我國特別權力關係之演變：歷史制度主義的觀點，文官制度季刊，7卷3期，頁1-28。

宋曜廷、劉俊廷（2007）。教學卷宗在中小學教師專業評鑑的應用──評析NBPTS經驗，**教育研究集刊**，53卷1期，頁55-86。

李仁淼（2017）。教師專業自主權之法律性質及內容，月旦**法學教室**，172期，頁6-8。

李建良（1995）。過當的「管教」措施（上）──國家賠償責任與公務員賠償責任，月旦**法學雜誌**，8期，頁58-59。

李惠宗（2014）。**教育行政法要義**，二版，元照。

李逸洋（2004）。**數位時代之公務人力資源管理新方向**，研考雙月刊，28卷2期，頁55-66。

卓正欽、葛建培（2017）。**績效管理：理論與實務**，三版，雙葉書廊。

林安邦、莊雅婷、姜驊凌與張國恩（2019）。以校務研究觀點探討行政管考制度之建構，**教育科學研究期刊**，64卷1期，頁251-265。

林俞君（2017）。新公共人力資源管理：比管理更重要的事，公共**行政學報（政大）**，52期，頁121-130。

林思騏、陳盛賢（2018）。從歷史制度論觀點剖析教師專業發展評鑑的政策變遷與延續，**師資培育與教師專業發展期刊**，11卷3期，頁61-82。

施傑能（2003）。公務人員考選制度的評估，**台灣政治學刊**，7卷1期，頁157-207。

范熾文（2008）。**學校人力資源管理**，冠學文化。

孫敏芝（2007）。國民小學教師課程自主權的實踐與限制，**課程與教學季刊**，10卷2期，頁65-80。

秦夢群（2015）。**教育選擇權研究**，五南。

張德銳（2012）。區別化教師評鑑制度的規劃與實施策略，**臺北市立教育大學學報──教育類**，43卷1期，頁121-144。

張德銳、李俊達（編）（2017）。**專業發展導向教師評鑑理論與實務**，五南。

張瓊玲（2014）。公務人員考績法中淘汰機制演進之探討，**中國行政評論**，20卷1期，頁27-53。

教育部，教育部部史，http://history.moe.gov.tw/policy.asp?id=20。

許育典（2007）。在學關係下教育行政的法律監督──以中小學生為核心，**教育研究集刊**，53卷2期，頁73-101。

許育典（2016）。**教育行政法**，元照。

許育典、劉惠文（2010）。教育基本權與學校事故的國賠責任──兼評台灣高等法院93年上字第433號玻璃娃娃判決，**政大法學評論**，113期，頁185-244。

許籐繼（2019）。中小學教師專業發展支持系統架構的探究：規範與自主交織的觀點，**臺灣教育評論月刊**，8卷2期，頁1-6。

陳世聰（2020）。核心素養導向的學校組織文化：理路與策進作為，**教育研**

究月刊，313期，頁83-94。

陳加再（2000）。教師法的問題探討與改進建議，**學校行政**，6期，頁107-118。

曾大千（2015）。教師法與勞動法之交會：論教師之法律地位，**師資培育與教師專業發展期刊**，8卷1期，頁105-128。

程煒庭（2020）。公立高級中等以下學校教師成績考核的問題與改善，**臺灣教育評論月刊**，9卷6期，頁104-109。

黃同圳、Byars, L. L. 與Rue, L. W.（2014）。**人力資源管理：全球思維 台灣觀點**，十版，麥格羅希爾。

黃朝盟（1999）。21世紀公務人力資源發展之策略議題管理，**中國行政評論**，9卷1期，頁75-102。

黃舒芃（2016）。「特別權力關係」的隱晦終結──評司法院釋字第736號解釋，月旦**裁判時報**，48期，頁109-114。

楊智傑（2011）。校園性侵害之學校賠償責任探討，**軍法專刊**，57卷5期，頁148-169。

蔡秀娟（2007）。員工績效結果策略應用：高績效政府組織觀點，**研考雙月刊**，31卷2期，頁40-54。

蔡良文（2018）。**人事行政學──論現行考銓制度**，七版，五南。

鄭彩鳳（2004）。教育績效管理與績效責任，**教育研究月刊**，124期，頁5-21。

黎萬紅、盧乃桂（2002）。權力下放與教師的專業自主──港臺兩地教育改革的經驗與思考。**教育研究集刊**，48卷4期，頁53-74。

瞿立鶴（編）（1992）。**教師法定身分權**，全國教師會。

二、外文部分

Chetty, R., Friedman, J. N. & Rockoff, J. E. (2014). Measuring the Impacts of Teachers II: Teacher Value-Added and Student Outcomes in Adulthood. *American Economic Review 104*(9), 2633-2679.

Grant, A., Hann, T., Godwin, R., Shackelford, D. & Ames, T. (2020). A Framework for Graduated Teacher Autonomy: Linking Teacher Proficiency with Autonomy. *The Educational Forum*, *84*(2), 100-113.

OECD (2009). Creating effective teaching and learning environments: First results from TALIS. Retrieved from https://www.oecd.org/education/school/43023606.pdf

三、德文部分

Avenarius, H./Hanschmann, F. (2019). *Schulrecht* (9. Aufl.), Carl Link.

Battis U. (Hrsg.) (2017). *Bundesbeamtengesetz Kommentar* (5. Aufl.). C. H. Beck. In: https://beck-online.beck.de/?vpath=bibdata/komm/BattisKoBBG_5/cont/BattisKoBBG%2Ehtm

Brinktrine, R./Schollendorf, K. (Hrsg.) (2021). BeckOK Beamtenrecht Bund (21. Ed.). C. H. Beck. In: https://beck-online.beck.de/?vpath=bibdata%2fkomm%2fBeckOKBeamtenRBd_21%2fBEAMTSTG%2fcont%2fBECKOKBEAMTENRBD%2eBEAMTSTG%2eP9%2eglB%2eglI%2egl1%2ehtm

Ennuschat, J. (2020). Kommunen als Träger von Ersatzschulen? *Recht der Jugend und des Bildungswesens*, 328-337.

Maunz, T./Dürig, G. (Hrsg.) (2020). *Kommentar zum Grundgesetz* (92. EL.). C. H. Beck. In: https://beck-online.beck.de/?vpath=bibdata%2Fkomm%2FMaunzDuerigKoGG_93%2Fcont%2FMaunzDuerigKoGG%2Ehtm

Niehues, N./Rux, J. (2018), *Schulrecht* (6. Aufl.). C. H. Beck.

Stock, M. (1986). Die pädagogische Freiheit des Lehrers im Lichte des schulischen Bildungsauftrags. *Recht der Jugend und des Bildungswesens*, 212-232.

第四章

教師注意義務之內涵與實務
——理論與案例研析

郭麗珍

在學關係中，學校是學生學習活動的主要場域，學校須給予學生學習的權益並保障學生能安全接受教育，教師從事教育活動時，負有保障學生生命、身體、健康安全及人格發展權的保持維護與注意義務。有關教師注意義務之內涵，其與教育基本權之關係、責任之性質與依據，教師注意義務之判斷標準與範圍，實有詳加探究之必要。

教師之教育注意義務之法理依據，本文以教育基本權之憲法價值內涵與制度性保障為核心，再論教師注意義務之責任性質，分別探討在學契約之理論爭議與侵權責任之理論基礎，據此分析教師作為教育專業人員所負注意義務之內涵，聚焦於教師之積極維護學生受教權益與輔導管教學生義務之標準與範圍，並擇數則法院相關判決說明實務上之適用情形，以資檢視相關規範之解釋適用並作為教育實務運作之參考。

關鍵字：在學關係、教師注意義務、受教權、在學契約、侵權行為

壹　前言

　　在學關係中，[1]學校是學生學習活動的主要場域，學生之教育基本權應受到完整的保障，而保障教育基本權實現的參與者，主要包括學校、教師及父母。學校須給予學生學習權益並保障學生能安全接受教育，為保護學生的安全教育環境，須具體形成或整備完善的學校設備、學校環境等教育外在條件；教師從事教育活動時，負有保障學生生命、身體安全與注意義務；父母的教育權應以其子女的自我實現為導向。[2]然而若學校中之人員、設施或活動等任一環節出現問題，導致校園事故之發生，因而造成學生權益受到損害，應如何處理校園事故之損害賠償責任？依教育部2019年各級學校校園安全及災害事件分析報告指出，2019年校安事件在疾病事件、兒童及少年保護事件通報、意外事件、暴力與偏差行為事件、安全維護事件、管教衝突事件及其他事件，均較2018年增加；前述管教衝突事件以師生衝突事件為最多，其次則為體罰事件。[3]可見建構友善安全之校園學習環境及提升教職員之責任意識，一直是深受關注的議題。

　　教師因執行職務（或怠於執行職務）故意或過失不法致學生權益受侵害時，應依何規定負損害賠償責任？首先涉及教師之法律地位，依學說與實務之見解，私人一經聘任為教師，無論是公立或私立學校教師，對於學生考試、評分、或留級的決定，或是維持學校紀律，都居於依法令行使公權力的地位，[4]各級公私立學校教師，都是依法令從事於公務的人員。公

1　在學關係，始於學校接受學生入學，終於學生的畢業離校，涵蓋了學生與學校間的整體法律關係，參閱謝瑞智，**教育法學**，1992，文笙，臺北，頁64。

2　參閱許育典／劉惠文，教育基本權與學校事故的國賠責任 —— 兼評台灣高等法院93年上字第433號玻璃娃娃判決，**政大法學評論**，第113期，頁187。

3　教育部校園安全暨災害防救通報處理中心資訊網，網址：https://csrc.edu.tw/，瀏覽日期：2021.09.06。

4　德國實務見解，認為所謂公權力行使，不限於執行具有強制力作用之傳統高權作用，凡國家之保育作用、營造物基於其權利之行為以及公證行為均屬之。學校教育活動（BGHZ 28,297 = NJW1959,S.334）、教師於休息中或遠足中之職務

立學校的教師，是依法令從事公務之人員，構成《國家賠償法》（以下簡稱國賠法）上的公務員定義；[5]私立學校的教師，如果屬於由法律在特定範圍內，授與行使公權力之教育機構，因具有行政機關之地位，符合《國賠法》第4條第1項規定：「受委託行使公權力之團體，其執行職務之人行使公權力時，視同委託行使公權力。」[6]但實務上，私立學校之事故處理，係依《民法》第188條僱用人責任之規定，由學校與教師連帶負損害賠償責任。

　　教師依法令對學生為公權力之行使，實施國家教育政策時，屬依法令從事於公務之人員，而為《民法》第186條之公務員。[7]有關公務員之侵權責任，公務員違背職務之行為，若同時構成《民法》第184條之侵權行為，應優先適用《國賠法》之規定。《國賠法》第2條第1項對公務員有定義規定：「本法所稱之公務員，謂依法令從事於公務之人員。」採取最廣義公務員之定義。顯見《國賠法》之適用範圍較《民法》第186條為廣。

　　有關教師主要義務，包含教師作為教育專業人員的義務、教師作為公務員的義務、教師作為勞動者的義務，以及教師之其他義務等。[8]教師作為教育專業人員之義務方面，主要有《教師法》第32條規定：「教師除應遵守法令履行聘約外，並負有下列義務：一、遵守聘約規定，維護校譽。

活動，均該當於公權力之行使。日本實務見解亦認為學校之教育活動該當於公權力之行使。參閱葉百修，**國家賠償之理論與實務**，三版，2011年3月，頁130-131，137。

5　參閱 董保城／湛中樂，**國家責任法——兼論大陸地區行政補償與行政賠償**，2008年9月，二版，元照，頁60-61。

6　參閱許育典，**教育行政法**，2016，元照，臺北，頁201，269。李惠宗，**教育行政法要義**，2014，元照，臺北，頁188-189。

7　參閱劉春堂，民法債編通則（下），2020年3月，新學林，臺北，頁547。《民法》第186條規定：「公務員因故意違背對於第三人應執行之職務，致第三人受損害者，負賠償責任。其因過失者，以被害人不能依他項方法受賠償時為限，負其責任。前項情形，如被害人得依法律上之救濟方法，除去其損害，而因故意或過失不為之者，公務員不負賠償責任。」

8　參閱許育典（2016）。**教育行政法**，元照，臺北，頁223-232。

二、積極維護學生受教之權益。三、依有關法令及學校安排之課程,實施適性教學活動。四、輔導或管教學生,導引其適性發展,並培養其健全人格。五、從事與教學有關之研究、進修。六、嚴守職分,本於良知,發揚師道及專業精神。七、依有關法令參與學校學術、行政工作及社會教育活動。八、非依法律規定不得洩漏學生個人或其家庭資料。九、擔任導師。十、其他依本法或其他法律規定應盡之義務。前項第四款及第九款之辦法,由各校校務會議定之。」

　　本文擬探討教師作為教育專業人員,依據《教師法》第32條第1項第2款及第4款規定:「積極維護學生受教權」及「輔導或管教學生,導引其適性發展,並培養其健全人格」之義務,於國民教育階段之法解釋,以論教師注意義務之內涵,並擇數則法院判決以說明相關規範之解釋適用及實務適用之情形。

貳　教師注意義務之理論基礎與內涵

一、教育基本權之憲法價值內涵與制度性保障

　　現今《憲法》保障基本權已非僅限於傳統個人主觀權利的保護,其精神更擴展到整體憲法價值秩序;申言之,個人基本權保障不僅在排除人民基本權受國家權力不法侵害,更抽繹出其中所蘊含的「客觀價值決定」,將基本權視為一種「客觀的價值秩序」,也就是基本權保障之精神亦須落實於《憲法》秩序下所有法律關係,故基本權的作用不再只是一種「權利」,而是一種「價值體系」或「價值標準」。[9]

　　自十九世紀中期以來,國家所應為的不僅是人民自由權利的消極保障,而須更進一步地去保護及創造此些自由權利行使之形式(如制度存在保障)及實質前提要件(如作為行使自由權基本要件的社會經濟生活的滿足)。因此,受國民教育權利便成為社會生活實現之基礎之一,惟有擁有

9　參閱陳慈陽(2016)。憲法學,頁476以下。

足夠的生活基本知能，才能使人民的社會經濟生活有立足點之平等，也才有機會滿足自己生活基本需求，而更進一步追求精神、文化層面之進步。使國民受基本教育成為現代國家不可或缺之義務，也是人民主觀公法之請求權。此外，受國民教育義務亦被視為父母親權行使之界限之一，因為未成年人不僅是父母的子女，也是國家之國民；就消極面而言，父母不可以自己意志限制或剝奪子女受國民教育之權利，所以《國民教育法》有對此規定及對違反者之處罰，此乃為子女福祉之國家干預行為。就積極面而言，《憲法》課予國家對國民有受教養與教育之義務。[10]就此，首要被《憲法》課予的義務者為立法者，其義務在於制度建構與立法，去創造與保護人民自由權利之形式要件與實質要件。

　　依此，《憲法》第21條規定：「人民有受國民教育之權利與義務。」人民受國民教育的權利除具主觀防衛權外，還是《憲法》制度性保障，更是國家在此之作為義務。所以國家必須制定法律來建立國民教育權利實現的法制，並依此設立足夠國民學校，以確保國民受基本教育之權利。所謂設立足夠國民學校，不以國家自己設立為限，還包含以國家資源資助私人或以私法方式來實現此權利。此外，國家還須更進一步獎勵私校設立，以促進國民教育文化生活的滿足。由受國民教育權利，可推論出學生學習權利及教師專業自主權。學生學習權利乃保障凡有受國民教育資格之人民均可請求進入國民學校學習，至於學生學習權利是否包含選課自由，因國民教育是基本知能之教導，所以基本知能所必要之課程內容無選課自由適用之可能；但除此之外，學校有義務增加學生在各生活層面之知識，因此學生在對此等開設之課程則有自由選課修習之權利，私立學校亦受前述原則之拘束。由於在教育領域中，國家有教育高權，因此對有關學校組織、規劃、方向、課程、教材選擇、學習期程及教學目的等學校事務有監督權限，此乃屬對受國民教育權利之干預；國家在此行使教育高權時須符合《憲法》第23條之要件始能為之，不僅適用於公立，亦適用於私立學校，為《憲法》第162條之規定：「全國公私立之教育文化機關，依法律受國

10　參閱陳慈陽（2016）。**憲法學**，頁773。

家之監督。」。[11]

其次，行政權應本於教育基本權作為《憲法》客觀價值決定之意旨，依據所制定的法律來實踐教育基本權制度性保障之《憲法》精神。教育法是以實現有關上人民之受教育權利為理念，所架構而成之法體系。[12]我國自1993年以來，立法委員提案及制定教育法之運動，直到1999年6月公布施行，前後共耗費六年之久才完成。[13]《教育基本法》之制定，可實踐《憲法》有關教育基本權制度性保障之精神，落實現代教育之相關理念或原則下所保障權利之基本法架構。

《教育基本法》第2條第1項規定：「人民為教育權之主體。」肯定學生為教育基本權的主體，《教育基本法》第8條第1-3項規定：「I.教育人員之工作、待遇及進修等權利義務，應以法律定之，教師之專業自主應予尊重。II.學生之學習權、受教育權、身體自主權及人格發展權，國家應予保障，並使學生不受任何體罰，造成身心之侵害。III.國民教育階段內，家長負有輔導子女之責任；並得為其子女之最佳福祉，依法律選擇受教育之方式、內容及參與學校教育事務之權利。」可知我國現行教育法制，已將學生規定為教育基本權的主體，而將父母、教師與國家視為保障教育基本權實現的參與者。[14]

教育基本權為客觀價值決定之內容乃《憲法》誡命，國家的任務就在建構以學生安全為核心的教師注意義務法制。國家有《憲法》所規範之義務，來創造此一教師注意義務之制度。[15]

---

[11] 參閱陳慈陽（2016）。**憲法學**，頁774。

[12] 參閱李仁淼（2020）。**教育法與教育人權**，頁5。

[13] 詳閱李仁淼（2020）。**教育法與教育人權**，頁7：我國教育法制之沿革及教育基本法。

[14] 參閱許育典（2008）。**憲法**，二版。頁309-310。

[15] 參閱許育典／劉惠文，教育基本權與學校事故的國賠責任——兼評台灣高等法院93年上字第433號玻璃娃娃判決，**政大法學評論**，第113期，頁212。「本文基於傳統安全注意義務中，學校事故中受害的學生，得請求國家賠償，反之新興的安全保護義務說認為其保護義務為契約上的債務，學校事故中受害的學生，只得依民法上債務不履行的規定請求損害賠償；再者，學校事故違反的是法定

二、教師注意義務之責任性質

　　以教育基本權作為制度性保障，建構出以學生安全為核心的教師安全注意義務，係指為了學生安全，教師對於學生具有安全注意義務。依據《教師法》第32條第2款規定，教師負有積極維護學生受教權益的義務。事實上，教師必須保護學生最佳利益，對學生的受教權益有監督的義務，因此對學生有特別照顧的義務，必須防止學生權益受到損害。就此而言，教師身為教育專業人員，基於教育工作的專業性，教育活動中負有防止學生身體或生命遭受侵害的義務，此義務學說上稱之為「教育安全的注意義務」。[16]

　　有關「教育安全的注意義務」之責任性質，傳統見解係依「侵權行為責任」基礎，認為學校與教師對於學生身體、生命的安全，負有避免發生侵害行為的安全注意義務；至於新興的「安全保護義務責任」則認為，教師及學校除有避免發生侵權行為的安全注意義務外，尚有「在學契約的契約義務」，即指學校基於在學契約，不僅有提供學校設備，並使其僱用的教師教授所定課程的義務，並且有在教育活動中保護學生安全的「安全保護義務」。

　　本文認為於**國民教育階段**教師責任之特點在於教育事務之特性，學校、教師及校內相關人員設施均負有依法令（法定義務）及在學契約（契約義務）善盡注義務之責任。我國在學關係之理論，在學契約說（基於公法契約說或私法契約說）係在保護契約當事人之利益，侵權責任係由法律規定不得侵害他人之注意義務，因此契約不履行及侵權責任的成立要件與法律效果，多有不同。同一行為得構成侵權行為及契約的債務不履行，兩者均以損害賠償為給付內容。關於前述兩種責任之關係，目前學理與實務上採請求權競合說，債權人原則上得自由選擇侵權行為或契約債務不履行

　　義務，而非雙方約定的義務。因此，本文所採取的立場係以侵權行為為基礎的安全注意義務為論述的主要內容。」

16　參閱許育典／劉惠文，教育基本權與學校事故的國賠責任——兼評台灣高等法院93年上字第433號玻璃娃娃判決，**政大法學評論**，第113期，頁212。

損害賠償請求權，惟為顧及法律對契約所設特別規定，其侵權責任的成立應受限制（交互影響說）。[17]

　　本文所探討之注意義務（歸責原則），侵權行為係以故意或過失為要件[18]，故意之意義，《民法》未設規定，《刑法》第13條則有明文規定，通說認為民法上故意之解釋同於刑法，包含直接故意與間接故意。過失係以抽象輕過失為標準（善良管理人之注意義務）；契約上之注意程度得由當事人約定，未為約定者，原則上以故意或過失為要件，但過失之責任，依事件之特性而有輕重（民法第220條）[19]，在學契約之注意程度若無特別約定，仍應以故意或過失為要件，基於在學契約之教育事務特性（國家對國民有教養與受教育之義務、雙務性、繼續性等），過失係以抽象輕過失為標準（善良管理人之注意義務）。因過失認定有客觀化、類型化之趨勢，加上侵權行為法推定過失責任之規定，針對教師注意義務之內涵、標準與範圍，在理論與實務上，契約責任與侵權責任之理念發展實趨於相近，以下分述之：

(一)在學契約之理論爭議

　　在學關係，始於學校接受學生入學，終於學生畢業離校，涵蓋了學生

---

17 參閱王澤鑑，**侵權行為法**，2015年6月，增訂新板，臺北，頁83,85-90。契約責任與侵權責任不同之處：歸責原則、舉證責任、受保護的權益、賠償範圍、抵銷、時效。

18 按因故意或過失，不法侵害他人之權利者，負損害賠償責任。民法第184條第1項前段定有明文。侵權行為之成立，須行為人因故意過失不法侵害他人權利，亦即行為人須具備歸責性、違法性，並不法行為與損害間有因果關係，始能成立。就歸責事由而言，無論行為人因作為或不作為而生之侵權責任，均以行為人負有注意義務為前提。就違法性而論，倘行為人所從事者為社會上一般正常之交易行為或經濟活動，除被害人能證明其具有不法性外，亦難概認為侵害行為，以維護侵權行為制度在於兼顧「權益保護」與「行為自由」之旨意（最高法院100年度台上字第328號判決意旨參照）。

19 《民法》第220條規定：「債務人就其故意或過失之行為，應負責任。過失之責任，依事件之特性而有輕重，如其事件非予債務人以利益者，應從輕酌定。」

與學校間的整體法律關係；[20]學者進一步闡釋，所謂在學關係，是指在學中的學生和學校管理人或設置人之間的法律關係。我國學說向來將在學關係歸類為「營造物利用關係」，而此種關係究屬公法關係或私法關係，應以營造物利用規則判定，[21]依此學說見解認為公立學校、監獄、榮民之家之利用關係為公法關係，郵政、電信、博物館、文化中心之利用為私法關係。[22]有關公立學校與學生間之在學關係之法律性質，學說上向來有「行政處分說」與「公法契約說」等二種見解。主張行政處分說者，認為學生申請進入公立學校，完全屬於被動之接受，並無約款存在，應是為行政處分而非契約行為。[23]主張公法契約說者，認為營造物之利用，若非由法律規定所強制，則在利用人請求利用時，如得營造物管理機關之允許，通常以公法或私法契約而成立。我國多數學說及司法實務均認為，公立學校與學生發生之在學關係為公法關係，除營造物之設置人或管理人有正當理由外，不得拒絕人民之利用，負有強制締約之義務。[24]

　　學者批評前述區分之合理性，認為縱使在公、私法二元制度下，仍可以思考以私法上之在學契約關係，建構公立學校之在學關係。[25]又，學者批評將在學關係解釋為行政處分之學說，違背教育為非權力作用之原理，在我國學校組織中，尚有公、私立學校之分，以非權力作用之行政契約為基礎，為可能之選項之一。日本為克服傳統上將國、公立學校學生視為公營造物利用者，為受該營造物管理客體之特別關係理論，兼子仁教授提出將在學關係定位為非權力關係的一種，為無名、特殊之契約關係，有別於傳統之私法契約，稱之為「教育法在學契約」。[26]

　　關於我國私立學校與學生間之法律關係，學說上採私法關係之契約

---

[20] 參閱謝瑞智（1992）。**教育法學**，文笙，臺北，頁64。

[21] 參閱吳庚，**行政法之理論與實用**，十六版，2020年，頁162。

[22] 參閱吳庚，**行政法之理論與實用**，十六版，2020年，頁184。

[23] 參閱吳庚，**行政法之理論與實用**，十六版，2020年，頁424。

[24] 參閱翁岳生編／蔡茂寅，**行政法（上）**，2006年，頁76。

[25] 參閱周志宏，**教育法與教育改革**，2003年，頁288。

[26] 參閱李仁淼，**教育法與教育人權**，2020年，頁183-185。

型態之學者，有認為是一種基於僱傭契約所生之私法關係，有認為是屬於一種在學契約關係（完全的私法上契約關係），並進一步主張以私法上之在學契約關係，重新建構公立學校的在學關係。[27]私立學校的在學關係如何定位，相較於公立學校，是較具有爭議之問題；學者認為，公立學校是各級政府依法令設置實施教育之機構，具有行政機關之地位，私立學校雖非各級政府依法令設置的獨立組織體，但參考大法官釋字第382號解釋：「公立學校係各級政府依法令設置實施教育之機構，具有機關之地位，而私立學校係依私立學校法經主管教育行政機關許可設立並製發印信授權使用，在實施教育之範圍內，有錄取學生、確定學籍、獎懲學生、核發畢業或學位證書等權限，係屬由法律在特定範圍內授與行使公權力之教育機構，於處理上述事項時亦具有與機關相當之地位（參照本院釋字第269號解釋）。」依《私立學校法》由國家許可立案之私立學校，係屬由法律在特定範圍內授予行使公權力之教育機構，於處理前述事項時亦具有與機關相當之地位，也適用公立學校之在學關係。[28]本質上，公、私立學校學生之在學關係並無差別，皆屬公法關係。

由前述在學契約之探討，以在學契約理論建構學校與學生間之法律關係，就公立學校與學生間採公法契約說，可展現教育為非權力作用之原理；而私立學校與學生間採私法契約說，但實施教育之範圍內在，係屬由法律在特定範圍內授與行使公權力之教育機構，於處理錄取學生、確定學籍、獎懲學生、核發畢業或學位證書等事項時亦具有與機關相當之地位，契約標的中有一部分公法上之義務[29]。本文認為，私立學校與學生間係私法契約與公法契約（依法律規定）之混合契約，但如此則有關法院之管轄與執行，則分由不同法院管轄或執行，我國目前之實務現況亦是如此，故若能完善在學契約理論之建構，有助於釐清學校與學生間之公法上及私法

---

27 周志宏，**教育法與教育改革**，1997年，稻鄉，臺北，頁373-374；頁383以下認為：不分公私立學生，其在學關係係屬私法關係。

28 參閱許育典，**教育行政法**，2016年，元照，臺北，頁253。

29 參閱林明鏘，**行政契約法研究**，二版，2020年11月，新學林，臺北。頁34-37。

上之權利義務之內涵，從契約之締結與履行過程中（亦包括先契約及後契約關係），學校、教師及教職人員、家長與學生各自之法律地位與權利義務關係（主給付義務、從給付義務、附隨義務之內涵與義務不履行之法律效果），實有助於對學生受教權制度性保障之實踐。

(二) 侵權責任之理論基礎

1. 國家賠償法與民法之適用關係

承前所述，教師依法對學生為公權力之行使，實施國家教育政策時，屬依法令從事於公務之人員，而為《民法》第186條之公務員。有關公務員之侵權責任，公務員違背職務之行為，若同時構成《民法》第184條之侵權行為，應優先適用《國賠法》之規定。有關國家賠償責任之法律性質，在物之責任方面，因公有公共設施之設置或管理有欠缺，致人民之生命、身體或財產受有損害時，國家對該損害所應負之賠償責任，其法律性質，依我國學說與實務見解，認為屬一種自己責任。[30]在人之責任方面，[31]則有「代位責任說」[32]與「自己責任說」[33]之不同見解，我國多數學者採代位責任說，實務上是以公務員有無故意或過失作為國家賠償之要件，亦傾向於採代位責任說。

國家對公務員違法行使公權力之行為致侵害他人自由或權利時，以公務員對違法行為之發生具有故意或過失為要件（國賠法第2條），負賠償責任，係採過失責任主義，與《民法》第184條之侵權行為相同，惟其所稱之故意或過失，會因為就國家賠償責任之性質見解不同而有所差異，

30　廖義男，國家賠償法，1993年7月，頁13。葉百修，國家賠償之理論與實務，2011年3月，頁15。

31　日本學說有：代位責任說、自己責任說、併合責任說、中間說與折衷說等見解，日本學界通說是採代位責任說。德國1981年之國家賠償法採國家責任係國家之直接、自己責任。參閱葉百修，國家賠償之理論與實務，2011年3月，頁35-39。

32　廖義男，國家賠償法，1993年7月，頁10以下。

33　葉百修，國家賠償之理論與實務，2011年3月，頁40。

採代位責任說之學者，將故意或過失認係公務員之主觀歸責要件，以公務員個人之主觀認識為基準加以判斷，故認故意或過失是國家賠償之構成要件。所謂故意，係指公務員對於構成違法加害行為之事實，明知並有意使其發生，或預見其發生，而其發生並不違反其本意。過失，則是指公務員對於違法加害行為之發生，應注意能注意而不注意，或雖預見其發生仍確信其不發生。而採自己責任說者，則認為故意或過失與公務員個人之主觀認識無關，而專從客觀評價違法公權力作用發生原因，認為故意過失是限定國家賠償責任範圍之要件。有無故意或過失與公務員個人主觀認識無關，悉從客觀上加以判斷，故意過失是一種公務運作瑕疵之客觀情事，即指行政機關組織作用之不健全。[34]

2. 過失之客觀化

因我國多數學者及實務見解就國家賠償責任採代位責任說，以公務員之故意或過失作為國家賠償之構成要件，同時並以公務員之責任能力及主觀認識狀況作為故意或過失之判斷標準，如此會造成對被害人保護不週之缺失，學者乃引進侵權行為法上所採之過失客觀化，及參酌自己責任說將故意過失解為國家歸責事由之客觀的公務運作瑕疵，遂有將過失予以客觀化之傾向。[35]

關於過失，《民法》無明文規定，《刑法》第14條則有明文規定：《民法》亦可運用而解釋：過失乃怠於注意之一種心理狀態，惟方法論上，《民法》上過失之功能及其認定標準，因二者規範目的之不同，應有別於《刑法》。《刑法》在於行使國家公權力，對犯罪者加以處罰，應採主觀說（或折衷說），《民法》（特別是侵權行為法），是在合理分配損害，過失之認定應採客觀的標準。[36]過失之基本要件乃侵害結果的預先性及可避免性，對過失之非難無論是指「應注意能注意而不注意」，或「怠於交易上必要之注意」，均指行為人得預見其行為的侵害結果而未為避免

34　葉百修，**國家賠償之理論與實務**，2011年3月，頁176。

35　葉百修，**國家賠償之理論與實務**，2011年3月，頁178。

36　參閱王澤鑑，**侵權行為法**，2015年6月，增訂新版，臺北，頁333。

而言。對侵害結果的預見可能性及可避免性（或預防性），構成注意的必要條件。過失應依何標準加以認定，行為人之注意義務，應以善良管理人之注意（抽象輕過失）為準。善良管理人之注意，乃通常合理人之注意，是一種客觀化或類型化的過失標準，行為人應具其所屬專業（教師／行為人的職業）通常所具備之智識能力。過失類型化含有客觀責任的性質，乃在實踐侵權行為法填補損害及預防損害之功能。欲探究違反義務之實質標準，在認定行為義務時，其主要的考量因素有：危險或侵害的嚴重性、行為的效益與防範危險的負擔。[37]

3. 過失之認定—違反安全義務

侵權行為之侵害他人權益，包含作為與不作為，侵害他人權利的行為出於作為，直接侵害時，具有不法性，於過失時，應負侵權責任；在不作為及間接侵害時，如何認定侵害行為及不法性，德國學說由交通安全義務發展到交易安全義務（Verkehrssicherungsplichten/Verkehrsplichten），包括從事職業活動及製造商品的安全義務。[38]《民法》第184條第2項保護他人之法律亦得規定交易安全義務，而有《民法》第184條第2項之適用，在教師責任之範疇已建構教育法規體系作為教師安全注意義務之依據，並作為保護他人（學生）之法律，違反之者，構成違法性並負推定過失責任。

公務員執行某種職務，如能預見將至特定人之生命、身體發生危害時，該公務員被賦予有確保其安全性之義務，如該公務員違反此安全確保義務，日本之學說及裁判實務一般認為該公務員具有過失，學校等教育設施事件，尤有適用。[39]

按教師之教育活動種類繁雜，而其教學安全注意義務之基準，應視活動性質、危險性高低，學生年齡、身心發展、識別能力及判斷力而斷，亦即應就教師所處具體地位、狀態，依客觀標準決定之。

37　參閱王澤鑑，**侵權行為法**，2015年6月，增訂新板，臺北，頁334-336。

38　郭麗珍，**產品瑕疵與製造人行為之研究—客觀典型之產品瑕疵概念與產品安全注意義務**，2001，臺北：神州出版社。

39　葉百修，**國家賠償之理論與實務**，2011年3月，頁188。

三、教師注意義務之標準與範圍

　　有關教師作為教育人員之義務（教師法第32條），以下擇與本文探討範圍密切相關之義務，主要有：1.遵守聘約規定，維護校譽。（遵守聘約，依約履行義務）2.積極維護學生受教之權益。（積極維護學生受教權益義務）3.依有關法令及學校安排之課程，實施適性教學活動。（實施適性教學活動義務）4.輔導或管教學生，導引其適性發展，並培養其健全人格。（輔導或管教學生適性發展義務）5.非依法律規定不得洩漏學生個人或其家庭資料。（保密義務）6.其他依本法或其他法律規定應盡之義務（例如：通報義務、配合義務、報告義務[40]）。由本條之規定可知教師作為教育人員之義務，其依據為聘約及法令規定（遵守法令履行聘約），本條文雖採款次列舉之規定，然就教師義務之內涵仍應統合觀察之，法令之義務占絕大部分，契約義務則是將法令義務規範於契約之中。本文主要欲探究者為教師身為教育專業人員，基於教育工作的專業性，教師在教育活動中負有防止學生身體或生命遭受侵害的義務，此一教育安全義務在教師應積極維護學生受教權益及輔導管教學生適性發展之實踐，應有如何之具體內容，以下分述之：

(一) 積極維護學生受教權益之義務

　　依據《教師法》第32條第2款規定，教師負有積極維護學生受教權益之義務，教師對學生之受教權益有監督之義務，因此對學生有特別之照顧的義務防止學生受教權益受侵害。教師在執行照顧學生的職務時，將以一般教師的照顧標準為依據，其被要求之注意程度，特別須視危險的範圍及學生成熟度而定，教師為了積極維護學生的權益，對校園可能危險狀況必須認識，並採取適當的預防措施，對預防措施的維護與執行也應注意。教

40　如兒童及少年福利與權益保障法（以下簡稱兒少法）第53條規定的知悉兒少有傷害身心情形之通報義務／家庭暴力防治法第50條規定之通報義務／性侵害犯罪防治法第8條規定之通報義務、兒少法第70條規定的配合提供資料義務；兒童及少年性剝削防制條例第7條規定之報告義務等。

師的監督照顧學生義務，最主要是學生在學校生活與學習活動中，對學生身體健康與生活安全的照顧，也及於衛生設備、學習玩具或運動器材等物品的照顧，使學生免於受到傷害。[41]

教師對學生的監督義務在時間上（時時刻刻或隨時抽查）、空間上（校園內部包括學生校外生活領域）之判斷及監督義務之限制（執行監督義務，形成對學生的管教或懲戒，不能違背自我實現之教育目的，培養學生的獨立性與自我負責性。[42]教師對於學生於學校活動期間，在安全上有照顧義務，故凡經學校或教師安排之教育活動，教師應負起輔導與管教學生之責任，例如：戶外教學、郊遊、旅行等，隨班教師，基本上應負起照顧義務。[43]

(二) 輔導或管教學生導引其適性發展，並培養其健全人格之義務

依據《教師法》第32條第4款規定，教師負有輔導或管教學生導引其適性發展，並培養其健全人格之義務，輔導與管教學生之原則，應包括尊重原則、保密原則、平等原則與連坐禁止原則。[44]管教之手段，懲罰的任何措施，均應符合比例原則，教育部為協助學校依《教師法》規定，訂定教師輔導與管教學生辦法，並落實《教育基本法》規定，積極維護學生之學習權、受教育權、身體自主權及人格發展權，且維護校園安全與教學秩序，定有《學校訂定教師輔導與管教學生辦法注意事項》[45]：

有關輔導與管教之原則：本注意事項第11點規定平等原則：「教師輔導與管教學生，非有正當理由，不得為差別待遇。」注意事項第12點規定比例原則：「教師採行之輔導與管教措施，應與學生違規行為之情節輕重相當，並依下列原則為之：(一)採取之措施應有助於目的之達成。(二)有多種同樣能達成目的之措施時，應選擇對學生權益損害較少者。(三)採取之

41　參閱許育典（2016）。**教育行政法**，元照，臺北，頁224。

42　參閱許育典（2016）。**教育行政法**，元照，臺北，頁224-225。

43　李惠宗，**教育行政法要義**，2014年2月，元照，臺北，頁180。

44　李惠宗，**教育行政法要義**，2014年2月，元照，臺北，頁122。

45　臺教學(二)字第1090147628號民國109年10月28日。

措施所造成之損害不得與欲達成目的之利益顯失均衡。」

　　有關輔導與管教之法律責任：本注意事項第38點規定禁止體罰：「依教育基本法第八條第二項規定，教師輔導與管教學生，不得有體罰學生之行為」第39點規定禁止刑事違法行為：「教師輔導與管教學生，得採規勸或糾正之方式，並應避免有誹謗、公然侮辱、恐嚇等構成犯罪之違法處罰行為。」第40點規定禁止行政違法行為：「教師輔導與管教學生時，應避免有構成行政罰法律責任或國家賠償責任之行為。」第40點規定禁止民事違法行為：「教師輔導與管教學生時，應避免有侵害學生權利，構成民事侵權行為損害賠償責任之行為。」

　　《教師法》第32條及《學校訂定教師輔導與管教學生辦法注意事項》之規範目的，在於保護學生之學習權、受教育權、身體自主權及人格發展權等各項權益，為侵權行為法上之「保護他人之法律」（民法第184條第2項）。實務上：法院為審理有關私人公司經營之兒童班與學童間游泳課程教學時能否對學童為處罰行為，及處罰行為是否構成侵權行為，即游泳教師之管教行為是否具有可歸責性、違法性，其判斷基準為何，因學童與公司間游泳課程契約並無約定相關上課秩序規範事宜，審酌游泳課程實具有教學之教育性質，游泳課授課教練與學員間之關係與學校教師與學生間之關係類似，是上課秩序維護作為之適法性與否，自可審酌教師對學生之輔導及管教規範以為判斷基礎。而按教師除應遵守法令履行聘約外，並負有輔導或管教學生，導引其適性發展，並培養其健全人格之義務。該判決並援引前述注意事項所為輔導與管教行為規範，係為維護教學秩序、確保教育活動之正常進行，而游泳教師教授游泳課程既具有教育活動性質，且上課時亦有維持教學秩序之需要，是上述規範應得作為判斷游泳教師對學童所為處罰管教行為，是否成立侵權行為之衡量標準。[46]

46　臺灣高等法院107年度上易字第518號民事判決（本案兒童年僅4歲）。

［參］教師注意義務之實務案例分析

一、教師之教育安全義務與監督義務

(一) 學生與學生間事故之監督義務

　　■案例：最高法院101年度台上字第1844號民事裁定（公立學校）

　　本文說明：本案學生及學生家長請求本案縣立國小依《國賠法》第2條第2項及《民法》第195條規定負損害賠償責任，法院認為導師因負有分派考卷之義務，對於客觀上不具危險性之學生打掃場所不在現場，因學校平日已對學生進行相關安全宣導（導護日誌），已盡其注意義務，並無不作為義務之違反。

　　本判決內容摘要如下：「上訴人甲為被上訴人國小四年級學童。甲於民國98年12月1日上午7時40分許，在該班教室內進行打掃使用拖把拖地時，與訴外人即同班同學丙發生爭執並搶奪拖把，在搶奪過程丙將拖把把柄往甲方向推出，致拖把把柄插碎甲眼鏡鏡片直接插入甲右眼，甲經多次手術後，仍無法回復視力，呈永久性失明。

　　法院審理後認為：甲在打掃教室時，其導師乙雖不在教室內，然《教師法》並未明定教師在何種情形下，必須在場監督學生安全，而乙師因擔任學年主任，且該日為段考，負有分派考卷之義務，乃選擇前往辦公室處理考試事宜，對於客觀上不具危險性之學生打掃場所不在現場，並無不作為義務之違反。又本件事故發生前，被上訴人學校平日已對學生進行相關安全宣導，有導護日誌影本可參。本件事故純粹係因學童一時衝動所生突發事件，欠缺危害發生的預見可能性，自難認乙師就本件危害之發生有何過失。」

(二) 體育活動安全義務

　　■案例：臺灣臺中地方法院 99年國字第8號民事判決（公立學校）

　　本文說明：本案學生及學生家長請求本案縣立國中依《國賠法》第2

條第2項、第3條第1項規定請求國家賠償，法院認為：按教育部頒「加強校園運動安全注意要點」第7點規定：體育老師、教練及有關人員於授課前或活動前應檢視體育設備，解說正確使用方法，並隨時掌握學生動態，注意學生身心狀況。學校教師實施教學活動時，除事前說明運動或活動進行之規則外，於運動或活動進行中，仍須全程掌握參與學生之動態，注意其人身安全，並採取一切必要之措施，亦即運動或活動之全程過程皆應採取必要之注意義務，而不以事前於口頭上已踐行說明義務即可解免其責任。本件被告學校並未設置專屬棒、壘球專用球場，而係以操場權充作為實施棒、壘球運動課程之場地，其本不具備棒壘球場應有供球員安全休息區域之護網設施，因此教師於此配備不甚完全之場地進行棒、壘球運動課程教學時，自應負有更高之安全注意義務。本件體育老師實施上開壘球教育課程時，未採取有效確保上課學生安全之措施，亦未提供完善之防護裝備或以其他具體措施落實其告誡內容，疏於掌握學生即原告動態，其不作為違反教學上應盡之注意義務，而應認有過失。

　　本判決內容摘要如下：「本案原告學生甲，於98年5月8日下午第6節體育課時，參與由訴外人即於被告學校（縣立國中）任教之體育老師乙教導之壘球運動課程，其依輪替順序上場打擊後，即站在打擊區後方處觀看，適訴外人即接續上場打擊之同學丙上場打擊後，將球棒甩向左後方，擊中其嘴部，造成其右上正中門牙、左上正中門牙及左下側門牙牙冠斷裂，左下牙齦及下嘴唇撕裂傷之傷害。雙方不爭執事項：被告學校就實施棒、壘球運動教育課程，只提供壘球、球棒、手套、壘包、打擊座等用具，未提供其他安全防護器具或防護網等設施。被告學校並無棒壘球場之設置。爭點之一：被告學校體育老師乙進行本案體育活動過程中，對於原告所受之傷害，是否有過失行為？法院審理後認為：

　　1. 按《國家賠償法》所稱之公務員，係指依法令從事於公務之人員，《國家賠償法》第2條第1項定有明文，是該法所稱之公務員，乃最廣義之公務員，凡依法從事公務之人員，不論係文職或武職、地方自治人員或國家公務員、公營事業機關之服務人員，亦不論係編制內或編制外、臨時人員或聘僱人員，均屬之，公立學校之教師，依此定義，自亦係依法從事於

公務之人員。又為保護被害人權益，《國家賠償法》第2條第2項所稱公權力之行使，亦應從廣義解釋，凡公務員基於國家機關之地位，行使統治權作用之行為均屬之，公立學校教師之教學活動，係代表國家為保育活動，係給付行政一種，亦屬行使公權力之行為。

2. 經查，證人體育老師乙於本院審理時結證所稱，足認證人乙於該次實施壘球教育課程之際，係站在打擊者後方，其視線範圍所及除打擊同學及證人乙所站位置前方操場範圍外，顯然無法同時目視其所站位置後方操場範圍，對於位於其後方、打擊完或跑壘完下場後之同學、等待上場之同學、或其餘未從事壘球運動之同學之動態無法同時兼顧，則其所採取之教學措施是否得有效確保所有上課同學之安全，即非無疑。3.次查，按教育部頒「加強校園運動安全注意要點」第7點規定：體育老師、教練及有關人員於授課前或活動前應檢視體育設備，解說正確使用方法，並隨時掌握學生動態，注意學生身心狀況。由此可知，學校教師實施教學活動時，除事前說明運動或活動進行之規則外，於運動或活動進行中，仍須全程掌握參與學生之動態，注意其人身安全，並採取一切必要之措施，亦即運動或活動之全程過程皆應採取必要之注意義務，而不以事前於口頭上已踐行說明義務即可解免其責任。本件原告參與證人乙所進行之壘球教學課程，於打擊完得分下場後，固未停留在證人乙當初指示之位置，然證人乙於進行教學活動期間，除打擊者與其周邊環境之狀況外，亦應密切留意其餘學生之動態，確實掌控所有上課學生之動向，以確保其所下指令及規則皆能準確實行，若原告未待在所指示之等待區時，即應確實促使原告遠離後，始能進行下一次之打擊活動，此義務不因課前已口頭說明規則或警告嚴禁甩棒而減免之。是以證人乙雖於課前為教學說明，然原告仍被甩棒擊中，益徵證人乙並未能準確落實、確實執行使未打擊之學生遠離打擊區之意旨，其未能掌控學生動態之事實甚為明確。4.再查，本件被告學校並未設置專屬棒、壘球專用球場，而係以操場權充作為實施棒、壘球運動課程之場地，其本不具備棒壘球場應有供球員安全休息區域之護網設施，因此教師於此配備不甚完全之場地進行棒、壘球運動課程教學時，自應負有更高之安全注意義務，惟證人乙於當日進行是項教學時，僅準備壘球、球棒、

手套、壘包及打擊座等基本教材,並未針對場地特別進行防護網等安全設置,亦未發給同學面具、護套或護膝等防護裝備,且證人乙亦稱曾建議被告學校改善場地等語,足證其主觀上對於該校操場並未配備等同棒、壘球場之實施棒、壘球運動課程之安全設施知之甚詳,僅口頭說明告誡應注意事項,卻未提供更為完善之防護裝備或以其他具體措施落實其告誡內容,客觀上對於本案突發甩棒狀況,並無完全阻絕傷害發生之效用。5.綜上,證人乙於實施上開壘球教育課程時,未採取有效確保上課學生安全之措施,亦未提供完善之防護裝備或以其他具體措施落實其告誡內容,疏於掌握學生即原告動態,其不作為違反教學上應盡之注意義務,而應認有過失甚明。」

(三) 打掃活動安全義務

■案例:臺灣桃園地方法院107年訴字第1566號民事判決(私立工商學校)

本文說明:本案學生、學生家長請求本案私立工商及導師依《民法》第184 條第1 項、第185條、第227 條、第227 條之1 之規定,負損害賠償責任,法院認為:按教師之教育活動種類繁雜,而其教學安全注意義務之基準,應視活動性質、危險性高低,學生年齡、身心發展、識別能力及判斷力而斷,亦即應就教師所處具體地位、狀態,依客觀標準決定之。班導師於教室清掃時間短暫離開教室(巡視外掃區遇學生來問畢業紀念冊之製作),具備合理正當之理由,教室內之清潔打掃活動,其性質上本非屬於具有潛在、直接危險性之活動,此與容易引起意外而有潛在危險性之游泳、機械操作、化學實驗等活動,應課予教師較高之在場監督注意義務有別。本件事故時,原告為高三學生且將屆滿18歲,對於教室清掃擦拭窗戶時應謹慎為之,採取一定自我保護之作為,具備判斷及處理之能力。班導師對於打掃活動是否在教室監督之決定,本得綜合學生之年齡、辨識能力及教學活動潛在之危險性高低等因素而為決定,況本件事故純粹係因原告一時衝動所生突發事件,屬原告個人自招危險行為,從上述各項客觀事實研判,難責令班導師可得預見危險並進而採取必要之防範措施,本院認班

導師就本件損害之發生，無任何違反教育安全注意義務之情。

　　本判決內容摘要如下：「本案原告主張其於被告私立○○工商就讀，班導師為被告乙，而校長為被告丙，其於106年1月17日中午12時學校期末大掃除時，自教室3樓處墜落至1樓，因而受有頭部外傷併蜘蛛膜下出血、左側眼瞼及嘴唇開放性傷口、兩側門牙及左側門牙斷裂、頸部頓挫傷、顏面骨骨折傷害，且有於同年1月29日進行左眼窩骨重建手術等事實，為被告所不爭執。原告援引教師法律手冊所載「教師為實施教育活動之主體，亦為教育工作之專業人員，基於教育工作之專業性，教師在教育活動中負有防止學生的身體或生命因教育活動而遭侵害的義務」等內容，主張被告乙未於打掃時段在場善盡照顧學生之義務，致生本件事故，依《民法》第184條第1項、第227條、第227條之1之規定應負損害賠償責任，並提出教師法律手冊為據。

　　法院審理後認為：按教師之教育活動種類繁雜，而其教學安全注意義務之基準，應視活動性質、危險性高低、學生年齡、身心發展、識別能力及判斷力而斷，亦即應就教師所處具體地位、狀態，依客觀標準決定之，經查：1.被告班導師乙於本件事故發生時雖未在場，然原告所就讀之班級學生非僅原告一人，教師與學生之人數比例懸殊，且106年1月17日校園大掃除期間，打掃區域除教室室內環境外，尚包含教室外之外掃區，班導師乙需巡視之清掃範圍非侷限一處，班導師乙辯稱其於事發時，剛好去巡視外掃區之打掃狀況，中途有學生來問畢業紀念冊之製作問題，所以暫時離開教室等語，衡亦屬一般高級中等學校教師應處理之學生事務，班導師乙於教室清掃時間短暫離開教室，具備合理正當之理由，殊難僅以班導師乙短暫離開教室之舉，即責令班導師乙就本件事故應負損害賠償責任。2.況且，教室內之清潔打掃活動，其性質上本非屬於具有潛在、直接危險性之活動，此與容易引起意外而有潛在危險性之游泳、機械操作、化學實驗等活動，應課予教師較高之在場監督注意義務有別。而原告為88年2月10日生，智識健全，於106年1月17日發生本件事故時，為高三學生且將屆滿18歲，對於教室清掃擦拭窗戶時，應謹慎為之，採取一定自我保護之作為等節，具備判斷及處理之能力，無庸他人在旁亦步亦趨之指導，責令班導師

乙應隨時隨地監督原告在校期間之所有活動，且認原告在學校內所發生之一切損害均應負賠償義務未免過苛，遑論原告並非因擦拭窗戶清潔打掃之故，才由3樓墜落地面。3.又原告於系爭刑事案件之偵查程序中，就檢察官詢以「從高一起，班導師乙就有提醒你們打掃時，要注意安全」一節，竟答稱「不知道」等語，以原告案發時高中三年級之智識程度而論，顯然悖於常理而有迴避問題之情，可證班導師乙辯稱：從新生訓練開始就有告知學生打掃要注意安全等語，應與實情無違。班導師乙平日既已對學生進行安全宣導，原告於打掃時仍恣意由窗戶跳躍而出，原告所為業已超出班導師乙可得預見損害發生並進而採取必要防範措施之範疇。本件事故純粹係因原告一時衝動所生之突發事件，就班導師乙而言，欠缺損害發生的預見可能性，應屬至明。4.綜上，班導師乙對於打掃活動是否在教室監督之決定，本得綜合學生之年齡、辨識能力及教學活動潛在之危險性高低等因素而為決定，況本件事故純粹係因原告一時衝動所生突發事件，屬原告個人自招危險行為，從上述各項客觀事實研判，難責令班導師乙可得預見危險並進而採取必要之防範措施，本院認班導師乙就本件損害之發生，無任何違反教育安全注意義務之情。」

二、教師不當管教之責任

(一) 管教行為逾越平等原則、比例原則及合理原則

■案例：臺灣高等法院107年度上國字第13號民事判決（公立學校）

本文說明：本案學生、學生家長請求本案市立國小依《國賠法》第2條第2項、《民法》第193條第1項、第195條第1項、第3項負國家賠償責任，另依《民法》第186條第1項、第193條第1項、第195條第1項、第3項請求導師應負侵權行為損害賠償責任。法院認為：按教師為維護教學秩序、確保教育活動之正常進行，對學生固得為輔導與管教行為，但其管教措施仍應符合平等原則、比例原則即適當性、必要性及衡量性原則。從而學生縱曾有製造噪音等干擾同學午休行為，故教師有為輔導管教措施必要，然教師如不問學生於當日午休之表現為何及是否仍有違規行為，一概

將學生安置陽台午休，長期反覆實施標記性、預測性之管教措施，該行為已逾越管教必要性，且非侵害權益最小之手段，違反平等原則、比例原則及合理原則，自屬不當管教行為，該管教措施乃故意或過失不法侵害行為。查導師雖對學生為不法侵害，乃其所為管教行為逾越系爭注意事項所規範之平等原則、比例原則及合理原則所致，非故意違背職務而對甲為不當管教行為，自與《民法》第186條第1項前段所規範故意違背對於第三人應執行之職務有別。

　　本判決內容摘要如下：「本案上訴人學生甲主張：自102年9月至104年3月間就讀A市立國小1年級至2年級期間，乙為班級導師，自1年級下學期即103年2月11日起至2年級下學期即104年3月10 日止，於每週星期二全日班之中午午休時間，均遭乙要求搬椅子至教室外側陽台（走廊另一側，約1坪大空間，設置有洗手台並供放置打掃用具）午休，不能使用桌子，乙並告知午休均至陽台睡覺，如不能自動至陽台午休即不能下課等語，其他同學則在教室內午休。乙迫使當時年僅6、7歲之甲無論寒暑、雨晴均遭獨自隔離在無遮蔽之教室陽台範圍，只能趴在洗手台或靠在椅背上午休，乙乃惡意、無正當理由對甲為標籤化之差別對待，隔離於全班共同午休之外，次數共計44次，迄甲之父母於104年3月10日午休時前往學校查看，方目睹甲遭乙不當管教之不法侵害情形，甲因受乙強迫其至教室陽台午休，致遭同儕孤立並以異樣眼光看待，使其心生恐懼與不安，終因心理壓力不斷累積招致情緒崩潰，經鑑定診斷結果乃罹患「其他特定的創傷和壓力相關障礙症」（下稱系爭障礙症），甲之身體、健康、名譽、隱私等人格法益遭受侵害，甲之父母之名譽及基於父、母、子、女之身分法益遭受侵害，且侵害情節已屬重大，甲因系爭障礙症就診治療支出如附表一所示共計19萬0,430元之醫療費用，並受有精神慰撫金120萬元之損害，甲之父母各受有精神慰撫金80萬元之損害，爰依《國家賠償法》第2條第2項、《民法》第193條第1項、第195條第1項、第3項請求A國小應負國家賠償責任，另依《民法》第186條第1項、第193條第1項、第195條第1項、第3項請求乙應負侵權行為損害賠償責任。

　　本案之爭點：乙於擔任甲班導師期間，命甲於教室陽台午休，是否故

意或過失不法侵害甲之權利？ 法院審理後認為：

　　按公務員於執行職務行使公權力時，因故意或過失不法侵害人民自由或權利者，國家應負損害賠償責任。公務員怠於執行職務，致人民自由或權利遭受損害者亦同。《國家賠償法》第2條第1項定有明文。又按教師除應遵守法令履行聘約外，並負有輔導或管教學生，導引其適性發展，並培養其健全人格之義務。修正前《教師法》第17條第1項第4款定有明文（教師法於108年6月5日修正公布全文53條，109年6月30日施行）。第4款之辦法，由各校校務會議定之。同法第17條第2項亦有明文。教育部為協助學校依《教師法》第17條規定，訂定教師輔導與管教學生辦法，並落實教育基本法規定，積極維護學生之學習權、受教育權、身體自主權及人格發展權，且維護校園安全與教學秩序，特訂定學校訂定教師輔導與管教學生辦法注意事項（此為行為時即109年8月3日修正前規定，下稱系爭注意事項）。參考該事項第20條第5款、第22條、第11條、第12條、第13條、第15條第1項、第4條規定，學生有妨害班級教學及學校教育活動之正常進行者，教師應施以適當輔導或管教。教師得採取一般管教措施，諸如口頭糾正、調整座位、要求口頭道歉或書面自省、列入日常生活表現紀錄、通知監護權人協請處理、要求靜坐反省、要求站立反省（但每次不得超過一堂課，每日累計不得超過兩小時），在教學場所一隅，暫時讓學生與其他同學保持適當距離（以兩堂課為限），經其他教師同意，於行為當日，暫時轉送其他班級學習等；教師輔導與管教學生，非有正當理由，不得為差別待遇；採行之輔導及管教措施，應與學生違規行為之情節輕重相當，並依下列原則：採取之措施應有助於目的之達成、有多種同樣能達成目的之措施時，應選擇對學生權益損害較少者、採取之措施所造成之損害不得與欲達成目的之利益顯失均衡。教師輔導與管教學生應審酌個別學生下列情狀，以確保輔導與管教措施之合理有效性：1.行為之動機與目的。2.行為之手段與行為時所受之外在情境影響。3.行為違反義務之程度與所生之危險或損害。4.學生之人格特質、身心健康狀況、生活狀況與家庭狀況。5.學生之品行、智識程度與平時表現。6.行為後之態度。學校或教師處罰學生，應視情況適度給予學生陳述意見之機會，以了解其行為動機與目的

等重要情狀，並適當說明處罰所針對之違規行為、實施處罰之理由及處罰之手段。是教師為維護教學秩序、確保教育活動之正常進行，對學生得為輔導與管教行為，但其管教措施應符合平等原則、比例原則（適當性、必要性及衡量性原則）。上述系爭注意事項所為輔導與管教行為規範，係為維護教學秩序、確保教育活動之正常進行。乙為A國小老師，擔任甲導師，其從事教育活動，上課時有維持教學秩序之需要，是上述規範自得作為判斷其對甲所為安置於陽台午休之輔導管教行為，是否故意或過失不法侵害上訴人權利，是否具備適法性之衡量標準。

　　查，乙已陳述係自103年10月21日至104年3月10日止，每週星期二全日班，除有校外教學或其他活動進行外，甲均在陽台午休等語；A國小亦不否認甲係自103年10月21日開始在教室陽台午休之情；又有訪談學生內容、錄音譯文、錄音光碟可據，據此，甲於陽台午休之日期，共計15次，自可認定。而甲於教室陽台午休之原因，乙已陳述為有製造噪音等干擾同學午休行為，屢勸不聽等語，業據A國小、乙於答辯狀陳述、同學訪談紀錄、集體訪談紀錄，由上開證據所示，上訴人抗辯乙所以隔離甲於教室陽台午休，係因甲曾有製造噪音等干擾同學午休行為所為輔導管教措施，應屬可採。至於甲自103年10月21日至104年3月10日止，每週星期二全日班，除有校外教學或其他活動進行外，均在陽台午休，究竟是甲於每週二中午均有製造噪音等干擾同學午休行為，導致遭乙隔離於陽台午休，或係甲因曾有製造噪音等干擾同學午休行為，而其後遭乙無差別、無例外的在每週二中午安置於陽台午休。查乙回答因甲每次吃完飯一定都有干擾別人的行為，伊才這樣做等語，乙因甲曾於午休時打擾同學午休，是以「預測」甲會打擾同學而持續安置其於陽台午休。故綜合上開證據，足見甲係自103年10月21日至104年3月10日止，每週星期二全日班中午共15次（除103年12月30日、104年3月3日未午休外），遭乙無差別而持續安置於陽台午休事實，可資確認。而甲午休之陽台，雖與教室相連，然為無牆面、窗戶遮蔽之室外空間，難避寒暑，且該空間設置有洗手臺、衣架及放置清潔及打掃用品使用，絕非適合學童午休之場所，此有陽台照片在卷可據，依上訴人所提甲於104年3月10日當日午休情形照片，甲獨自於陽台坐於椅子

上以彎腰姿勢覆蓋外套午休，不僅於生理上難稱舒適，且依前開集體訪談結果，甲之同學稱：平常午休時，不管有沒有同學在陽台午休，教室的前後門都是關著，窗簾也關著，教室看不到外面等語，可見甲單獨在陽台午休期間，所處環境與教室確有所區別，心理上難免有與同學隔離、遭差別待遇感覺，遑論係長期遭安置於陽台午休。又縱甲曾有製造噪音等干擾同學午休行為，故乙有為輔導管教措施必要，然其不問甲於當日午休之表現為何及是否仍有違規行為，一概於週二全日班時將甲安置陽台午休，長期反覆實施標記性、預測性之管教措施，該行為已逾越管教必要性，且非侵害權益最小之手段，違反系爭注意事項所規範之平等原則、比例原則及合理原則，乃屬不當管教行為。故上訴人主張乙所為管教措施乃故意或過失不法侵害行為，自屬有據。

又甲事發時僅為國小2年級學童，按其年齡、心智狀況判斷，不僅無同意允諾遭安置至陽台午休能力，亦無抗拒乙將其安置於陽台午休可能，無從以曾經徵詢甲同意，即謂乙所為管教措施為合法，且甲於事發當時對遭不當管教感受及表達能力實屬有限，縱未向家人訴苦，未能據此推論其樂於長期獨自遭安置於陽台午休。是被上訴人抗辯，顯不可採。

本案另一爭點：甲得否依《民法》第186條第1項前段、第193條第1項、第195條第1項規定，請求乙賠償損害？法院審理後認為：

按公務員因故意違背對於第三人應執行之職務，致第三人受損害者，負賠償責任。其因過失者，以被害人不能依他項方法受賠償時為限，負其責任。《民法》第186條第1項定有明文。又按公務員之侵權行為責任，須以《民法》第186條之規定為據。故其因過失違背對於第三人應執行之職務，致第三人之權利受有損害者，被害人須以不能依他項方法受賠償時為限，始得向公務員個人請求損害賠償。惟《國家賠償法》已於70年7月1日施行，被害人非不得依該法之規定，以公務員因過失違背對於第三人應執行之職務，致其權利受損害，而請求國家賠償（最高法院87年度台上字第473號判決意旨參照）。

查乙雖對甲為不法侵害，乃其所為管教行為逾越系爭注意事項所規範之平等原則、比例原則及合理原則所致，非故意違背職務而對甲為不當管

教行為，自與《民法》第186條第1項前段所規範故意違背對於第三人應執行之職務有別，且甲既得依《國家賠償法》之規定請求國家賠償，且已對A國小為本件國家賠償請求，揆諸上開規定，自不得再依《民法》第186條第1項規定請求乙負民法侵權行為損害賠償責任。是上訴人請求乙應就A國小賠償金額負不真正連帶給付責任，自屬依法無據。」

(二)不當體罰、公然侮辱、恐嚇及身心虐待行為

■案例：臺灣高等法院109年度上國易字第10號民事判決（市立國中）

本文說明：本案學生及學生家長請求本案市立國中及導師兼公民科老師依《國賠法》第2條第2項、《民法》第193條第1項、第195條第1項、第3項負國家賠償責任，另依《民法》第186條第1項、第193條第1項、第195條第1項、第3項請求導師應負侵權行為損害賠償責任。法院認為：教師為強化或導正學生良好行為及習慣或維護教學秩序等目的，固得對學生實施各種有利或不利之集體或個別處置，此為教師輔導教育學生工作之一環，惟所採取手段不應包含不當體罰、誹謗、公然侮辱、恐嚇及身心虐待等使學生身體客觀上受到痛苦或身心受到侵害之行為，否則已逾越正當、合理教育目的。導師明知其辱罵之言詞足使甲男名譽受損，卻仍執意為之，顯具有侮辱之故意，且已逾越教師所為管教行為之合乎比例與合理原則，自屬故意違背職務之行為，合於《民法》第186條第1項前段所規範故意違背對於第三人應執行之職務，是本案學生依《民法》第186條第1項規定請求導師負《民法》侵權行為損害賠償責任，自屬有據，依《國家賠償法》第2條第2項之規定，請求本案國中負國家賠償責任，並與導師之侵權行為賠償責任負不真正連帶賠償，為有理由。

本判決內容摘要如下：「本案上訴人主張：上訴人學生甲男自104年11月至106年9月間就讀A市立國中，被上訴人乙擔任甲男班級導師及公民科老師。乙於上開期間，在如附表所示起迄時間對甲男為如附表所示次數之侵害行為，致甲男每日害怕上學、大哭、無法安穩入睡、無暇顧及學習，患有適應障礙合併憂鬱、焦慮等症狀，上訴人甲男之父、甲男之母，

因甲男患有前開病症須照護亦遭受精神上損害。爰依《國家賠償法》第2條第2項前段、《民法》第184條第1項前段、第2項、第186條、第195條第1項、第3項規定，請求損害賠償。法院審理後認為：

依據《國家賠償法》第2條規定所謂行使公權力，係指公務員居於國家機關之地位，行使統治權作用之行為，並包括運用命令及強制等手段干預人民自由及權利之行為，以及提供給付、服務、救濟、照顧等方法，增進公共及社會成員之利益，以達成國家任務之行為。各公立學校教師之教學活動，係代表國家為保育活動，屬給付行政之一種，亦屬行使公權力之行為。準此以觀，國民中學之教學活動，應屬公務員執行職務行使公權力之行為，有國家賠償法之適用，公立學校教師係上開規定所稱依法令從事於公務之人員。再按公務員因故意違背對於第三人應執行之職務，致第三人受損害者，負賠償責任；其因過失者，以被害人不能依他項方法受賠償時為限，負其責任，《民法》第186條第1項定有明文。經查：

教師為強化或導正學生良好行為及習慣或維護教學秩序等目的，固得對學生實施各種有利或不利之集體或個別處置，此為教師輔導教育學生工作之一環，惟所採取手段不應包含不當體罰、誹謗、公然侮辱、恐嚇及身心虐待等使學生身體客觀上受到痛苦或身心受到侵害之行為，否則已逾越正當、合理教育目的。查乙於擔任甲男導師期間，曾以如附表編號5、6之具有性意味之言詞辱罵甲男，使甲男在同學面前陷於遭羞辱之難堪狀態，除減損甲男聲譽外，亦足以影響甲男人格尊嚴與學習表現，已不法侵害甲男名譽權，構成《民法》第184條第1項前段之侵權行為。又乙明知如附表編號5、6之言詞足使甲男名譽受損，卻仍執意為之，顯具有侮辱甲男之故意，且已逾越教師所為管教行為之合乎比例與合理原則，自屬故意違背職務之行為，合於《民法》第186條第1項前段所規範故意違背對於第三人應執行之職務，是甲男依《民法》第186條第1項規定請求乙負民法侵權行為損害賠償責任，自屬有據。雖A國中辯以其已依法處理本件性騷擾事件，並無怠於執行職務之情事云云，然甲男自104年11月至106年9月間在A國中就讀期間，乙在處罰同學做伏地挺身時，對學生說類如附表編號5之不當話語，也會在課堂中以如附表編號6所示話語辱罵同學，講過不止一次等

情，業據A國中學生丙生、丁生、戊生、己生、庚生於系爭調查報告調查時陳述明確，亦有學生陳稱曾向導師反應，希望導師與乙溝通等語，可見乙在近二年之教學期間，已多次對學生（包含甲男）陳述不當言語，詎A國中迄至106年9月28日始為調查，難認無怠於執行職務之情事。是甲男依《國家賠償法》第2條第2項之規定，請求A國中負國家賠償責任，並與乙之侵權行為賠償責任負不真正連帶賠償，為有理由。」

肆　結語

　　校園是學生學習活動的主要場域，教師從事教育活動時，負有保障學生生命、身體安全的保持與注意義務（教育安全義務），以維護學生之學習權、受教育權、身體自主權及人格發展等各項權益，教師之注意義務不論係基於契約責任或侵權責任之論述，學理實務上均認為教師應盡善良管理人之注意，而教師之教育活動種類繁雜，而其教學安全注意義務之基準，應視活動性質、危險性高低、學生年齡、身心發展、識別能力及判斷力而斷，亦即應就教師所處具體地位、狀態，依客觀標準決定之。此乃法院審理教師義務之基本原則，教師進行各項教學活動時，應依照法令及校園所制定之典章規範善盡教師專業所具備之智識能力（依教師所處具體地位、狀態，依客觀標準決定之），教師之行為義務主要考量因素為：活動性質及危險性高低（危險或侵害的嚴重性）、行為的效益與防範危險的負擔，審慎執行職務，以積極維護學生權益。在輔導管教方面，教師為維護教學秩序、確保教育活動之正常進行，對學生固得為輔導與管教行為，但其管教措施仍應符合平等原則、比例原則即適當性、必要性及衡量性原則。教師所採取輔導管教手段不應包含不當體罰、誹謗、公然侮辱、恐嚇及身心虐待等使學生身體客觀上受到痛苦或身心受到侵害之行為，否則已逾越正當、合理教育目的。由本文所彙整之學理與實務見解發展，期使教師體會到教師職務之專業性，應盡注意義務之內涵，在從事任何教育活動或輔導管教學生時，都能以維護學生權益與最佳利益為最優先考量，真正達到教育的意義。

參考文獻

王澤鑑，**侵權行爲法**，2015年6月，增訂新版，臺北。

吳庚，**行政法之理論與實用**，十六版，2020年，三民。

李仁淼，**教育法與教育人權**，2020年9月，元照。

李惠宗，**教育行政法要義**，2014年2月，元照。

周志宏，**教育法與教育改革**，2003年9月，高等教育。

周志宏，**教育法與教育改革**，1997年10月，稻鄉。

林明鏘，**行政契約法研究**，二版，2020年11月，新學林。

翁岳生編／蔡茂寅，**行政法（上）**，2006年，元照。

許育典，**教育行政法**，2016年，元照。

許育典、劉惠文，教育基本權與學校事故的國賠責任──兼評台灣高等法院93年上字第433號玻璃娃娃判決，**政大法學評論**，第113期，頁185-244。

陳慈陽，**憲法學**，第三版，2016年3月，元照。

葉百修，**國家賠償之理論與實務**，三版，2011年3月，元照。

董保城、湛中樂，**國家責任法—兼論大陸地區行政補償與行政賠償**，2008年9月，二版，元照。

廖義男，**國家賠償法**，1993年7月，三民。

劉春堂，**民法債編通則（下）**，2020年3月，新學林。

謝瑞智，**教育法學**，1992年，文笙。

第五章

教師體罰與霸凌學生事件之處理
——教師法與校園霸凌防制準則之適用

周志宏

摘要

　　在學校中，學生與教師之關係，主要是教育關係，原來並不直接發生任何法律關係。然而，教師若違反教育專業或違法行使法令、學校規章或聘約賦予的權力，而侵害學生的權益，不但會減損學生對教師的信賴與尊重，也會因為直接侵害學生權益，引發法律上的爭訟，並因而發生對學生應負的法律上責任。這種情形最常發生在教師進行班級經營、行使輔導管教權力時，違法體罰或霸凌學生。教師體罰或霸凌學生，長久以來就時有所聞，也是學校最為棘手的問題之一。本文首先說明有關體罰與霸凌之意義以及國家保障學生不受體罰與霸凌之義務，其次依據《教師法》的最新修正及《校園霸凌防制準則》的擴大適用範圍，針對教師體罰或霸凌學生之法規適用、處理程序（但限於篇幅不包括性霸凌之處理）及其他相關之法律問題進行介紹與分析，最後並從實務所產生的問題進行評析，以作為學校處理時的參考。

關鍵字：體罰、霸凌、不當管教、教師法、校園霸凌防制準則

壹 前言

　　學校裡學生與教師之關係，主要是教育關係，原來並不直接發生任何法律關係。教師受聘學校，與學校發生聘任之法律關係，依聘約爲學校提供專業上的教學服務給學生；學生註冊入學，與學校發生在學法律關係，而享有教育上的給付。因此，師生之間原則上及理想上並不應直接發生法律上之權利義務關係，而是一種全人格的教育上師生關係，此種關係必須建立在學生對教師的信賴與尊重及教師對學生之教育愛與奉獻，而非相互之權利義務履行。然而，教師若違反教育專業或違法行使法令、學校規章或聘約賦予的權力，致侵害學生的身心，不但會減損學生對教師的信賴與尊重，也會因爲直接侵害學生權益，引發法律上的爭訟並因而發生對學生應負的法律上責任。這種師生間直接發生法律關係的情形，已非正常的、理想的師生關係，是教育現場最不樂見的。然而這種情形經常出現在教師進行班級經營、行使輔導管教權力時，違法體罰或霸凌學生的案件。本文將依據最新修正的《教師法》，以及《校園霸凌防制準則》的擴大適用範圍，針對教師體罰或霸凌學生事件之處理及其實務進行分析與討論，以期幫助學校人員能秉持《教育基本法》之精神，依據《教師法》及《校園霸凌防制準則》等相關規定，以符合正當法律程序之方法處理相關事件。

貳 體罰與霸凌之意義與國家對學生之保護義務

　　《教育基本法》第8條第2項規定：「學生之學習權、受教育權、身體自主權及人格發展權，國家應予保障，並使學生不受任何體罰及霸凌行爲，造成身心之侵害。」明定國家有防止學生受到任何體罰[1]跟霸凌[2]行爲

1　體罰部分係2006年12月27日第四次修正《教育基本法》於修正第8、15條條文時所增訂。

2　霸凌部分則係於2011年11月9日第五次修正《教育基本法》於修正第8條條文時所增訂。

之義務。同條第5項更規定：「第二項霸凌行為防制機制、處理程序及其他應遵行事項之準則，由中央主管教育行政機關定之。」何以本條第5項只授權訂定霸凌防制之準則，而未及於體罰呢？

這可能是因為本條雖同時提及體罰跟霸凌兩種行為，但體罰規定在先，霸凌規定在後，且兩者性質上仍有所不同。體罰通常主要是指有權力（法律上之權力或事實上之權力）者，特別是指教師對學生所為之一種處罰，除非另有授權來源，[3]否則學生對學生原本就沒有處罰權力，其對身體之侵害稱不上體罰，而是一種侵權行為；霸凌則稍有不同，雖有認為霸凌應符合「同質地位」（peer to peer）之要求，[4]主要是指於同儕間發生的（學生對學生、教師對教師）。但亦有認為不限於同儕間發生者，即便是原來就權力地位不對等者間，也會構成霸凌，例如：師生之間。然當時立法理由僅稱「為完善霸凌事件之處理及輔導，爰增列第五項，授權中央主管教育行政機關訂定霸凌行為防制機制等相關事項之準則……。」[5]僅授權訂定《校園霸凌防制準則》，未明白規定其是否適用於師對生的霸凌事件。至於師對生的體罰，則或許是因為當時皆是依《教師法》及相關法令處理，所以未納入授權範圍。

教育部曾於2011年5月受監察院約詢時也說明校園霸凌適用對象為學生之間，並指出教育人員對學生負有輔導管教之責，教育部已訂定輔導管教相關實施辦法，如有輔導管教失當情形，依（其他）相關法令規章辦理。[6]所以，教育部在最初訂定《校園霸凌防制準則》時，即因體罰之處

3　例如：軍警院校的學生實習幹部在學校授權下，對其他學生有一定的處罰權力。

4　參見楊雅音著，〈我國校園霸凌防制制度之研究——以校園霸凌防制準則為中心〉，國立臺北教育大學教育經營與管理學系文教法律碩士班碩士論文，民國104年11月，頁37-39。

5　2011年11月9日第五次修正《教育基本法》時增訂之立法理由。立法院法律系統 https://lis.ly.gov.tw/lglawc/lawsingle?00162E3BC7FE0000000000000000000A000000 002FFFFFA00^01734102122400^00007001001，最後造訪日期：2021.8.28。

6　教育部委託，《教育部「修正校園霸凌防治準則暨研擬校園霸凌防制條例」計畫》期末報告，計畫主持人周志宏，（臺北：國立臺北教育大學，民國107年5月），頁52。

理《學校訂定教師輔導管教學生辦法注意事項》[7]已有規定，政策上決定只處理學生與學生間發生之霸凌事件。直到最近修正時才擴大處理包括校長及教職員工生與學生之間的霸凌事件。

一、何謂體罰？

關於管教、懲戒與體罰的定義，不同學者各有不同的說法，依聯合國教科文組織（UNESCO）的看法可區分如下[8]：「(一)管教（discipline）：管教是規範教導訓練一個人，無論現在或是未來，都懂得遵守規則或行為規範。[9](二)懲戒（punishment）：懲戒是加諸在違反規則或是言行不當者身上的一種行動。其目的是希望透過負面的方式，來控制人的行為。(三)體罰（corporal punishment）：體罰是刻意造成孩子的肉體疼痛，包括用手或物品毆打孩子；用腳踢，用手抓住孩子搖晃或把孩子摔出去；捏掐或拉扯頭髮；強迫孩子保持某種不舒服的姿勢；強迫孩子勞動服務或是完成過度的體力活動；燒燙孩子，故意在孩子身上留下傷疤，以及強迫孩子吞食噁心的東西等等。」

作者也曾分析輔導、管教、懲戒與體罰之關係如下圖5-1：

7　92年5月30日台訓（一）字第0920074060號函訂定。

8　李美華譯，〈正面管教：接納、友善的學習教室〉，聯合國教科文組織（UNESCO）製作，（臺北：人本教育基金會，2007）。

9　依《學校訂定教師輔導管教學生辦法注意事項》（2020.10.28）第4點之定義，「管教：指教師基於第十點之目的，對學生須強化或導正之行為，所實施之各種有利或不利之集體或個別處置。」

圖5-1
輔導、管教、懲戒與體罰之關係圖

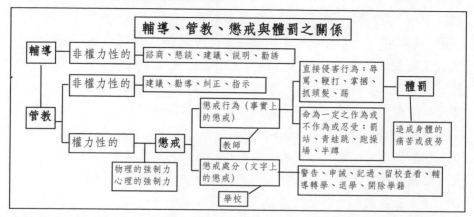

資料來源：周志宏著，〈析論我國學生懲戒制度之法律問題〉，收於《教育法
　　　　　與教育改革》增訂新版，（臺北：高等教育，2000），頁310。

　　「體罰」是教師經常會使用的懲戒行為之一。「懲戒」是指學校或教
師為達成教育目的，藉由物理上的強制力或心理上的強制力，對於違反特
定義務之學生，所採取的具有非難性或懲罰性的措施，學生因此受到某種
不利益或精神上、身體上之痛苦。[10]在現行法規中，多稱為對學生之「懲
罰」、「處罰」[11]或「懲處」，學理上則多以「懲戒」稱之。所謂「懲戒
行為」是指懲戒不發生法律上效果，而為單純之事實行為的一種懲戒方

10　周志宏著，〈析論我國學生懲戒制度之法律問題〉，收於《教育法與教育改
　　革》增訂新版，（臺北：高等教育，2000），頁310；日本學者坂本秀夫便指
　　出，懲戒從形式上看必然具有生活指導的要素及強制的要素，在內容上則包含
　　非難在內。參見坂本秀夫著，《生徒懲戒の研究》，再版（東京：學陽書房，
　　昭和58年），頁17。

11　依《學校訂定教師輔導管教學生辦法注意事項》（2020.10.28）第4點之定義，
　　「處罰」：「指教師於教育過程中，為減少學生不當或違規行為，對學生所實
　　施之各種不利處置，包括合法妥當以及違法或不當之處置；違法之處罰包括體
　　罰、誹謗、公然侮辱、恐嚇及身心虐待等。」

式，又稱為「事實上的懲戒」。[12]事實上的懲戒通常是以積極性的攻擊行為或間接透過指令要求學生為一定作為或不作為之方式兩大類。[13]前者包括打手心、打屁股、掌摑臉頰、拳打腳踢等；後者則包括：常見的罰站、半蹲、跑操場、罰寫作業、逐出教室、罰掃廁所、課後強制留校等對於學生地位不生法律效果之懲戒行為。通常這些懲戒行為是由個別教師來實施，「體罰」便是屬於此種「事實上的懲戒」，也是屬於違法的處罰。至於體罰的定義，在教育部訂定的《學校訂定教師輔導管教學生辦法注意事項》第4點中早有規定，目前將該定義規定於《教師法施行細則》第8條：「本法所稱體罰，指教師於教育過程中，基於處罰之目的，親自、責令學生自己或責令第三者對學生身體施加強制力，或責令學生採取特定身體動作，使學生身體客觀上受到痛苦或身心受到侵害之行為。……」成為法規上明文的定義。[14]

二、何謂霸凌？

(一) 霸凌

「霸凌」一詞在我國教育事務上，最早是出現在2006年4月28日教育部發布之「教育部改善校園治安—倡導友善校園，啟動校園掃黑實施計畫」，該計畫並未具體明定「霸凌」之意涵。[15]有關霸凌之定義則遲至

---

12 周志宏著，〈析論我國學生懲戒制度之法律問題〉，頁305。

13 顏厥安、周志宏、李建良著，《教育法令的整理與檢討》，（臺北：行政院教育改革審議委員會，民國85年），頁183。

14 日本法上所謂的體罰依官方說法是指：「以對身體的侵害給予被處罰者肉體上痛苦之懲戒。」（昭和23年10月22日日本法務廳見解），引自田邊勝二，《憲法と教育行政法》，（東京：バリエ社，昭和63年），頁171；日本學者則認為是指「懲戒權的行使逾越被認為相當之範圍，而行使有形的力量侵害學生之身體或使學生受到肉體上的痛苦。」（昭和56年4月1日東京高裁），參見下村哲夫著，《教育法規便覽》，平成七年版（東京：學陽書房，1994年），頁146。

15 教育部委託，《「修正校園霸凌防治準則暨研擬校園霸凌防制條例」計畫》期

2010年8月2日，教育部始於「維護校園安全（反霸凌）工作研習」新聞稿中指出：[16]

「……本部自今（99）年3月起，多次邀請學者專家、教師會代表、家長團體代表及兒福聯盟等民間團體進行研商會議，訂定霸凌行為的四個評估要件：『學生之間相對勢力（權力、地位）不對等、欺凌行為長期反覆不斷、具有故意傷害意圖、造成生理或心理上侵犯的結果』。區分如僅具有『具有故意傷害意圖』及『造成生理或心理上侵犯的結果』二項要件之個案，應屬一般偏差行為；如同時具有四項要件，則應屬於霸凌行為。……」[17]

　　2010年12月桃園縣八德國中發生霸凌事件，教育部於12月中下旬分別召開全國教育局處長會議、高中職校長及國中校長會議討論，明訂定校園霸凌五要件為：具有欺侮行為、具有故意傷害的意圖、造成生理或心理的傷害、雙方勢力（地位）不對等、其他經學校防制校園霸凌因應小組確認。[18]但其中所謂「其他經學校防制校園霸凌因應小組確認」反而成為一個不確定的要件，導致霸凌行為要件變得更不明確。

　　末報告，頁10。

16　教育部委託，《「修正校園霸凌防治準則暨研擬校園霸凌防制條例」計畫》期末報告，頁11。

17　參閱教育部辦理99年度「維護校園安全（反霸凌）工作研習」教育部新聞稿，https://csrc.edu.tw/bully/new_view.asp?Sno=1387，最後瀏覽日期：2021年8月3日。

18　參閱教育部，「防制校園霸凌中央、地方及學校分工合作」簡報，100年1月24日，https://www.google.com.tw/url?sa=t&rct=j&q=&esrc=s&source=web&cd=11&cad=rja&uact=8&ved=0ahUKEwj73reJ7NPWAhWCopQKHRS1BYQ4ChAWCCMwAA&url=http%3A%2F%2F140.111.1.88%2Fdownload%2F19&usg=AOvVaw0Ii--OgPTdE9IdJtAJBnmB，最後瀏覽日期：2020年8月3日。

　　學說所謂的校園霸凌（school bullying），通常指的是「一個學生長時間、重複地暴露在一個或多個學生主導的欺負或騷擾行為之中」，具有1.故意傷害行為（negative behavior）、2.重複發生（repetition）與3.力量失衡（power imbalance）等三大特徵。[19]但從反擊型霸凌之類型，以及近年來逐步增加之網路霸凌類型來看，「力量失衡」此一特徵已不再那麼必要成為霸凌定義的構成要件。因而，原《校園霸凌防制準則》（2011）將霸凌定義為：「指個人或集體持續以言語、文字、圖畫、符號、肢體動作或其他方式，直接或間接對他人為貶抑、排擠、欺負、騷擾或戲弄等行為，使他人處於具有敵意或不友善之校園學習環境，或難以抗拒，產生精神上、生理上或財產上之損害，或影響正常學習活動之進行。」是以1.故意傷害行為、2.重複發生為主要之定義要件，不特別強調3.力量失衡作為要件，而代之以行為結果與影響作為判斷之要件，只要對被害人產生「處於具有敵意或不友善之校園學習環境，或難以抗拒，產生精神上、生理上或財產上之損害，或影響正常學習活動之進行」即已足。[20]不產生上述結果之校園學生偶發性之衝突、嬉戲與人際互動行為，則不在霸凌之定義範圍。這樣的定義已包括霸凌的主要類型：[21]言語霸凌、[22]肢體霸凌、關係

19　Olweus, D. (1993). *Bullying at school: What we know and what we can do*. Oxford, UK: Blackwell, p. 9.

20　例如：有教師持續公開在班上叫單親弱勢學生領有汙漬、泛黃的貼身衣物甚至拆封過的生理用品等「物資」，使學生備感自尊遭踐踏，就可能處於具有敵意或不友善之校園學習環境，且產生精神上、生理上或財產上之損害，或影響正常學習活動之進行，即可能構成霸凌。相關新聞事件參見：《自由時報》，〈賞巴掌、曝弱勢學生隱私？國中教師被控長期霸凌學生〉，https://news.ltn.com.tw/news/life/breakingnews/3211760，最後瀏覽日期：2021-07-26。

21　關於霸凌類型之介紹分析，可參見楊雅音著，〈我國校園霸凌防制制度之研究——以校園霸凌防制準則為中心〉，頁39-44。

22　例如：教師若經常以指桑罵槐、拐彎抹角、話中帶刺的方式諷刺學生、公然說學生心理有問題，應該屬於「言語霸凌」的行為。相關新聞事件參見：《鏡》，〈為求完美恐嚇學童　公然辱生「你心理有問題」〉，https://www.mirrormedia.mg/story/20180320soc010/，最後瀏覽日期：2021-07-26。

霸凌、[23]反擊型霸凌、網路霸凌、[24]性霸凌在內。

　　《校園霸凌防制準則》（2020）修正了霸凌的定義，將「電子通訊、網際網路」明文規定出來，其實以「電子通訊、網際網路」方式所為之霸凌，原來就包括在「或其他方式」之中，只是特別明文規定，避免誤以為不包括網路霸凌在內。

　　《教師法》於2019年全文修正，將教師霸凌學生之處理納入「校園霸凌」之概念中，配合修正之《教師法施行細則》（2020）第8條規定：「……本法所稱霸凌，指校園霸凌防制準則規定之霸凌。」同年配合修正之《校園霸凌防制準則》（2020）第3條第1項規定：「本準則用詞，定義如下：……五、校園霸凌：指相同或不同學校校長及教師、職員、工友、學生（以下簡稱教職員工生）對學生，於校園內、外所發生之霸凌行為。」第2項：「前項第四款之霸凌，構成性別平等教育法第二條第五款所稱性霸凌者，依該法規定處理。」除了教師霸凌學生納入《校園霸凌防制準則》之處理範圍外，也連帶將校長、職員、工友等對學生之霸凌行為納入校園霸凌之範圍一併依該準則處理。

　　然而教師之霸凌行為若屬於構成體罰者（肢體霸凌），無須持續（長期反覆）即可依《教師法》之體罰規定處理，因此只有不構成體罰之持續霸凌行為，才有機會依《校園霸凌防制準則》之霸凌規定處理，這種霸凌行為可能主要是屬於言語霸凌、關係霸凌、網路霸凌、性霸凌等類型之

23　例如：教師要同學不要與特定同學一起玩或者教師若恐嚇全班小朋友，不能用LINE、臉書等社交軟體與某學生聯繫、交朋友，否則就是全班害群之馬。相關新聞事件參見：《聯合新聞網》，〈桃園中山小學生疑遭師撕作業霸凌　教育局啟動調查〉，https://udn.com/news/story/6898/5367043，最後瀏覽日期：2021-07-26；《鏡》，〈為求完美恐嚇學童　公然辱生「你心理有問題」〉，https://www.mirrormedia.mg/story/20180320soc010/，最後瀏覽日期：2021-07-26。

24　例如：若是班上合照時，老師諷刺這個孩子說：「你出去，我們可不敢侵犯你的肖像權」，並故意將群組、臉書刪除學生所有影像，並讓臉書朋友或社群成員知悉，此情形也可能構成「網路霸凌」相關新聞事件參見：《鏡》，〈為求完美恐嚇學童　公然辱生「你心理有問題」〉，https://www.mirrormedia.mg/story/20180320soc010/，最後瀏覽日期：2021-07-26。

霸凌行為，對學生的肢體霸凌則應該及早以體罰、違法處罰或不當管教處理，而不是在長期反覆持續發生後，才以霸凌行為處理。

(二) 性霸凌

　　性霸凌之定義依《性別平等教育法》第2條規定：「本法用詞定義如下：……五、性霸凌：指透過語言、肢體或其他暴力，對於他人之性別特徵、性別特質、性傾向或性別認同進行貶抑、攻擊或威脅之行為且非屬性騷擾者。……」性霸凌之定義並未包括一般霸凌定義中的「重複發生」和「力量失衡」，與一般霸凌行為有所不同，其與網路霸凌、反擊霸凌等均為特殊的霸凌型態。由於性霸凌已屬《性別平等教育法》規定應由性別平等教育委員會（以下簡稱性平會）依《校園性侵害性騷擾性霸凌防治準則》調查處理之性平事件，限於篇幅，本文將不予討論。

三、國家防止體罰與霸凌義務之憲法與法律依據

　　《憲法》第8條規定人民身體之自由應予保障，第21條及第22條也保障人民之受教育權（釋字第626號）與健康權（釋字第785號）。同時大法官也曾強調「各級學校學生基於學生身分所享之學習權及受教育權，或基於一般人民地位所享之身體自主權、人格發展權、言論自由、宗教自由或財產權等憲法上權利或其他權利，如因學校之教育或管理等公權力措施而受不當或違法之侵害，應允許學生提起行政爭訟，以尋求救濟，不因其學生身分而有不同。」（釋字第784號解釋文）因此，會侵害學生人身自由、身體自主權、人格發展權、健康權並會影響學生學習權與受教育權的體罰與霸凌，國家自應負起保護學生之義務而依法令禁止與處罰。

　　此外，由於《兒童權利公約》（1989）第19條第1項規定：「締約國應採取一切適當之立法、行政、社會與教育措施，保護兒童於受其父母、法定監護人或其他照顧兒童之人照顧時，不受到任何形式之身心暴力、傷害或虐待、疏忽或疏失、不當對待或剝削，包括性虐待。」另依《兒童權利公約施行法》第2條之規定，該公約所揭示保障及促進兒童及少年權利

之規定，具有國內法律之效力。此公約之上述規定，也促成了《教育基本法》第8條第2項的修正。

《教育基本法》第8條第2項及第5項規定其立法理由便指出：「參酌聯合國兒童權利公約前言、第十九條第一項以及第二十八條第二項，肯定教育過程中，學生之身體完整性及人性尊嚴應受尊重，並且不受照護者之暴力對待。（註：兒童權利公約定義之『兒童』乃十八歲以下之自然人）爰予以修正之。」、「學生在校園學習時，其身體自主權及人格發展權應受尊重與保障，鑑於霸凌行為對學生人格發展影響甚鉅，為維護學生基本人權，各級學校防制霸凌行為之工作刻不容緩，爰增列使學生不受任何霸凌行為侵害之規定。」[25]《教育基本法》的規定，確立國家有保護學生（包括18歲以下之兒童與少年）不受體罰與霸凌之義務。

［參］ 教師相關法規有關教師體罰與霸凌學生之規定

教師相關法規中，涉及教師體罰與霸凌學生之規定者，主要有《教師法》、《教育人員任用條例》及《公立高級中等以下學校教師成績考核辦法》（以下簡稱考核辦法），其中《教師法》歷經多次修正，最近一次是在2019年進行全文修正，以下分別就修正前後規定做一比較分析與說明。

一、修正前教師法有關教師體罰與霸凌學生之規定

《教師法》對於教師體罰與霸凌學生，最初並未明文，在2013年6月27日之修正條文施行前，通常是被包括在第14條第1項第7款之「行為不檢有損師道，經有關機關查證屬實」[26]或第9款之「教學不力或不能勝任工

---

[25] 2011年11月9日第五次修正《教育基本法》時增訂之立法理由。立法院法律系統 https://lis.ly.gov.tw/lglawc/lawsingle?00162E3BC7FE000000000000000000A000000002FFFFFA00^01734102122400^00007001001，最後造訪日期：2021.8.28。

[26] 本款規定後來被具體化為《教師法》（2013.6.27）第14條第1項的「九、經學校性別平等教育委員會或依法組成之相關委員會調查確認有性騷擾或性霸凌

作，有具體事實或違反聘約情節重大」中。有關「體罰或霸凌學生，造成其身心嚴重侵害。」為2013年6月27日修正《教師法》所增定。其後再修正成2014年1月8日之第14條修正條文。

　　本次修正（2019）前的《教師法》（2014.1.8）第14條第1項規定：「教師聘任後除有下列各款之一者外，不得解聘、停聘或不續聘：……十二、體罰或霸凌學生，造成其身心嚴重侵害。十三、行為違反相關法令，經有關機關查證屬實。十四、教學不力或不能勝任工作有具體事實；或違反聘約情節重大。」體罰或霸凌學生，造成其身心嚴重侵害者，可以解聘或不續聘，在決定前可以先予停聘。至於情節雖未對學生造成其身心嚴重侵害者，但已確實違反相關法令，例如：違反《兒童及少年福利與權益保障法》（以下簡稱兒少權法）之規定對兒少構成身心虐待者，經有關機關查證屬實，亦可予以解聘或不續聘。若教師體罰或霸凌學生情節尚未達到立即解聘或不續聘之程度，但經輔導而無輔導改善可能者，亦有可能依教學不力或不能勝任工作有具體事實，甚至可能以違反聘約情節重大予以解聘或不續聘。

　　同條第2項規定：「教師有前項第十二款至第十四款規定情事之一者，應經教師評審委員會委員三分之二以上出席及出席委員三分之二以上之審議通過；其有第十三款規定之情事，經教師評審委員會議決解聘或不續聘者，除情節重大者外，應併審酌案件情節，議決一年至四年不得聘任為教師，並報主管教育行政機關核准。」其程序均應經教師評審委員會

行為，且情節重大。」「十一、體罰或霸凌學生，造成其身心嚴重侵害。」「十二、行為違反相關法令，經有關機關查證屬實。」三款規定內容。另參見最高行政法院104年判字第602號判決：「……又據102年7月10日修正教師法第14條規定及該修正草案說明，除就該條第1項揭櫫之教師解聘、停聘或不續聘法定事由修正外，將原『行為不檢有損師道，經有關機關查證屬實』移列款次並修正為『行為違反相關法令，經有關機關查證屬實』，以及增列第9款、第11款『體罰或霸凌學生，造成其身心嚴重侵害』規定，係將『行為不檢有損師道，經有關機關查證屬實』之類型具體分列並明確規範，並無因教師法修正而免除或變更原『行為不檢有損師道，經有關機關查證屬實』解聘事由其行為可罰性之意涵。……」

（以下簡稱教評會）委員三分之二以上出席及出席委員三分之二以上之審議通過，並報主管教育行政機關核准。其中僅有構成第13款規定，除情節重大者外，應併審酌案件情節，議決1年至4年不得聘任為教師。

　　再者，同條第3項規定：「有第一項第一款至第十二款或前項後段情事之一者，不得聘任為教師；已聘任者，除依下列規定辦理外，應報主管教育行政機關核准後，予以解聘、停聘或不續聘；……。」因此，有第12款情形或第13款情形情節重大者，均構成教師之消極資格，不得聘任為教師；已聘任者，應報主管教育行政機關核准後，予以解聘或不續聘，決定前並得先予停聘。

二、修正後教師法有關教師體罰與霸凌學生之規定

　　修正後之《教師法》（2019）第14條第1項可能涉及教師體罰或霸凌學生的規定是：「教師有下列各款情形之一者，應予解聘，且終身不得聘任為教師：……五、經學校性別平等教育委員會或依法組成之相關委員會調查確認有性騷擾或性霸凌行為，有解聘及終身不得聘任為教師之必要。……七、經各級社政主管機關依兒童及少年福利與權益保障法第九十七條規定處罰，並經學校教師評審委員會確認，有解聘及終身不得聘任為教師之必要。……十、體罰或霸凌學生，造成其身心嚴重侵害。十一、行為違反相關法規，經學校或有關機關查證屬實，有解聘及終身不得聘任為教師之必要。」其中第5、7、10及11款之行為，涉及性霸凌、體罰或霸凌學生者，都有可能構成解聘，終身不得聘為教師之法律效果。差異在於構成體罰或霸凌學生，造成其身心嚴重侵害者，教評會應予解聘並終身不得聘為教師，不必再判斷有無「解聘及終身不得聘任為教師之必要」。

　　另同法第15條第1項規定：「教師有下列各款情形之一者，應予解聘，且應議決一年至四年不得聘任為教師：一、經學校性別平等教育委員會或依法組成之相關委員會調查確認有性騷擾或性霸凌行為，有解聘之必要。……三、體罰或霸凌學生，造成其身心侵害，有解聘之必要。四、經

各級社政主管機關依兒童及少年福利與權益保障法第九十七條規定處罰，並經學校教師評審委員會確認，有解聘之必要。五、行為違反相關法規，經學校或有關機關查證屬實，有解聘之必要。」性平會或教評會應衡酌有無解聘之必要，且教評會並應衡酌1至4年之適當期間不得聘為教師。但《教師法施行細則》第11條也規定：「教師評審委員會依本法第十五條第二項規定審議之事項，以議決該教師不得聘任為教師之一年至四年期間為限。」故教師涉及性霸凌、性剝削或性騷擾者，有無解聘必要係由性平會判斷而非教評會。

此外，《教師法》第16條第1項規定：「教師聘任後，有下列各款情形之一者，應經教師評審委員會審議通過，並報主管機關核准後，予以解聘或不續聘：其情節以資遣為宜者，應依第二十七條規定辦理：一、教學不力或不能勝任工作有具體事實。二、違反聘約情節重大。」以及第18條第1項規定：「教師行為違反相關法規，經學校或有關機關查證屬實，未達解聘之程度，而有停聘之必要者，得審酌案件情節，經教師評審委員會委員三分之二以上出席及出席委員三分之二以上之審議通過，議決停聘六個月至三年，並報主管機關核准後，予以終局停聘。」

當教師體罰及霸凌學生之行為未達「解聘，終身不得聘任」及「解聘，一至四年不得聘任」之程度時，仍有可能依第16條第1項或第18條第1項規定處理，予以解聘、不續聘、資遣或終局停聘。上述規定之要件、法律效果及處理程序整理如表5-1。

表5-1

《教師法》涉及體罰或霸凌學生條文之要件及決定程序

條文法律效果	要件	是否經教師評審委員會	出席及決議之比例	主管機關核准
第14條有解聘及終身不得聘任為教師之必要	五、經學校性別平等教育委員會或依法組成之相關委員會調查確認有性騷擾或性霸凌行為，有解聘及終身不得聘任為教師之必要。	×		○
	七、經各級社政主管機關依兒童及少年福利與權益保障法第九十七條規定處罰，並經學校教師評審委員會確認，有解聘及終身不得聘任為教師之必要。	○	2/3　1/2	○
	十、體罰或霸凌學生，造成其身心嚴重侵害。	○	2/3　1/2	○
	十一、行為違反相關法規，經學校或有關機關查證屬實，有解聘及終身不得聘任為教師之必要。	○	2/3　2/3	○
第15條有解聘必要，1至4年不得聘為教師	一、經學校性別平等教育委員會或依法組成之相關委員會調查確認有性騷擾或性霸凌行為，有解聘之必要。	○	1/2　1/2	○
	三、體罰或霸凌學生，造成其身心侵害，有解聘之必要。	○	2/3　1/2	○
	四、經各級社政主管機關依兒童及少年福利與權益保障法第九十七條規定處罰，並經學校教師評審委員會確認，有解聘之必要。	○	2/3　1/2	○
	五、行為違反相關法規，經學校或有關機關查證屬實，有解聘之必要。	○	2/3　2/3	○

第16條 解聘或 不續 聘；資 遣	一、教學不力或不能勝任工作有具體事實。	○	2/3 2/3	○
	專審會調查屬實		1/2 1/2	
	二、違反聘約情節重大。	○	2/3 2/3	○
第18條 終局停 聘6個 月至3 年	教師行為違反相關法規，經學校或有關機關查證屬實，未達解聘之程度，而有停聘之必要者。	○	2/3 2/3	○

資料來源：作者整理

　　其中第16條規定可以在無法構成第14條及第15條之情形下適用，例如：教師體罰或霸凌學生之行為雖未達造成學生「身心嚴重侵害」或「身心侵害」而有解聘之必要。但欠缺輔導管教之專業知能，構成「教學不力或不能勝任工作有具體事實」[27]經輔導而無輔導改善之可能，或屢次違反學校聘約規定，構成「違反聘約情節重大」之情形時，應經教評會委員三分之二以上出席及出席委員三分之二以上之審議通過。但高級中等以下學校教師有「教學不力或不能勝任工作有具體事實」之情形，學校向主管機關申請教師專業審查會（以下簡稱專審會）調查屬實者，則只要經教評會委員二分之一以上出席及出席委員二分之一以上之審議通過，即可解聘或不續聘，並可視情形辦理資遣。

　　此外，依第18條第1項規定，予以終局停聘者，停聘期間，不得申請退休、資遣或在學校任教。（第2項）此種情形，例如：體罰未達身心侵害但仍造成傷害者，或對特定學生持續為言語、文字或其他方式羞辱，造成學生心理傷害者，程度雖未達應予解聘或不續聘之程度，仍可認為係違反相關法規，予以終局停聘。

27　「教學不力或不能勝任工作有具體事實」之情形，依教育部109年11月11日臺教授國部字第1090126278B號令，包括「……三、以言語、文字或其他方式羞辱學生，造成學生心理傷害。四、體罰學生，有具體事實。」其中三之行為可能構成霸凌。

　　《教師法》第19條第1項更明定不得聘爲教師之消極資格，規定：「有下列各款情形之一者，不得聘任爲教師；已聘任者，應予以解聘：一、有第十四條第一項各款情形之一。二、有第十五條第一項各款情形之一，於該議決一年至四年期間。」同條第2項規定被終局停聘者，「於該停聘六個月至三年期間，其他學校不得聘任其爲教師；已聘任者，應予以解聘。」因此，體罰或霸凌學生構成身心侵害或傷害者或雖未造成傷害而違反法規者，都可能會構成終身或一定期間不得聘任爲教師之法律效果。

三、教育人員任用條例有關體罰與霸凌之規定

　　《教育人員任用條例》（2014.1.22）第31條第1項規定：「具有下列情事之一者，不得爲教育人員；其已任用者，應報請主管教育行政機關核准後，予以解聘或免職：⋯⋯十二、體罰或霸凌學生，造成其身心嚴重侵害。十三、行爲違反相關法令，經有關機關查證屬實。」同條第2項規定：「教育人員有前項第十三款規定之情事，除情節重大者及教師應依教師法第十四條規定辦理外，其餘經議決解聘或免職者，應併審酌案件情節，議決一年至四年不得聘任爲教育人員，並報主管教育行政機關核定。」其規範對象包含教師但不限於教師。《教師法》全文修正後，本條規定尚未及時配合修正，只能暫依現行規定處理教師以外之教育人員對學生之體罰或霸凌行爲。

四、公立高級中等以下學校教師成績考核辦法之規定

　　《考核辦法》（110.7.28）第6條第2項第4款規定：「有下列情形之一，記大過：⋯⋯（四）體罰、霸凌或其他違法處罰學生，造成學生身心傷害，情節重大，而未達解聘、不續聘或終局停聘之程度。⋯⋯（七）行爲違反相關法規，情節重大，而未達解聘、不續聘或終局停聘之程度。」同條第5款規定：「有下列情形之一，記過：⋯⋯（三）體罰、霸凌、不當管教或其他違法處罰學生，造成學生身心傷害。⋯⋯（十一）其他違

反有關教育法令規定之事項。」第6款則規定：「有下列情形之一，申誡：……（七）教學、輔導管教行為失當，有損學生學習權益。（八）體罰、霸凌、不當管教或其他違法處罰學生，情節輕微經令其改善仍未改善。……（十）其他違反有關教育法令規定之事項，情節輕微。」

因此，教師體罰或罷凌學生未達解聘、不續聘或終局停聘之程度，或者雖不構成體罰或罷凌而屬於違法處罰或不當管教者，可以依《考核辦法》分別給予一次記二大過、記大過、記過或申誡之懲處。私立學校及專科以上學校教師則因無《考核辦法》之適用，則視各該學校有無另訂相關懲處規定予以處理。

五、教師霸凌、體罰、違法處罰與不當管教法律責任

目前校長、教師其他教育人員對學生之體罰或霸凌行為，違反《教師法》、《教育人員任用條例》者可能構成解聘終身不得聘任、解聘1至4年不得聘任、解聘、不續聘或資遣、終局停聘或懲處、懲戒之行政責任，如造成傷害或死亡之後果，則也會構成《刑法》傷害、[28]傷害致重傷、傷害致死或過失致死、過失致重傷、過失傷害……等罪之刑責，較輕微者亦可能構成《社會秩序維護法》第87條第1項第1款之「加暴行於人者」之行為而受制裁。對兒童及少年施以體罰或霸凌並可能構成對兒童或少年為身

---

28 臺北高等行政法院95年訴字第1436號判決：「本件原處分係認原告為○○國小社會科任教師，……，因該班學生莊○○……課業問題，以社會習作簿打該生右臉頰，致其右眼結膜充血等事實。……原告並經該校92年度教師成績考核委員會第8次會議決議，核定因不當體罰學生致學生身心受到傷害予以記過乙次，則被告審認其行為造成對兒童身心虐待之事實，洵非無據。又原告所受教育主管機關之記過處分，係屬懲戒罰，與違反行政上義務之行為所裁處之行政罰性質有別，亦與刑罰之目的及構成要件不同，故與原告傷害案件是否經法院判決無涉。……是被告依兒少福利法第30條第2款及第58條第1項規定，……裁處原告3萬元罰鍰，並公告其姓名。揆諸首揭法條規定，於法並無不合。」本案同時構成記過、傷害罪及行政罰。

心虐待，[29]而違反《兒少權法》第49條第1項第2款而應受同法第97條規定
「得處新臺幣六萬元以上六十萬元以下罰鍰，並得公布其姓名或名稱。」
之行政罰。一行為同時觸犯刑事法律及違反行政法上義務規定者，則依
《行政罰法》第26條規定處理。[30]有關教師體罰與霸凌[31]學生可能的法律
責任，整理如表5-2。

表5-2
教師體罰與霸凌學生可能的法律責任

法條	行為	責任	需否告訴
刑法第134條	不純粹瀆職罪	假借職務之權力、機會或方法所犯之罪，加重其刑至二分之一。	非告訴乃論
刑法第276條第1項	過失致死罪	5年以下有期徒刑、拘役或50萬元以下罰金。	非告訴乃論
刑法第277條第1項	普通傷害罪	處3年以下有期徒刑、拘役或1千元以下罰金。	告訴乃論
刑法第277條第2項	普通傷害致死或致重傷罪	致死者，處無期徒刑或7年以上有期徒刑。致重傷者，處3年以上10年以下有期徒刑。	非告訴乃論

29　例如：教師以不當方式管教學生，導致學生出現急性壓力症候群。相
關新聞事件參見：《蘋果日報》，〈掐脖狠K頭　名校師霸凌生　家長
提告　師遭判拘100天〉，https://tw.appledaily.com/headline/20200331/
RUD5FLZPMSDD3JXIOQH7R3C2FE/，最後瀏覽日期：2021-07-26。

30　《行政罰法》第26條第1項規定：「一行為同時觸犯刑事法律及違反行政法上義
務規定者，依刑事法律處罰之。但其行為應處以其他種類行政罰或得沒入之物
而未經法院宣告沒收者，亦得裁處之。」第2項規定：「前項行為如經不起訴處
分、緩起訴處分確定或為無罪、免訴、不受理、不付審理、不付保護處分、免
刑、緩刑之裁判確定者，得依違反行政法上義務規定裁處之。」

31　霸凌事件，可能不會只出現單一的型態，也有同時具多種類型之可能，涉及的
法規也可能相對複雜。

刑法第278條第1項	重傷罪	處5年以上12年以下有期徒刑。	非告訴乃論
刑法第278條第2項	重傷致死罪	處無期徒刑或10年以上有期徒刑。	非告訴乃論
刑法第284條第1項	過失傷害或致重傷罪	致傷害者，處1年以下有期徒刑、拘役或10萬以下罰金。致重傷者，處3年以下有期徒刑、拘役或30萬元以下罰金。	告訴乃論
刑法第286條第1項、第2項	凌虐未滿18歲人罪	處6個月以上5年以下有期徒刑。致死處無期徒刑或10年以上有期徒刑。致重傷處5年以上12年以下有期徒刑。	非告訴乃論
刑法第304條	強制罪	處3年以下有期徒刑、拘役或9千元以下罰金。	非告訴乃論
刑法第305條	恐嚇罪	處2年以下有期徒刑、拘役或9千元以下罰金。	非告訴乃論
刑法第309條第1項	公然侮辱罪	處拘役或9千元以下罰金。	告訴乃論
刑法第309條第2項	強暴公然侮辱罪	處1年以下有期徒刑、拘役或1萬5千元以下罰金。	告訴乃論
刑法第310條第1項	誹謗罪	處1年以下有期徒刑、拘役或1萬5千元以下罰金。	告訴乃論
刑法第310條第2項	加重誹謗罪	處2年以下有期徒刑、拘役或3萬元以下罰金。	告訴乃論
社會秩序維護法第87條第1項第1款	加暴行於人者	新臺幣1萬8千元以下罰鍰	
兒少權法第49條第1項第2款、第97條	身心虐待行為	處新臺幣6萬元以上60萬元以下罰鍰，並得公布其姓名或名稱。	

資料來源：作者自行整理

　　教師行為樣態若不構成體罰或霸凌，也可能會構成違法處罰[32]或不當管教，其法律效果差異甚大，尤其若涉及對於兒童及少年身心虐待之行為，經社政主管機關依《兒少權法》第97條規定處罰者，又要由學校教評會確認是否「有解聘終身不得聘為教師之必要」（教師法第14條第1項第7款）或「有解聘之必要」並決定1到4年不得聘為教師（教師法第15條第1項第4款）。甚至涉及對於兒童及少年身心虐待之行為，可能也會被教評會認定構成解聘或不續聘、終局停聘之結果，或是被考核會認定記大過等不同程度懲處之法律效果。

　　以下試擬教師體罰或霸凌行為造成結果之不同程度，與其可能相應之法律效果如表5-3，以供參考：

表5-3
試擬教師霸凌、體罰、違法處罰與不當管教學生之法律效果

法律效果	刑事犯罪	身心虐待	霸凌	體罰	違法處罰或不當管教	依據
解聘，終身不得聘為教師。	1. 重傷致人於死278.2 2. 重傷278.1 3. 普通傷害致死277.2 4. 普通傷害致重傷277.2 5. 過失致死276 6. 對未滿18歲之人凌虐致死286.3、致重傷286.3	1. 任何人對於兒童及少年不得有下列行為：……二、身心虐待。 2. 七、經各級社政主管機關依兒童及少年福利與權益保障法第97條規定處罰，並經學校教師評審委員會確認，有解聘	3. 十、罰或霸凌學生，造成其身心嚴重侵害。（致死或重傷）	體罰或霸凌學生，造成其身心嚴重侵害。（致死或重傷）		1. 兒少權法第49、97條 2. 教師法第14條第1項第7款 3. 教師法第14條第1項第10款

32　違法處罰之例示，參見《學校訂定教師輔導管教學生辦法注意事項》（2020.10.28）附表一、教師違法處罰措施參考表。

		及終身不得聘任為教師之必要。		
解聘，一至四年不得聘為教師。	1. 普通傷害罪277.1 2. 過失傷害致重傷284 3. 對未滿18歲之人凌虐286.1 4. 強制罪304	1. 身心虐待 2. 四、經各級社政主管機關依兒童及少年福利與權益保障法第97條規定處罰，並經學校教師評審委員會確認，有解聘之必要。	3. 體罰或凌霸學生，造成其身心侵害，有解聘之必要。（傷害、過失致重傷、凌虐、強制）	1. 兒少權法第49、97條 2. 教師法第15條第1項第4款 3. 教師法第15條第1項第3款
解聘或不續聘	1. 過失傷害284 2. 對未滿18歲之人凌虐286.1	1. 身心虐待	2. 一、教學不力或不能勝任工作有具體事實。 二、違反聘約情節重大。	1. 兒少權法第49、97條 2. 教師法第16條第1項第1款或第2款
終局停聘	1. 恐嚇罪305 2. 公然侮辱罪309.1、309.2	1. 身心虐待	2. 教師行為違反相關法規，經學校或有關機關查證屬實，未達解聘之程度，而有停聘之必要者。	1. 兒少權法第49、97條 2. 教師法第18條第1項

記大過		1. 身心虐待 2. （七）行為違反相關法規，情節重大，而未達解聘、不續聘或終局停聘之程度。	3. （四）體罰、霸凌或其他違法處罰學生，造成學生身心傷害，情節重大，而<u>未達解聘、不續聘或終局停聘之程度</u>。	1. 兒少權法第49、97條 2. 考核辦法第6條第2項第4款第7目 3. 考核辦法第6條第2項第4款第4目
記過		1. 加暴行於人者，社維法第87條第1項第1款	（三）體罰、霸凌、不當管教或其他違法處罰學生，造成學生身心傷害。	考核辦法第6條第2項第5款第3目
申誡			（七）教學、輔導管教行為失當，有損學生學習權益。 （八）體罰、霸凌、不當管教或其他違法處罰學生，情節輕微經令其改善仍未改善。	考核辦法第6條第2項第6款第7目、第8目

資料來源：作者整理

　　然而懲處事由之認定及懲處結果之決定係由教師成績考核委員會（以下簡稱考核會）為之，可能認定結果未必與教評會相同，因此究應由誰優先認定？認定結果是否拘束學校及其他校內單位？便值得研究。本文認為就學校以外之機關而言，法院及社政主管機關之判斷會拘束學校各單

位，在校內則性平會之判斷可拘束教評會及考核會[33]，教評會之判斷可拘束考核會[34]。教師涉及體罰與霸凌學生時，除性霸凌案件外，學校經校事會議或防制校園霸凌因應小組（以下簡稱防霸小組）調查完畢後，應交由教評會先判斷其行為是否違反《教師法》之相關規定，若均不符合各條規定，在公立高級中等以下學校才由學校移交考核會判斷是否有構成懲處之要件，不宜先交由考核會決定是否懲處。否則，違反《教師法》規定之行為卻先經考核會從輕懲處[35]，必然會引發爭議。教評會認定不違反《教師法》，考核會亦不宜逕自認定違反《教師法》規定，再移給教評會處理。

［肆］ 校園霸凌防制準則有關霸凌事件之規定

《校園霸凌防制準則》於2012年7月26日發布施行，並於2020年7月21日全文修正發布施行。其中最大的修正在於放寬適用對象範圍，將相同或不同學校校長及教師、職員、工友對學生的霸凌也一併納入校園霸凌的定義中。以下便分析修正前後之處理規定及其差異。

一、修正前校園霸凌防制準則之規定

《校園霸凌防制準則》研擬當時，政策上決定僅規範學生間之霸凌[36]，因為挪威學者Olweus將校園霸凌定義為「一個學生長時間、重複地暴露在一個或多個學生主導的欺負或騷擾行為之中」，另參考各國對於"School bullying"（校園霸凌）之政策或規範，係指學生之間長期（持續）

---

[33] 依《性別平等教育法》第35條第1項。

[34] 依《教師法》第9條第3項規定處理體罰或霸凌時應增加教評會委員，相較更為公平及專業。

[35] 參考最高行政法院109年判字第313號判決，可能構成霸凌學生之行為卻最終只申誡一次。

[36] 教育部委託，《教育部「修正校園霸凌防制準則暨研擬校園霸凌防制條例」計畫》期末報告，頁52至53。

偏差行爲等情況，不包括師生間之情形。學生同儕間會發生霸凌事件，通常背後有其產生之原因，必須經過調查處理找出原因，才能加以遏止並防範其再度發生。但教師與學生之間，本處於權力不對等之狀況。學生同儕間之霸凌，宜以教育及輔導之手段來教導學生，而不宜單以處罰及制裁之手段來達到遏止之效果。學生同儕間之霸凌，雖暫時影響同學間之關係，但仍有恢復其關係之可能；但師生間之霸凌通常已破壞學生與教師間之信賴關係，較難以修復原有關係，因此不處理師對生之霸凌。[37]

二、修正後校園霸凌防制準則之規定

(一) 適用範圍之擴大

2018年研擬修正《校園霸凌防制準則》時，教育部改變政策，欲將教師對學生之霸凌納入《校園霸凌防制準則》一起處理，遂配合《教師法》全文修正及其授權法規命令之訂定，參考《校園性侵害性騷擾及性霸凌防治準則》之規定，將校長、教師、職員、工友對學生的霸凌也一併納入校園霸凌之適用範圍。[38]

《校園霸凌防制準則》（2020年7月21日）對於校園霸凌的定義修正爲「指相同或不同學校校長及教師、職員、工友、學生（以下簡稱教職員工生）對學生，於校園內、外所發生之霸凌行爲。」（準則第3條第1項第5款）其中「教師」之定義爲：「指專任教師、兼任教師、代理教師、代課教師、教官、運用於協助教學之志願服務人員、實際執行教學之教育實習人員及其他執行教學或研究之人員。」（準則第3條第1項第2款）採取廣義的教師概念。

37　教育部委託，《教育部「修正校園霸凌防治準則暨研擬校園霸凌防制條例」計畫》期末報告，頁53。

38　相關政策討論過程，參考黃崇銘著，〈評教師霸凌法制之發展〉，收於國立臺北教育大學教育經營與管理學系舉辦，第二屆教育與法律國際學術研討會會議手冊，2021年9月17日，頁86-87。

另配合修正「主管機關及學校對被霸凌人及曾有霸凌行為或有該傾向之校長及教職員工生，應積極提供協助、主動輔導，並就學生學習狀況、人際關係與家庭生活，進行深入了解及關懷。」（準則第8條）以及「校長及教職員工應具備校園霸凌防制意識，避免因自己行為致生霸凌事件，或不當影響校園霸凌防制工作。」（準則第9條第3項）以配合適用對象範圍之擴大。

(二) 組成防制校園霸凌因應小組及校園霸凌事件審議小組

1. 防制校園霸凌因應小組

學校組成「防制校園霸凌因應小組」，以校長或副校長為召集人，其成員應包括教師代表、學務人員、輔導人員、家長代表、學者專家，負責處理校園霸凌事件之防制、調查、確認、輔導及其他相關事項；高級中等以上學校之小組成員，並應有學生代表。（準則第10條第1項）

2. 新增校園霸凌事件審議小組

受調查人為校長時，學校所屬主管機關應組成「校園霸凌事件審議小組」，由機關首長或副首長為召集人，其成員應包括校長代表、輔導人員、家長代表、學者專家及民間團體代表，負責處理校長對學生霸凌事件之調查及審議事項。（準則第10條第2項）

3. 主管機關準用學校處理規定

校長對學生之霸凌事件，由學校所屬主管機關準用第13條至第27條有關受理、調查及救濟等程序，進行事件處理。（準則第28條）

4. 新增違反準則之對象及處理

學校校長、教職員工生或其他人員有違反準則之規定者，應視情節輕重，分別依成績考核、考績、懲戒或懲處等相關法令規定及學校章則辦理。（準則第32條）

伍 學校處理教師體罰與霸凌學生事件之程序

　　學校處理教師體罰或霸凌學生事件之程序，在體罰部分應依《教師法》及《高級中等以下學校教師解聘不續聘停聘或資遣辦法》（以下簡稱《解聘辦法》）第二章之規定或專科以上學校內部規定處理；霸凌部分則各級學校均應依《校園霸凌防制準則》之規定辦理。但性霸凌則應優先依《性別平等教育法》及《性侵害性騷擾及性霸凌防治準則》之規定辦理。以下僅就有關教師體罰及霸凌學生之處理程序加以說明。

一、事件之調查

　　依《解聘辦法》第2條之規定：「高級中等以下學校（以下簡稱學校）接獲檢舉或知悉教師疑似有本法第十四條第一項、第十五條第一項、第十六條第一項、第十八條第一項規定情形者，應依下列規定調查，並依本辦法規定處理：……三、涉及本法第十四條第一項第十款霸凌學生及第十五條第一項第三款霸凌學生：依校園霸凌防制準則規定調查。四、涉及本法第十四條第一項……第十款體罰學生……、第十五條第一項第三款體罰學生……：依第二章相關規定調查。五、涉及本法第十八條第一項：視所涉情形，依前四款規定調查。」因此，涉及體罰事件應依本辦法第二章規定之校事會議調查程序辦理；涉及霸凌之事件則依《校園霸凌防制準則》規定調查。

(一) 教師體罰學生之調查處理程序

1. 召開校事會議

　　遇有教師[39]疑似體罰學生事件，學校（教師為合聘教師時，為其主聘

39　此教師主要是指《教師法》第3條之適用對象「公立及已立案之私立學校編制內，按月支給待遇，並依法取得教師資格之專任教師」以及「軍警校院及矯正學校依本法及教育人員任用條例規定聘任之專任教師」可稱為狹義之教師。此外之其他教師，或是準用《教師法》之規定，或是另依其他進用規定處理。

學校）接獲檢舉或知悉時，應於五日內召開校園事件處理會議（以下簡稱校事會議）審議。（《解聘辦法》第4條第1項）校事會議成員應包括校長、家長會代表一人、行政人員代表一人、學校教師會代表一人（學校無教師會者，由該校未兼行政或董事之教師代表擔任）及「教育學者、法律專家、兒童及少年福利學者專家或社會公正人士」一人，共5人組成之（第2項）任一性別委員人數不得少於委員總數三分之一。（第3項）

2. 組成調查小組調查

學校調查教師疑似有體罰之情形時，應由校事會議組成調查小組，成員以3人或5人為原則（應包括校內之教師會代表及家長會代表），並得由校外1人或3人（以教育學者、法律專家、兒童及少年福利學者專家或《高級中等以下學校教師專業審查會組成及運作辦法》所定專審會調查及輔導人才庫之調查員擔任）組成。（《解聘辦法》第5條）

3. 調查期限

調查小組應於組成後30日內完成調查；必要時，得予延長，延長期間不得逾30日，並應通知教師。調查完成應製作調查報告，提校事會議審議；審議時，調查小組應推派代表列席說明。

4. 校事會議之審議

校事會議之審議，應依具體之證據調查事實，及判斷案件類型。必要時，得徵詢班級家長代表及學校相關人員意見。其審議之決議，應經委員1/2以上出席及出席委員1/2以上之審議通過。（《解聘辦法》第6條）

5. 審議調查報告之決議

校事會議審議調查報告，應為下列決議之一（《解聘辦法》第7條）：

(1)教師涉有第2條第4款之體罰等或第5款違反相關法規情形，學校應移送教評會審議。

(2)教師疑似有教學不力或不能勝任工作（《教師法》第16條第1項第1款）情形，而有輔導改善之可能者，由校事會議自行輔導或向主管機關申請專審會輔導。

(3)教師無前二款所定情形，而有《考核辦法》第6條所定情形，學校應移送考核會或依法組成之相關委員會審議。

(4)教師無前三款所定情形，應予結案。

　　教師涉及體罰學生如經校事會議組成調查小組調查結果，審議後認為有《教師法》第14條第1項第10款體罰學生、第11款違反相關法規、第15條第1項第3款體罰學生、第5款違反相關法規或第16條第1項教學不力或不能勝任工作有具體事實[40]之情形時，應移送教評會審議，依個案情形處理。若認為有《考核辦法》第6條所定情形，學校應移送考核會或依法組成之相關委員會審議考量是否懲處。

　　教評會依校事會議調查小組之調查結果，審議認定其構成《教師法》第14條第1項第10款體罰學生造成身心嚴重侵害的，教評會應決議予以解聘終身不得聘為教師；構成第15條第1項第3款體罰學生造成身心侵害的，教評會應決議予以解聘，並決定一至四年間之合理期間不得聘為教師。若教評會認定不構成《教師法》第14條第1項第10款或第15條第1項第3款的事件，也不構成第14條第1項第11款違反相關法規、第15條第1項第5款違反相關法規或第16條第1項教學不力或不能勝任工作，則教評會應移送考核會請其依《考核辦法》第6條規定處理。

(二)教師霸凌學生之調查處理程序

　　依《解聘辦法》第2條第3款之規定：「涉及本法第十四條第一項第十款霸凌學生及第十五條第一項第三款霸凌學生[41]：依校園霸凌防制準則規定調查。」毋庸由校事會議處理。但各級學校處理師對生霸凌都應依《校園霸凌防制準則》辦理調查認定後，視情形再依《教師法》辦理。相關處

40　依第7條第2項規定：「涉及教學不力或不能勝任工作有具體事實者，指教師無輔導改善之可能，其情形如下：一、經校事會議認定因身心狀況或其他原因，無法輔導改善。二、因本法第十六條第一項第一款之事由，曾經學校或專審會輔導，認輔導改善有成效後，經校事會議認定三年內再犯。」

41　《校園霸凌防制準則》第3條規定：「本準則用詞，定義如下：一、學生：指各級學校具有學籍、學制轉銜期間未具學籍者、接受進修推廣教育者、交換學生、教育實習學生或研修生。……」故霸凌事件之適用對象應為廣義之學生。

理流程可參考「校園霸凌事件處理流程圖」。[42]

1. 通報

依《校園霸凌防制準則》第12條規定，校長及教職員工知有疑似校園霸凌事件時，均應立即按學校校園霸凌防制規定所定權責向權責人員通報，並由學校權責人員向學校主管機關通報，至遲不得超過24小時，並應視事件情節是否涉及對兒童及少年身心虐待，另依《兒少權法》等相關規定，向直轄市、縣（市）社政主管機關進行通報。

2. 申請調查與檢舉

疑似校園霸凌事件之被霸凌人或其法定代理人，得向行為人於行為發生時所屬之學校申請調查。任何人知悉事件時，得依規定程序向學校檢舉之。學校經大眾傳播媒體、警政機關、醫療或衛生福利機關（構）等之報導、通知或陳情而知悉者，視同檢舉。（準則第13條）

校園霸凌事件之申請人或檢舉人得以言詞、書面或電子郵件申請調查或檢舉；申請人或檢舉人未具真實姓名者，除學校已知悉有霸凌情事者外，得不予受理。（準則第14條）

3. 調查學校管轄權之確定

學校接獲申請調查或檢舉，應初步了解是否為調查學校。非調查學校接獲申請調查或檢舉，知有疑似校園霸凌事件時，除依規定通報外，應於3個工作日內將事件移送調查學校處理，並通知當事人。（準則第15條）

當事人分屬不同學校者，以先接獲申請調查或檢舉之學校負責調查，相關學校應派代表參與調查。事件行為人已非調查學校或參與調查學校之教職員工生時，調查學校應以書面通知行為人現所屬學校派代表參與調查，被通知之學校不得拒絕。（準則第16條）

4. 決定是否受理

調查學校於接獲申請調查或檢舉時，應於20日內以書面通知申請人或檢舉人是否受理，不受理之書面通知，應敘明理由。不受理之事由，必要

---

42 國立員林農工高級職業學校https://www.ylvs.chc.edu.tw/resource/openfid.php?id=37976，最後瀏覽日期：2021-07-26。

時得由防霸小組指派委員3人以上認定之。（準則第17條）

5. 申復程序

申請人或檢舉人於期限內未收到通知或接獲不受理通知之次日起20日內，得以書面具明理由，向學校申復。不受理之申復以一次為限。

事件管轄學校接獲申復後，應將申請調查或檢舉案交防霸小組重新討論受理事宜，並於20日內以書面通知申復人申復結果；申復有理由者，防霸小組應依準則調查處理。（準則第18條）

6. 召開防霸小組會議開始調查

調查學校接獲申請調查或檢舉後，除有不受理事由外，應於3個工作日內召開防霸小組會議，開始調查處理程序。（準則第19條）並應依準則第21條之方式辦理。

7. 保密義務及處理方式

學校負有保密義務者，包括學校參與調查處理校園霸凌事件之所有人員。洩密時，應依刑法或其他相關法規處罰。學校或相關機關就記載有當事人、檢舉人、證人及協助調查人姓名之原始文書，應予封存，不得供閱覽或提供予偵查、審判機關以外之人。但法規另有規定者，不在此限。（準則第22條）

8. 調查期限及調查報告

學校應於受理疑似校園霸凌事件申請調查、檢舉、移送之次日起2個月內完成調查；必要時，得延長之，延長以2次為限，每次不得逾1個月，並應通知申請人及行為人。

防霸小組調查完成後，應將調查報告及處理建議，以書面向其所屬學校提出報告。學校應於接獲調查報告後2個月內，自行送教評會或考核會處理，或移送相關權責機關依相關法律、法規或學校章則等規定處理，並將處理之結果，以書面載明事實及理由通知申請人、檢舉人及行為人。（準則第 25 條）

9. 教示、申復與救濟

學校將處理結果，以書面通知申請人及行為人時，應一併提供調查報告，並告知不服之申復方式及期限。申請人或行為人對學校調查及處理結

果不服者，得於收到書面通知次日起20日內，向學校申復。申復以一次為限。學校受理申復後，應即組成包括防制校園霸凌領域之相關專家學者、法律專業人員或實務工作者之審議小組，並於30日內作成附理由之決定，以書面通知申復人申復結果。但防霸小組成員不得擔任審議小組成員。

審議小組召開會議時由小組成員推舉召集人，並主持會議。審議會議得視需要給予申復人陳述意見之機會，並得邀防霸小組成員列席說明。若申復有理由時，由學校重為決定。（準則第26條）

當事人對於學校處理校園霸凌事件之申復決定不服，得依《教師法》、各級學校學生申訴或相關規定提起申訴。（準則第27條）

10.輔導及協助程序

學校完成調查後，確認校園霸凌事件成立時，應立即啟動霸凌輔導機制，並持續輔導當事人改善。輔導機制[43]應就當事人（此主要應是指學生）及其他關係人（包括旁觀者）訂定輔導計畫，明列懲處建議或管教措施、輔導內容、分工、期程，完備輔導紀錄，並定期評估是否改善。當事人（此主要應是指學生）經定期評估未獲改善者，得於徵求其同意後，轉介專業諮商、醫療機構實施矯正、治療及輔導，或商請社政機關（構）輔導安置；其有法定代理人者，並應經其法定代理人同意（此必然是指學生）。（準則第29條）

輔導，學校得委請醫師、臨床心理師、諮商心理師、社會工作師或律師等專業人員為之。曾參與調查之防霸小組成員，應迴避同一事件輔導工作。（準則第30條）本條所為輔導應該是指針對學生的輔導，對於霸凌行為人之教師應不適用。

43　此處之輔導機制，若不限於學生，可能與不適任教師之輔導機制混淆。霸凌調查結果成立時，除非教師未達《教師法》第14條、第15條應予解聘之程度而被認為屬於第16條教學不力或不能勝任工作之情形，才會進入到學校自行輔導或送專審會輔導。若教師霸凌學生已達應解聘程度，即沒有輔導必要，應依《教師法》之規定予以解聘。

11. 外部單位之介入

校園霸凌事件情節嚴重者，學校應即請求警政、社政機關（構）或司法機關協助，並依《少年事件處理法》、《兒少權法》、《社會秩序維護法》等相關規定處理。（準則第31條）此主要係針對學生而言，在霸凌行為人是教師時，也似乎難以完全適用。

12. 行為教師之輔導

教師霸凌學生經防霸小組調查結果認為成立霸凌者，啟動之輔導程序主要應是針對被霸凌之學生及其他關係人，教師應優先回到《教師法》規定之程序，應由教評會評議決定是否構成教師解聘、不續聘、終局停聘之規定，或有教學不利或不能勝任工作之情形，需要學校自行輔導或請專審會輔導。

二、教評會之審議決定

當校事會議或防霸小組調查確認後，應於10日內交由教評會進行審議。

(一) 教評會之組成

依《高級中等以下學校教師評審委員會設置辦法》第3條規定教評會置委員5人至19人，校長、家長會代表1人、學校教師會代表1人為當然委員。選舉委員由全體專任教師選（推）舉之。委員中未兼行政或董事之教師，不得少於委員總額1/2。但學校未兼行政或董事之教師員額少於委員總額1/2者，不在此限。任一性別委員人數不得少於委員總額1/3。但學校任一性別教師人數少於委員總額1/3者，不在此限。

不過依同辦法第5條規定，依《教師法》第9條第3項規定高級中等以下學校應另行增聘校外學者專家擔任委員，學校在處理本法第14條第1項第7款（依兒少權法裁罰）、第10款（體罰或霸凌）及第15條第1項第3款（體罰或霸凌）、第4款（依兒少權法裁罰）時，應自教育部國民及學前教育署建置之教評會校外學者專家人才庫遴聘。校外委員僅於審議前述各

款案件時,始具委員資格。

　　至於專科以上學校教師之體罰與霸凌學生事件,則依各大學教評會之組織及程序審議,[44]不必另行增加校外委員。

(二) 教評會之審議決定

　　《教師法施行細則》第9條規定:「教師評審委員會審議解聘、不續聘、停聘、資遣案件時,應分別適用或準用行政程序法有關陳述意見及申請閱覽、抄寫、複印或攝影有關資料或卷宗之相關規定。」另《高級中等以下學校教師評審委員會設置辦法》第11條規定,高級中等以下學校教評會進行教師解聘、不續聘、停聘及資遣及教師違反《教師法》規定之義務及聘約之審議時,應給予當事人陳述意見之機會。此在專科以上學校亦應如此。

　　教評會在審議《教師法》第14條第1項、第15條第1項、第16條第1項及第18條第1項規定之情事,時其出席人數與表決人數之比例如前揭表5-1。

44　相關案例可參考最高行政法院104年裁字第1378號裁定:「本件抗告人係相對人○○○○學系助理教授,因遭人檢舉利用教師身分濫權霸凌學生,……嗣相對人組成調查小組,作成調查報告,認定抗告人之行為違反教師法第17條……等規定,乃移請相對人各級教師評審委員會審議,經相對人○○○○學系教師評審委員會……決議予以口頭警告。嗣相對人○○學院教師評審委員會……並未同意上開系教評會之決議,而決議予以抗告人申誡2次。嗣相對人學校教師評審委員會……認定抗告人將學生在教學評量意見表上之負面教學反映意見,以不當的方式於班會或課堂上討論,對學生造成壓力及感受到威脅,違反教師法第17條第1項第2款、相對人教師服務倫理第2章第1點第6款及相對人專任教師聘約第16點等規定,決議依相對人專任教師聘約第17點規定,予以記大過1次,並經相對人核定在案。抗告人不服,……,循序提起行政訴訟……。原審審理結果,認相對人以原處分核定抗告人記大過1次,該記過核定核屬相對人學校內部自治考核管理措施,抗告人不因而改變其教師身分,……該記過處分既未改變其教師身分,且對於其教師權利之行使亦無重大影響,即非行政訴訟之救濟範疇,抗告人對系爭記過處分提起行政訴訟,於法自有未合,應予駁回。」

(三) 教師解聘、不續聘與終局停聘之處理程序

依《解聘辦法》之規定，教師之解聘、不續聘及終局停聘，應分別依該辦法規定之期限及程序辦理，本文整理如下表5-4。

表5-4
教師體罰及霸凌學生可能之處理程序

教師法條文	期限起算時點	送教評會期限	送主管機關核准期限	解聘、不續聘及終局停聘
第14條第1項第7款情形	自知悉各級社政主管機關之裁罰處分後	10日內	教評會通過後10日內	主管機關核准後，予以解聘。
第14條第1項第8款至第11款情形之一	自校事會議或防制校園霸凌因應小組調查確認後	10日內	教評會通過後10日內	主管機關核准後，予以解聘。
第15條第1項第3款或第5款情形之一	自校事會議或防制校園霸凌因應小組調查確認後	10日內	教評會通過後10日內	主管機關核准後，予以解聘。
第15條第1項第4款情形	自知悉各級社政主管機關之裁罰處分後	10日內	教評會通過後10日內	主管機關核准後，予以解聘。
第16條第1項第1款情形	自校事會議決議或收受專審會之結案報告後	10日內	教評會通過後10日內	主管機關核准後，予以解聘或不續聘。
第18條第1項情形	應視所涉情形自調查確認後	10日內	審酌案件情節議決停聘6個月至3年通過後10日內	主管機關核准後，予以終局停聘。

資料來源：作者整理

三、教師體罰、霸凌、違法處罰與不當管教學生之懲處

　　除專科以上學校教師由學校依校內規定處理外，高級中等以下學校教師之行為若經教評會審議認定不符合《教師法》第14條第1項、第15條第1項、第16條第1項及第18條第1項規定之情事，學校應另送考核會依《考核辦法》第6條規定審議是否有第4款記大過、第5款記過以及第6款申誡之情事。尤其是第6條第1項第4款第4目：「體罰、霸凌或其他違法處罰學生，造成學生身心傷害，情節重大，而未達解聘、不續聘或終局停聘之程度。」第7目「行為違反相關法規，情節重大，而未達解聘、不續聘或終局停聘之程度。」記大過之情事，或第6條第1項第5款第3目「體罰、霸凌、不當管教或其他違法處罰學生，造成學生身心傷害。」或第11目「其他違反有關教育法令規定之事項。」記過之情事，以及第6款第4目「對學生之輔導或管教，未能盡責。」、第7目「教學、輔導管教行為失當，有損學生學習權益。」、第8目「體罰、霸凌、不當管教或其他違法處罰學生，情節輕微經令其改善仍未改善。」或第10目「其他違反有關教育法令規定之事項，情節輕微。」申誡之情事。對教師所為之懲處，記大過、記過、申誡之規定，並得視其情節，核予一次或二次之處懲。

　　教師平時考核之懲處依《考核辦法》第8條規定，考核會辦理平時考核獎懲之初核或核議事項。考核會會議時，應有全體委員1/2以上出席，出席委員過半數之同意，始得決議。但審議教師年終成績考核、另予成績考核及記大功、大過之平時考核時，應有全體委員2/3以上出席，出席委員過半數之同意，始得決議。考核會為決議時，迴避之委員不計入該項決議案之出席人數。（《考核辦法》第10條）

　　考核會完成初核，應報請校長覆核，校長對初核結果有不同意見時，應敘明理由交回復議，對復議結果仍不同意時，得變更之。校長為變更時，應於考核案內註明事實及理由。（《考核辦法》第14條）

陸 結論與建議

　　教師體罰或霸凌學生之事件層出不窮，家長與學校之間認知可能有差異、學校與老師之間認知可能有差異，而當事家長與涉案教師之間立場迥異、利害衝突更加明顯。但無論何者，學校都必須以學生之最佳利益作優先考量，以保障學生之學習與受教育權益以及其他人權之維護作為最重要之考量。事件一旦發生，學校應立即依法處理，明快公正地調查，交由教評會或考核會作符合教育專業的判斷，作出合法、合理之處理，並合情的執行與輔導。唯有依法辦理、明確調查，合理審議、判斷或裁量，不違背教育專業、不師師相護、不掩飾真相、不屈從輿論與政治壓力，還給當事人真相與正義，才能建立符合法治國家的友善校園，使學生真正感受學習民主與法治的價值。

　　另外，根據本文前述之分析，可以提出以下幾點建議供主管機關參考：

1. 教師體罰與霸凌學生之調查處理程序採雙軌制有無必要？校事會議與防霸小組之組成人員差異不大，但對學生之輔導與對教師的輔導卻差異甚大，對教師採雙軌制增加學校處理上之困擾，也沒有特別之優點，建議未來應考慮合併處理。否則防霸小組認定非霸凌卻構成體罰時，是否要再回去適用校事會議調查程序會？或是防霸小組的調查結果可拘束校事會議？都會構成困擾。

2. 「身心嚴重侵害」、「身心侵害」、「身心虐待」、「身心傷害，情節重大」與「身心傷害」等，以及「有解聘及終身不得聘任為教師之必要」、「有解聘之必要」、「有停聘之必要」等不確定法律概念之認定，中央主管機關應參照過去實務見解，發展較客觀化之參考指標與判斷基準，也應發展出「一至四年不得聘為教師」之裁量基準，

避免不同學校處理結果差異過大，引發社會爭議。

3. 有關教師體罰或霸凌學生之規定，其適用順序、調查單位、審議及認定程序、調查及審議結果之拘束力，以及標準作業流程，應有更明確之規範，以方便學校實務之遵循與操作，減少可能之爭議。

最後要再次呼籲，主管機關應協助並監督學校作出合法妥適的審議決定，學校也應以較高的教育專業與倫理標準處理師生、親師間的爭議與衝突，履行國家防止學生受到任何體罰與霸凌之義務。

參考文獻

一、專書論文

下村哲夫著，《教育法規便覽》，平成七年版（東京：學陽書房，1994年）。

田边勝二，《憲法と教育行政法》，（東京：バリエ社，昭和63年）。

坂本秀夫著，《生徒懲戒の研究》，再版（東京：學陽書房，昭和58年）。

李美華譯，〈正面管教：接納、友善的學習教室〉，聯合國教科文組織（UNESCO）製作，（臺北：人本教育基金會，2007）。

周志宏著，〈析論我國學生懲戒制度之法律問題〉，收於《教育法與教育改革》增訂新版，（臺北：高等教育，2000）。

教育部委託，《教育部「修正校園霸凌防治準則暨研擬校園霸凌防制條例」計畫》期末報告，計畫主持人周志宏，（臺北：國立臺北教育大學，民國107年5月）。

黃崇銘著，〈評教師霸凌法制之發展〉，收於國立臺北教育大學教育經營與管理學系舉辦，第二屆教育與法律國際學術研討會會議手冊，2021年9月17日。

楊雅音著，〈我國校園霸凌防制制度之研究——以校園霸凌防制準則為中

心〉，國立臺北教育大學教育經營與管理學系文教法律碩士班碩士論文，民國104年11月。

顏厥安、周志宏、李建良著，《教育法令的整理與檢討》，（臺北：行政院教育改革審議委員會，民國85年）。

Olweus, D. (1993). *Bullying at school: What we know and what we can do.* Oxford, UK: Blackwell.

二、行政函令

教育部92年5月30日台訓（一）字第0920074060號函。

教育部109年11月11日臺教授國部字第1090126278B號令。

三、網路資料

立法院法律系統https://lis.ly.gov.tw/lglawc/lawsingle?00162E3BC7FE0000000 00000000000A000000002FFFFFA00^01734102122400^00007001001，最後造訪日期：2021.8.28.

教育部辦理99年度「維護校園安全（反霸凌）工作研習」教育部新聞稿，https://csrc.edu.tw/bully/new_view.asp?Sno=1387，最後瀏覽日期：2021年8月3日。

教育部，「防制校園霸凌中央、地方及學校分工合作」簡報，100年1月24日，https://www.google.com.tw/url?sa=t&rct=j&q=&esrc=s&source=web&cd=11&cad=rja&uact=8&ved=0ahUKEwj73reJ7NPWAhWCopQKHRS1BYQ4ChAWCCMwAA&url=http%3A%2F%2F140.111.1.88%2Fdownload%2F19&usg=AOvVaw0Ii--OgPTdE9IdJtAJBnmB最後瀏覽日期：2020年8月3日。

國立員林農工高級職業學校https://www.ylvs.chc.edu.tw/resource/openfid.php?id=37976，最後瀏覽日期2021-07-26。

四、新聞報導

《自由時報》，〈賞巴掌、曝弱勢學生隱私？國中教師被控長期霸凌學生〉，https://news.ltn.com.tw/news/life/breakingnews/3211760，最後瀏覽

日期2021-07-26。

《鏡》，〈為求完美恐嚇學童　公然辱生「你心理有問題」〉，https://www.mirrormedia.mg/story/20180320soc010/，最後瀏覽日期2021-07-26。

《聯合新聞網》，〈桃園中山小學生疑遭師撕作業霸凌 教育局啟動調查〉，https://udn.com/news/story/6898/5367043，最後瀏覽日期2021-07-26。

《蘋果日報》，〈掐脖狠K頭 名校師霸凌生 家長提告 師遭判拘100天〉，https://tw.appledaily.com/headline/20200331/RUD5FLZPMSDD3JXIOQH7R3C2FE/，最後瀏覽日期2021-07-26。

五、法院裁判

臺北高等行政法院95年訴字第1436號判決。

最高行政法院104年判字第602號判決。

最高行政法院104年裁字第1378號裁定。

最高行政法院109年判字第313號判決。

第六章

「教學不力或不能勝任工作有具體事實」作為中小學教師不適任事由
—— 聚焦於處理程序與相關爭議

呂理翔

摘要

　　「教學不力或不能勝任工作有具體事實」乃不適任教師的代表類型之一，其直接影響學生的受教權，且增加學校其他教師與教育行政的負擔。學校依據現行《教師法》、《高級中等以下學校教師解聘不續聘停聘或資遣辦法》或《高級中等以下學校教師專業審查會組成及運作辦法》等執行此類不適任教師的調查、輔導、審議時，應注意遵守已屬《憲法》誡命之正當行政程序原則；2020年新修正《教師法》改革不適任教師審議汰除程序正是以落實前述原則、確保教師權益為目標。本文彙整2003年以來「教學不力或不能勝任工作」之類型與處理程序規範，製成表格以清晰呈現各種程序事項在不同時期的規定差異，俾突顯學校踐行正當程序時可能遭遇的問題，並借助文獻與主管機關解釋令函，或援用《行政程序法》及行政法上原理原則，就此等問題提出法律上的判斷或建議，使此項對教師身分、名譽與財產權益均有重大影響的決定，得以經由適法的程序獲得正當性，提高決議之可信服性，紓減學校行政壓力，重新建立社會各界對於不適任教師汰選機制的信心。

關鍵詞：教師法、教學不力、不能勝任工作、不適任教師、專審會

壹 前言

　　在教育學領域時常援引「海恩法則」，說明教育組織內的重大事故常由原本微不足道的隱患累積而成；因此，組織應及早準備，做好預防工作，避免事故一再發生。學校作為教育行政組織，直接關係學生受教權、教師教學研究權利的實現，尤其應該做到「小事不大意，事先能預防」[1]。自1995年《教師法》制定以來，中小學教師有「教學不力」或「不能勝任工作」的具體事實，均構成解聘、停聘或不續聘的事由[2]，正是為了避免不適任教師繼續服務可能對學生權益造成更大損害，所建構之篩選汰除制度。然而，相對於社會過去認為不適任教師汰除制度欠缺效率，各方常究其原因是「師師相護」或「行政包庇（怠惰）」爭論不休[3]，在超過四分之一世紀施行時間裡歷經十餘次修正，直至2019年修正通過現行《教師法》，才直接針對不適任教師處理機制進行修正。行政院在通過此部草案提送立法院時特別強調：「本次修法係為回應社會各界對於違反法律、教學不力或不能勝任現職之教師應積極處理的強烈期待，完善不適任教師處理機制，加快相關案件處理速度，以增進教師教學品質，維護學生權益。」[4]在此之前，教師不適任事由雖已於《教師法》規定，

1　吳清山，〈海恩法則〉，《教育研究月刊》，第327期，2021年7月，頁115。

2　自1995年至2011年12月14日修正之前，均規定於該法第14條第1項第8款，該次修正將此項事由移至第14條第1項第9款，至2013年6月27日再因增訂不適任事由而移至同條項13款，同年12月24日再移至同條項第14款，直到最近一次《教師法》全文修正（2019年5月10日）改列為第16條第1項第1款。

3　可參見：林育綾，〈包庇惡師關鍵在校長！全教總反對教師法惡修　用行動劇批政府搞錯重點〉，Ettoday新聞雲，2019年04月29日，https://www.ettoday.net/news/20190429/ 1432919.htm；林上祚，〈教評會教師比例成攻防焦點！全國教師會：比例減少，不適任教師更難解決〉，風傳媒，2019年3月7日，https://www.storm.mg/article/1033995（最後瀏覽日：2022.12.4）。

4　行政院2019年3月7日第3642次院會；參見：教育部，〈教師法修正後將提升不適任教師處理之效率與公平正義〉，新聞稿，https://reurl.cc/MNpOE4（最後瀏覽日：2022.12.4）。

但檢舉、調查、輔導、審議等處理程序均由教育部以法規位階較低的行政規則發布規範，是否符合法律保留原則實有疑義。

　　本章擬以中小學教師不適任事由——「教學不力或不能勝任工作有具體事實」爲探討重點，依據2019年修訂通過之《教師法》及其相關子法爲主要法理依據，聚焦於不適任處理程序與相關爭議，期能藉由法規與實務的檢視與對話，提供相關人員進行符合正當行政程序處理之參。

⌈貳⌋ 法規依據

一、教學不力或不能勝任工作的認定基準

　　教育法學研究曾嘗試將「教學不力」與「不能勝任工作」定義爲：教師在主觀意願與客觀行爲兩個面向上的工作不適任情形。前者係指「教師個人主觀上因其他因素，雖有能力但故意怠忽教學的良心，或未具備最低的敬業精神」；後者則是「教師個人客觀上欠缺教學能力無法擔任教育工作」，且經歷相當時間的觀察後，仍在客觀上無法期待其能回復「教學能力」[5]；不過，主管機關在法規上並未選擇此種定義式立法。教育部在2003年訂定發布《處理高級中等以下學校不適任教師應行注意事項》（以下簡稱「注意事項」）[6]，將不適任教師處理流程明確化，俾高中以下各級學校有所遵循，同時也意識到「教學不力或不能勝任工作」屬於高度抽象的不確定法律概念，有具體說明的必要，乃以注意事項的附件臚列「參考基準」，經過2015年及2017年兩次修改，在《教師法》修正通過後頒布現行解釋令[7]。就結果而言，「參考基準」與解釋令內容，基本上包含教育學者Edwin M. Bridges在1980至90年代歸納出的教師不適任五項類型：技術上的缺失、行政上的缺失、倫理上的缺失、教學結果的缺失與個人的

---

[5]　李惠宗，《教育行政法要義》，二版，2014年1月，頁205-206。

[6]　教育部〈92年5月30日台人(二)字第0920072456號函〉訂定發布。

[7]　各時期處理基準與現行解釋令之文號出處，參見下述表6-1。

缺失[8]。然而教師不適任類型的學說理論不止一端[9]，這種二十多年來沿用至今、以描述違失類型代替概念解釋的立法體例，即使在參考基準與解釋令末款均有「其他不適任之具體事實」作為補充性的概括規定，在欠缺「教學不力」或「不能勝任工作」的規範性內涵下，「參考基準」或現行解釋令能否周延涵蓋此類教師不適任行為，實有檢討之必要[10]。

　　以下先以對照表呈現教育部關於「教學不力、不能勝任工作」的描述，並就始終存在的類型合併列示，以突顯各階段差異。值得注意的是，比較現行《教師法》修正前後的類型描述，可以發現教育部過去對「教學不力、不能勝任工作」的部分類型採取較嚴格標準，如親師溝通不良或班級經營欠佳須達到「情節嚴重」，或教學輔導的消極不作為須導致「教學無效」，才能構成不適任；但在《教師法》修正施行後，則明顯將前述標準下調，包括：親師溝通不良係主要歸責於教師、有班級經營欠佳的具體事實，或因教師不作為導致教學成效不佳等。此舉固然可以避免不適任教師在文義上斤斤計較，動輒以未達「情節嚴重」或教學並非完全「無效」而脫免輔導或汰除程序，但也因此突顯在最終決定作成前，適法進行調查、輔導、審議程序的重要性，據以正確而具說服力的認定不適任事實，減少學校在處理不適任教師時，因程序瑕疵而喪失維護學生受教權及創造合宜教學工作環境的動力[11]。

8　Bridges, Edwin M., Managing the Incompetent Teacher, 2nd. Edition, 1990: Eugene, Oregon, p.6；各類型內涵的中文介紹，參見：吳美鳳，〈從學生受教權與教師工作權孰重論不適任教師處理機制之探討〉，行政院人事行政局98年度人事行政研究發展作品，頁6（表2-3-1 不適任教師類型彙整表），https://www.dgpa.gov.tw/Uploads/public/Attachment/04271250972.pdf

9　其他分類方式，如：吳承儒·黃源河，〈小學不適任教師形成因素影響與處理困境：一所國小的訪談結果〉，《臺灣教育評論月刊》，2013年，第2卷第12期，頁68以下（頁68）；許育典·林維毅，〈中小學不適任教師的處理機制與分析：以教學不力或不能勝任工作為例〉，《台灣法學雜誌》，第410期，2021年2月，頁1以下（頁1；3-4）。

10　行政院院長曾於2004年6月9日行政院第2893次院會就「行政院所屬各機關主管法案報院審查應注意事項」提示：「各部會在研擬草案時應該要慎重將事，不論是政策面、執行面乃至於法制面，都應該審慎研酌，務期周延可行。」

11　趙曉美，〈疑似不適任教師處理機制之探討——以「教學不力」為焦點〉，

表6-1

「教學不力或不能勝任工作有具體事實」之認定參考基準或解釋令

2003年、2015年[12]、2017年[13]〈處理高級中等以下學校不適任教師應行注意事項〉附件四（附表二）	2020年「高級中等以下學校適用《教師法》第十六條第一項第一款之解釋令」[14]
一、不遵守上下課時間，經常遲到或早退者。	
二、有曠課、曠職紀錄且工作態度消極，經勸導仍無改善者。	
三、以言語羞辱學生，造成學生心理傷害者。	三、以言語、文字或其他方式羞辱學生，造成學生心理傷害。
四、體罰學生，有具體事實者。	
五、教學行為失當，明顯損害學生學習權益者。	
六、親師溝通不良，可歸責於教師，<u>情節嚴重</u>者。	六、親師溝通不良，且<u>主要</u>可歸責於教師。
七、班級經營欠佳，<u>情節嚴重</u>者。	七、班級經營欠佳，<u>有具體事實</u>。
八、於教學、訓導輔導或處理行政過程中，採取消極之不作為，致使教學<u>無效</u>、學生異常行為嚴重或行政延宕，且有具體事實者。	八、於教學、輔導管教或處理行政事務過程中，消極不作為，致使教學<u>成效不佳</u>、學生異<u>常行為</u>嚴重或行政延宕，且有具體事實。
九、在外補習、不當兼職，或於上班時間從事私人商業行為者。	
十、推銷商品、升學用參考書、測驗卷，獲致利益者。	十、推銷商品、升學用 考書、測驗卷，獲致私人利益。

《臺灣教育評論月刊》，2013年，第2卷第12期，頁54以下（頁56）；張旭政，〈從實務觀點看「教學不力或不能勝任工作者」之不適任教師之處理〉，《臺灣教育評論月刊》，2013年，第2卷第12期，頁60以下（頁60）。

12 〈104年2月5日臺教授國字第1040008813號函〉。

13 〈106年6月28日臺教授國部字第1060056432號函〉。

14 〈109年11月11日臺教授國部字第1090126278B號令〉。

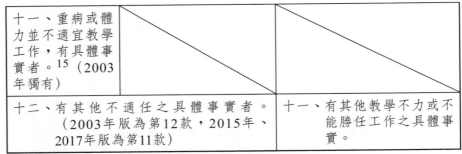

| 十一、重病或體力並不適宜教學工作，有具體事實者。[15]（2003年獨有） | | |
| 十二、有其他不適任之具體事實者。（2003年版為第12款，2015年、2017年版為第11款） | | 十一、有其他教學不力或不能勝任工作之具體事實。 |

（按：底線為本研究所加，以突顯新寫規定之差異。）

二、教學不力或不能勝任工作的調查、輔導及審議程序

　　爲認定教師是否確實不適任而應予解聘、停聘、不續聘或資遣，教育部配合現行《教師法》之施行訂定《高級中等以下學校教師解聘不續聘停聘或資遣辦法》（以下簡稱《教師解聘辦法》）以及《高級中等以下學校教師專業審查會組成及運作辦法》（以下簡稱《專審會運作辦法》，以授權命令的位階規範中小學以及主管機關處理不適任教師解聘、不續聘、停聘或資遣的程序事項；此外，另發布屬於行政規則位階的《教師法修正施行後辦理解聘不續聘停聘及資遣案件注意事項》（以下簡稱「修正後注意事項」）[16]，讓各級學校辦理新舊法交替期間的教師解聘、不續聘、停聘及資遣案時有所遵循。在此之前，以「注意事項」作爲依據的法令位階雖低，且可能牴觸法律保留原則，但過去至今並無個案就此有所爭執，中小學教師如有疑似教學不力或不能勝任工作的情形，均依據「注意事項」辦理，《教師解聘辦法》也繼受注意事項的規定。最明顯的共同點是，學校處理過程區分爲「察覺期」、「輔導期」與「審議期」等三階段，各階段有不同的程序要求，現行《教師解聘辦法》雖然沒有使用這三階段的名稱，但仍維持此結構。

15　本款規定內容本質屬於資遣要件（參照現行教師法第27條第1項第2款後段），自2015年修正「處理高級中等以下學校不適任教師應行注意事項」後，即不再列爲「教學不力或不能勝任工作」之事由。

16　教育部〈109年7月31日臺教人(三)字第1090094386號令〉發布。

以下將先臚列各階段處理程序重點，並以此表格為基礎，後續再指出新舊法差異及現行法有關「教學不力、不能勝任工作」認定程序可能發生的疑義。

表6-2
學校處理教師有教學不力或不能勝任工作時各階段程序注意事項
階段一：進入察覺期之前

法規 程序 重點	2003年版 注意事項	2015年版 注意事項	2017年版 注意事項	2020年《教師解聘辦法》
程序開啟	主管機關或學校發現或接獲投訴	主管機關或學校接獲投訴或主動發現		1. 學校接獲檢舉或知悉。 2. 非屬不應受理的檢舉17。
通知檢舉人	未規定			1. 接獲檢舉後20日內，書面通知檢舉人是否受理；如無法通知者，免予通知。 2. 不受理檢舉應於書面通知中敘明理由。

17　依據《教師解聘辦法》第3條第2項，個案舉如：1.非屬同辦法第2條規定之事項（於本文係指《教師法》第16條第1項第1款之教師教學不力、不能勝任工作情事），2.無具體之內容或檢舉人未具具體姓名或住址、或3.同一案件已處理完畢，學校應不予受理。上述條件於2017年注意事項中，係規定為「不予調查之要件」。

階段二：察覺期（事證調查）

法規　　程序重點	2003年版注意事項	2015年版注意事項	2017年版注意事項	2020年《教師解聘辦法》/《專審會運作辦法》
是否成立調查小組	學校視個案情形成立調查小組主動進行查證	校長在48小時內邀集教師會、家長會及行政人員等代表研商是否成立調查小組	1. 校長於5日內邀集教師會代表、家長會等決定是否組成個案判斷案件情形，調查小組成自行調查或向主管機關申請專審會調查。 2. 主管機關接獲申請後10日內，提專審會決定是否受理。	**校內調查小組** 學校應於檢舉或知悉後5日內召開校園事件處理會議（下稱校事會議）。 1. 校事會議成員5人，包含：校長、家長會代表、行政人員、學校教師會代表、學者或專家或社會公正人士，並遵守性別比例限制。表18 2. 校事會議應組成調查小組成或經校事會議決議向主管機關申請專審會調查。 **專審會調查小組** 教師解聘辦法規定：非屬檢舉不予受理情形，即應進行調查
不予調查之要件	未規定		1. 非屬教學工作不力、不能勝任工作情事。 2. 投訴人未具真實姓名及聯絡方式。 3. 同一事件已處理完畢。	**校事會議調查小組** 教師解聘辦法未規定 **專審會調查小組** 1. 申請文件、資料不全或學程序不完備，經通知屆期未補正。 2. 經學校調查完竣，請專審會調查。 3. 非屬教學不力、不能勝任工作之案件。

18 學校無教師會者，由該校未兼行政或董事之教師代表擔任。

法規 程序重點	2003年版注意事項	2015年版注意事項	2017年版注意事項		2020年《教師解聘辦法》/《專審會運作辦法》	
			校內調查小組	專審會調查小組	校內調查小組	專審會調查小組
調查小組成員	未規定	1. 調查小組由校長召集成立，成員包括處室主任、科主任、學校及教評會（學校教師會尚未成立者，不置代表）、教評會代表、教師會代表。 2. 必要時得邀請學者專家或社會公正人士。	同2015年版注意事項	1. 組成2人或3人調查小組。 2. 調查小組成員中，學校申請之教師至多1人得參與調查。	1. 3人或5人為原則，應包含教師會代表及家長代表。 2. 得由教育、兒少福利、法律、領域、學科者審導人才庫之調查輔導人員擔任。 3. 專家學者、兒少及學域、專家調查人才庫之調查輔導人員擔任。	1. 調查及輔導人才庫之調查名單中選3人或5人。調查員名單應由專審會運作辦法第7條第1項之資格。 2. 調查員應具備專審會運作辦法第7條第1項之資格。
調查程序要求	處理過程詳實紀錄	1. 調查期程以14日內為原則，不得超過30日。 2. 處理過程詳實記錄。	同2015年版注意事項	1. 調查期程以14日內為原則，不得超過30日。 2. 調查當事人及其服務學校應配合提供資料及其他必要協助。	1. 調查小組應於組成後30日內完成調查；得予延長，延長期間不得逾30日。 2. 教師、檢舉人及學校應提供資料。 3. 通知被檢舉人如拒絕配合調查或檢舉人如有撤回檢舉。 4. 被調查者與處理人員避免有所接觸。 5. 所有參與調查人員對於當事人之姓名及其他足以辨識身分之資料，均負有保密義務。	1. 調查小組應於組成後30日內完成調查：必要得予延長，延長不得逾30日。 2. 學校及檢舉人及學校相關人員應配合調查小組。 3. 調查及輔導人員提供資料應以書面為之；檢舉人如為書面檢舉。 4. 被調查者與檢舉人如有權力不對等情形，應避免。 5. 所有參與調查及處理檢舉人之姓名及其他足以辨識身分之資料，均負有保密義務。

法規＼程序重點	2003年版注意事項	2015年版注意事項	2017年版注意事項		2020年《教師解聘法》/《專審會運作辦法》	
			校內調查小組	專審會調查小組	校內調查小組	專審會調查小組
通知調查結果	10日內以書面通知當事人查證結果	同左	同左	3. 調查結束後10日內，將調查報告提專審會調查小組會議，於專審會議中列席說明。 經專審會審議調查報告之決定，應以書面通知學校及當事人。	提校事會審議：審議時，調查小組應派代表列席說明。	1. 經專審會議決議，如無輔導改善可能，或有情形19，移送完全無速失情事而應結案，由主管機關檢附結案報告，以書面通知學校。 2. 經專審會議決議，如可能輔導改善者，由專審會輔導等。
主管機關職責	未規定	處理結果向主管教育行政機關通報		未規定	未規定	未規定

---

19 參見：《公立高級中等以下學校教師成績考核辦法》第6條：「教師之平時考核，應隨時根據具體事實，詳加記錄；其有合於第二項獎懲基準之情形者，應予以獎勵或懲處。獎勵分記大功、記功、嘉獎；懲處分記大過、記過、申誡、其基準規定如下：（下略）。」

階段三：輔導期

法規 / 程序重點	2003年版注意事項	2015年版注意事項	2017年版注意事項	2020年《教師解聘辦法》/《專審會運作辦法》	
				校內輔導小組	專審會輔導小組
程序開始	經學校通知後仍未改善，學校認有效進行輔導之必要	學校或調查小組就個案，經查有教學不力或不能勝任工作有具體事實，認為有輔導之必要者	1. 學校或專審會就個案之具體事實，經查有教學不力或不能勝任工作有具體事實之情事，認為有輔導之必要。2. 學校得自行輔導或向主管機關申請協助輔導。	1. 經校事會議調查報告，有輔導改善可能。2. 決議由校事會行專審會議申請專審會輔導。20	專審會輔導小組，經專審會議調查審報告，有輔導改善可能
無輔導改善可能		無需輔導者，即進入評議期	無需輔導者，即進入評議期	無輔導改善可能：經校事會議或專審會議認定 1. 因身心狀況或其他原因，無法輔導改善。2. 曾因相同事由經學校或專審會輔導，當時輔導改善有成效後，三年內再犯。	無輔導改善可能：經校事會議或專審會議認定 1. 因身心狀況或其他原因，無法輔導改善。2. 曾因相同事由經學校或專審會輔導改善有成效後，但三年內再犯。

20 校事會議決議申請主管機關審議會輔導時，並應注意：1.申請文件、資料不全或流程序是否完備，如不完備、主管機關通知學校於7日內補正；2.如經學校調查完竣，認無輔導改善之可能，不得申請專審會輔導，不得申請專審會輔導；3.經學校輔導會輔導；4.教學不力、不能勝任工作之事由，曾經學校專審會輔導，並認輔導改善有成效後，三年內再申請輔導。學校申請如違反上述規定，將不予受理。（《專審會運作辦法》第11條第2、3項）

法規 程序 重點	2003年版 注意事項	2015年版 注意事項	2017年版注意事項		2020年 《教師解聘辦法》/《專審會運作辦法》	
			校內自行輔導	專審會輔導	校內自行輔導	專審會輔導
輔導人員安排	1. 校長召集成立處理小組21。 2. 安排1至2位資深教師擔任輔導員進行輔導。	安排1位至2位績優教師擔任輔導員進行輔導	學校應安排1位或2位績優教師擔任輔導員進行輔導	1. 主管機關於接獲申請學校申請後10日內，提專審會決定是否受理。 2. 專審會認為有輔導必要者，應組成2人或3人之輔導小組進行輔導。 3. 輔導小組成員中，申請學校之教師至多1人得參與輔導。	1. 校事會議小組組成，成員以3人或5人為原則。 2. 成員包括優績，並得由學校外，教師、教育律者、兒童及少年福利及者家或人才擔任。	1. 自專審會人才庫名單中遴選3人或5人，組成輔導之輔導小組。 2. 輔導小組應有具備辦法第10條第1項第1款或第1款資格各1人。

---

21 成員含相關處室主任（組長）、學校教評會、學校教師會及家長會代表等，必要時得邀請學者專家或社會公正人士。學校尚未成立教師會者，不置代表。

法規 程序 著重點	2003年版 注意事項	2015年版 注意事項	2017年版注意事項	2020年 《教師解聘辦法》/《專審會運作辦法》
輔導方式	處理小組應不定期派員了解不適任教師教學改善情形，並作成紀錄			召開輔導會議、入班觀察或以其他適當方式，輔導教師改善教學情形
其他協助輔導人員		必要時得尋求法律、精神醫療、心理或教育專家之協助		得請求提供醫療、心理、教育之專家諮詢或其他必要之協助
當事人與其他人員配合義務	未規定		當事人及其服務之學校或單位應予配合，並提供相關資料及其他必要協助。	教師及其服務學校應予配合及協助；教師從聘合會合併教師時，從聘學校亦應配合及協助
輔導期程	以2個月為原則，並得視輔導對象或個案情形酌予延長，最長以6個月為限	以2個月為原則，並得視輔導對象或個案情形或參酌專家建議予以延長，最長以1個月為限		輔導期間以2個月為原則；必要時，得予延長，延長期間不得逾1個月，並應通知教師（專審會應通知學校）

法規程序重點	2003年版注意事項	2015年版注意事項	2017年版注意事項	2020年《教師解聘辦法》/《專審會運作辦法》
輔導無成效之情形	未規定	同一事由曾經輔導期輔導，並經調查小組審議具改進成效後三年內再犯	1. 啟動輔導機制後拒絕輔導，或以曠課或曠職方式拒絕輔導計畫之實施；或於接受輔導會議，出席期間未達三分之二，不配合輔導小組觀察或認定其有其他輔導極消情事具消。 2. 同一事由曾經輔導，並經認定具改進成效後三年內再犯。	1. 規避、妨礙或拒絕輔導。 2. 輔導期間，出席輔導會議次數未達三分之二或不配合入班觀察。 3. 其他經輔導小組認定輔導改善無成效之情形。
輔導報告之製作	無製作輔導報告之要求			輔導期間屆滿，提校事會議或審議；輔導小組應製作輔導報告時，輔導小組應推派代表列席說明

法規程序重點	2003年版注意事項	2015年版注意事項	2017年版注意事項	2020年《教師解聘辦法》/《專審會運作辦法》
結案（輔導有成效）				1. 經校事會議或專審會審議，決議者，應予主管機關檢附檢附結案報告，以書面通知學校「教師經輔導改善有成效的情形」。 2. 學校視其情節移送考核會或依法組成之相關委員會審議。
進入評議程序之要件	輔導期程屆滿時，輔導無改進成效者	學校或調查小組認為無需輔導，或輔導期程屆滿時，其輔導結果並無改進成效者	1. 學校認為無需輔導，或輔導期程屆滿時，其輔導結果並無改善成效。 2. 專審會認為無需輔導，或其輔導期程屆滿時，其輔導結果並無改進成效，經審議決定後，學校關通知相關機關。	經校事會議或專審會審議，決議「教師經輔導無改善成效」，決送主管機關，以書面通知學校附結案報告。
提送教評會審議之時程	未規定	5日內	5日內	學校應自校事會議決議或收受專審會結案報告後，10日內提報教評會審議

階段四：審議期

程序重點 / 法規	2003年版注意事項	2015年版注意事項	2017年版注意事項（2014年修正後之舊《教師法》）	現行《教師法》/2020年《教師解聘辦法》/《專審會運作辦法》
審議程序注意事項	1. 學校應檢具相關資料，邀請當事人列席說明。 2. 必要時得邀請相關人員列席。		學校教評會審議經申請調查及輔導之案件，應參酌專審會之審議決定	並未規定（應適用《行政程序法》及行政法上一般原理原則22）
審議可決人數	1. 經教評會委員三分之二以上之出席及出席委員三分之二以上之決議通過。 2. 決議時應採記名投票。	應經教評會委員三分之二以上出席及出席委員三分之二以上之審議通過（第14條第2項）	學校教評會委員三分之二以上出席及出席委員三分之二以上之審議通過（舊《教師法》）	1. 經教師評審委員會委員三分之二以上出席及出席委員三分之二以上之審議通過。 2. 不適任教師為高級中等以下學校教師申請教師評審委員會向學校調查，且審查會委員三分之二以上出席及出席委員二分之一以上之審議通過。 3. 學校得向主管機關申請由審議進行審議（《教師法》第17條第1項）：可決比例同2。

22　《行政程序法》第3條第3項第7款規定，對公務員所為之人事行政行為不適用該法之程序保障規定，惟依法務部歷來解釋，本款所指不適用《行政程序法》之範圍已大幅限縮。有關教評會正當行政程序要求，參見下述說明。

法規\程序重點	2003年版注意事項	2015年版注意事項	2017年版注意事項（2014年修正後《教師法》之審之《教師法》）	現行《教師法》/2020年《教師解聘辦法》/《專審會運作辦法》
另就資遣、退休審議進行審議	未規定			1. 教評會依《教師法》第16條第1項第1款決議解聘、不續聘時，應再就教師所涉之情節是否宜，進行審議。 2. 如經教評會委員三分之二以上出席及出席委員三分之二以上惡意之審認非出於教師本人之通過，校應依《教師法》第27條第1項規定辦理資遣（施行細則第13條；修正施行注意事項三、(一)）。 3. 教師如已符合退休資格，經核准退休之日起1個月內依規定辦理辦理退休，並以原退休生效日為退休生效日（《教師法》第27條第2項）。
報主管機關核准、通知當事人	未規定	學校應自決議作成之日起10日內，需輔導無附。或效，仍無紀會相關報主管改進、教紀資料、教育機關核准，並以書面附理由通知當事人	學校應自決議作成之日起10日內報主管教育行政機關核准，並同時以書面附理由通知當事人	1. 決議作成之日起10日內通報主管機關，並於核准後，予以解聘、不續聘、並無終聘（原校一定期間不得擔任教師之限制）。 2. 以書面附理由通知當事人，並教示提起救濟之方法、期間與受理單位等（《教師法》第26條第1項）。

貳　調查、輔導及審議程序可能爭議

　　現行《教師法》施行後，以校事會議為起點的教師疑似「教學不力、不能勝任工作」審議程序，對高中以下各級學校而言，至少產生三項挑戰：學校行政業務量大增、學校處理資源不足、以及處理人員對法定程序不熟悉等[23]。對照近十年前學校在處理教師教學不力或無法勝任工作所面對的困境，包括「定義不明確，無法用量化的方式做客觀衡量」、「負責審議的教評會成員與家長對教學不力的認定有所差異」、「對於處理不適任教師存有心理障礙」[24]等，係以構成要件定義或解釋上的爭議為主，更可以突顯《教師法》在此十年內強化調查、輔導、審議程序的建制，落實大法官解釋揭櫫的正當行政程序理念——透過適法的進行程序，保障在審議程序中較屬弱勢的教師地位與權利、協助學校及主管機關獲取充分資訊，提高最終決定之正確性及可接受度[25]。另一方面，即使沒有增訂新的不適任事由，但程序執行本身也成為學校行政沉重的負擔。因為在前述正當行政程序理念的指引下，如審議程序違法必須重新進行程序，可能導致行政業務與處理資源更沉重負擔，甚至有相關人員將遭追究行政責任（《教師法》第26條第2項參照），因此正確了解法規要求將是化解另兩項問題之前提。以下將依照前述整理之處理程序對照表，嘗試歸納執行不適任教師審議程序時應注意的事項。

一、檢舉不受理的要件

　　按照表6-2的整理，《教師解聘辦法》設立《教師法》修法前沒有的

23　陳湋侖，〈校事會議機制探討與建議〉，《臺灣教育評論月刊》，2022年，第11卷第2期，頁 91以下（頁96）；類似的觀察：張旭政，前揭文（註7），頁60-61。

24　趙曉美，前揭文（註7），頁54。

25　有關「正當行政程序」原則，參見〈大法官釋字第663號〉（解釋理由書）、〈第709號〉、〈第731號〉及〈第739號〉等解釋。

「校事會議」，以其決議啟動疑似不適任教師調查處理程序[26]。依該辦法規定，學校接獲檢舉或知悉教師疑似有教學不力、不能勝任工作的情形，除非屬於應不予受理的檢舉，均應於5日內召開校事會議。因此，為避免學校因檢舉制度遭濫用而須頻繁召開校事會議，應該詳細檢視檢舉案是否有《教師解聘辦法》第3條的不受理情事。在三項要件中，「無具體之內容或檢舉人未具真實姓名或住址」（黑函）或「同一案件已處理完畢」的情形，較容易判斷。於此應注意《行政院及所屬各機關處理人民陳情案件要點》第14點規定，受理機關得不予處理，但仍應予以登記，以利查考。另外，法務部也曾就匿名檢舉違章建築案件作成函釋，受理機關如仍予以受理並非違法，且認為檢舉制度重點在於所指地點是否確有違建發生，而無關檢舉人之姓名住址是否真實，因此除檢舉之違建地點不詳無法查報外，匿名檢舉、陳情違章建築可彌補主管建築機關漏失應查報之違章建築[27]。因此，學校接獲匿名檢舉、但教師疑似不適任情事之陳述具體明確時，加以受理進行調查，亦非違法。

較有疑義者是《教師解聘辦法》第3條第2項第2款「非屬前條（教師解聘辦法第2條）規定之事項」，因其可能涉及教師不適任情事的實質認定。本文認為，若和第2條規定的各類不適任事由明顯無關的情形（例如批評教師心胸狹窄、不孝順父母），自應予不受理，至於其他疑似不適任個案，由於校事會議一旦決定不受理，後續程序就無從展開，故校事會議應避免片面、草率否定「不適任情事」的存在，而侵越後續調查小組與教評會的認定權限，但校事會議對檢舉內容的審酌程度為何，主管機關則尚未有所解釋，本文認為可採歷史解釋法推論出較具體標準。按照《教師

26　除了本研究主題的「教學不力、不能勝任工作」，教師如有「知悉服務學校發生疑似校園性侵害事件，未依《性別平等教育法》規定通報，致再度發生校園性侵害事件；或偽造、變造、湮滅或隱匿他人所犯校園性侵害事件之證據」、「偽造、變造或湮滅他人所犯校園毒品危害事件之證據」、「體罰或霸凌學生」、「行為違反相關法規」等情事，均須經校務會議議決是否開啟調查程序；參見：《教師解聘辦法》第4條第1項。

27　法務部〈90年4月24日法律字第012271號函〉。

解聘辦法》的立法理由,第3條規定係參照《行政程序法》第173條有關人民陳情案應不予處理之規定而來;對照這二條規定,「非屬前條規定之事項」應該還包括檢舉「無具體之內容」的情形,亦即檢舉僅空泛指摘而沒有提出相關事實資料作爲佐證;就此雖然不需要達到充分完整事證的程度,但至少應提出具體人、事、物作爲進一步查證之依據。

二、召開校事會議之時間

《教師解聘辦法》第4條第1項規定「5日內召開校事會議審議」的意義,應如何計算是另一項爭點。依教育部國民及學前教育署參照《行政程序法》第48條規定之解釋,5日係指「5工作日」而非「5曆日」[28]。此外,該條文使用「應」字,雖具有義務性,但因同辦法或其他法規並未規定違反的法律效果,故應解釋爲督促學校儘速召開校事會議,並非強制規定,也不是逾期召開即有程序瑕疵,而不得召開或召開亦屬無效的情形。若解釋爲強制規定,則2015年版的注意事項規定,校長在更短的48小時內邀集教師會、家長會及行政人員等代表決定是否進行調查,實務上恐將動輒因爲逾期而導致調查違法。類似的規範型態在不適任教師處理程序中反覆出現,如調查期間或輔導期間,亦應以督促學校行政盡速進行程序的訓示規定來理解,並不影響程序行爲之效力。

三、社會公正人士的如何界定

依據《教師解聘辦法》第4條第2項第5款,校事會議成員應包含「教育學者、法律專家、兒童及少年福利學者專家或社會公正人士一人。」在5類身分中,「社會公正人士」概念較爲抽象且其選擇較易引發爭議[29]。教

---

28 教育部國民及學前教育署〈110年8月30日臺教國署人字第1100106653號函〉。

29 如監察院於110年2月糾正雲林縣教育處,因該處在督導某私立國中服儀管理及體罰調查過程中,怠於查明該校是否不當限制學生髮式及服裝儀容、釐清該

育部於109年9月即就此作成函釋[30]，先強調《教師解聘辦法》明訂校事會議代表由不同身分組成，其規範意旨在使學校校事會議處理案件時更加公正、嚴謹。其次，《教師解聘辦法》將社會公正人士納為校事會議成員，主要是考量偏遠地區遴聘專家學者不易，或因案件類型需求，由社會公正人士參與會議較有利於案件審議，學校得本於權責決定是否聘請。至於社會公正人士之資格，教育部函釋中並未限制，學校得以案件類型及需求，聘請依社會通念能公正審議事項且未涉及角色或利益衝突之虞者擔任校事會議委員，如村里長、地方鄉紳、部落耆老等。教育部既以主管機關的地位對於此項不確定法律概念進行解釋，尤其法律上常以「社會通念」指稱符合一般人認知、合乎經驗法則之事項，則學校延請擔任校事會議委員之人若不符合上述要求，將導致校事會議組成不合法，自亦無法做成合法之決定。

四、調查小組（輔導小組）之成員限制

現行《教師法》2020年6月施行後，教育部多次函告地方教育主管機關並轉知各級學校，注意不得違反相關規定組成校事會議調查小組，避免案件調查未盡客觀、公正之爭議[31]。於此主要是因為大部分調查小組成員為三人，除教師會代表及家長會代表之外，《教師解聘辦法》對另外一人雖未規定須由校外人員擔任，但教育部強調，學校聘請調查小組成員時，必須斟酌判斷案件類型，並考量校務行政實際需求，應優先聘請適當校外

校教師所涉不當管教情形，就該校違反《兒童權利公約施行法》、《教師輔導與管教學生辦法注意事項》、《性平法》及服儀原則等情事督導不力，核有違失。在監察院的調查報告中指出，該國中就體罰、不當管教所召開之校事會議成員中，由當地鄉長以社會公正人士之身分出席，惟鄉長乃地方人士且為民選首長，面對民意壓力，尚與一般認定之社會公正人士有別。參見：監察院，調查報告（案號111教調30），111年9月22日公布，頁79。

30　教育部〈109年9月11日臺教授國字第1090097565號函〉。

31　教育部〈111年8月12日臺教授國字第1110099634A號函〉。

人員擔任調查小組成員，除非確實有窒礙難行之情形，以維案件調查之客觀、公正性。同樣基於維護調查與審議結果的客觀性，教育部要求各級學校校事會議代表或專審會委員不宜擔任同一案件調查小組或輔導小組成員，因為調查小組或輔導小組的人數僅3人或5人，校事會議代表僅5人，由小組成員完成個案調查或輔導後，除提送調查或輔導報告外，尚須推派代表列席校事會議或專審會中說明；對教師疑似不適任的個案情事於報告中已有定見或預設立場，如擔任同一案件之校事會議代表或專審會委員，難以期待該代表（委員）於審議過程中維持客觀立場，致其審議決定可能遭質疑有偏頗之虞。是以，校事會議代表或專審會委員不宜擔任同一案件調查小組或輔導小組成員。[32]

五、不適任事實的調查認定權限

教師不適任事實認定，涉及調查小組、輔導小組與教評會之間的權限劃分。在〈注意事項〉於2003年初次訂定之前，教育部曾發布函釋，認為「教學不力或不能勝任工作」屬教師聘任之消極條件，至於不適任的「具體事實」是否存在、違失情事須達如何程度始能認該教師教學不力或不能勝任工作，依法應經教評會委員一定比例之決議，並由教評會就個案具體事實，按照查證屬實的人、事、時、地等資料議決之[33]。不過，在2003年訂定〈注意事項〉後，教育部並未因此改變見解，仍認為「教學不力或不能勝任工作」的參考基準，係提供主管機關或學校就個案具體事實審酌時之參考；至於何種事實足以認定該教師教學不力或不能勝任工作，由於涉及個案事實認定問題，「仍應由教師評審委員會就個案具體事實及查證資料議決之。」[34]教育部前述見解，在現行《教師法》不適任教師審議程序下是否應予維持，實有深究之必要。

32　教育部〈109年12月18日臺教授國字第1090150816號函〉。
33　〈87年7月29日台（87）研字第87075496號書函〉。
34　〈92年9月4日台人（二）字第0920130550號令〉。

　　首先，觀察過去注意事項對調查小組的規定，可以發現在現行《教師法》施行前，教學不力、不能勝任工作的調查與判斷任務集中於教評會。質言之，2003年初次發布的〈注意事項〉中僅提及學校「得分別視個案情形組成調查小組主動進行查證」，至2015/2017年修訂後的〈注意事項〉，調查小組由校長召集，成員包括「處室主任（組長、科主任）、教評會、學校教師會及家長會代表」，基本上與教評會的組成相當。另外，校長於必要時得邀請學者專家或社會公正人士加入調查小組，未強制納入校外代表，況且並未規定調查小組人數，校長、行政處室主管及教評會代表本身在完成調查後，也將是後續在教評會中參與決議的人員，可見注意事項雖然嘗試建立調查小組的獨立地位，但仍然只應視為教評會調查權的延伸。

　　現行《教師法》授權訂定的《教師解聘辦法》中，雖然沒有如《性別平等教育法》第35條第1項賦予性平會調查報告具有拘束效力之規定[35]，要求教評會就不適任事實認定應依校事會議之調查結果，也未明確表明教評會並無調查權，但從《教師解聘辦法》第2條第1項規定：「學校接獲檢舉或知悉教師疑似有本法……第16條第1項……規定情形者，應依下列規定調查，並依本辦法規定處理……」，以及校事會議應組成調查小組，調查小組完成調查後應製作調查報告，提校事會議審議，校事會議須依具體證據調查事實，以及判斷案件類型，並決議是否進行輔導或逕行移送教評會審議（《教師解聘辦法》第5條第1項第1、8款；第6條第1項第1款；第7條第1項第1、2款），可以明顯看出在教師疑似教學不力、不能勝任工作的情形，校事會議（及其成立之調查小組）具調查權，而不再屬於教評會。同理，如校事會議決議進行輔導，無論是校內輔導或申請主管機關由專審會輔導，教評會也必須在輔導報告的基礎上進行審議。本文認為，在主管機關對於教評會審議調查報告或輔導報告的權限尚未明確規定前，應可參照性別平等教育法》第32條第3項規定[36]，教評會僅得就調查程序是否有重

35　《性別平等教育法》第35條第1項：「學校及主管機關對於與本法事件有關之事實認定，應依據其所設性別平等教育委員會之調查報告。」

36　《性別平等教育法》第32條第3項：「學校或主管機關發現調查程序有重大瑕疵

大瑕疵或有無足以影響原調查認定之新事實、新證據，要求校事會議重新調查予以釐清。

六、教評會組成仍以教師代表佔多數

現行《教師法》於2019年修正時，為降低師師相護的疑慮[37]，並使教評會處理教師涉及性平事件、殘害兒少身心健康或自由安全之行為（《兒童及少年福利與權益保障法》第49與第97條）、體罰及霸凌相關案件時更具公信力，且降低各團體意見分歧之情形[38]，乃規定教評會審議上述類型案件時應增聘校外學者專家，至未兼行政或董事之教師人數少於委員總額二分之一為止（《教師法》第9條第3項）。然而，為何僅限於上述類型案件？其他審議案件類型，如教師疑似有教學不力、不能勝任工作情形、違反聘約情節重大或行為違反相關法規等，同樣常引發是否在審議程序受到包庇的爭議與外界質疑，修法理由以及立法當時相關紀錄報導卻未說明排除的理由[39]，而僅能將第9條第4條解釋為立法者的「神來之筆」[40]。因此，審議疑似教學不力、不能勝任工作之教師時，教評會組成仍以教師代表佔多數，亦即除學校行政人員代表及家長會代表各1人外，其餘均為教師代表，且原則上未兼行政或董事之教師代表不得少於教評會總額二分之

或有足以影響原調查認定之新事實、新證據時，得要求性別平等教育委員會重新調查。」

[37] 參見：許維寧，〈防治性平、身心霸凌惡師 教評會教師比例擬調降〉，NOWnews今日新聞，2019年4月29日，https://www.nownews.com/news/3351215（最後瀏覽日：2022.12.4）。

[38] 教師法第9條修正理由第4點參照。

[39] 在當時新聞報導中，教育部表示，審議其他不適任情事時，教評會比例是否調整，該部尊重教委會委員意見；同前註37之報導。

[40] 法律草案的文字設計應該是按客觀事實與法學原理，經過嚴格的科學思考後提出的方案，而不應憑一時靈感或心血來潮撰寫而成；參見：羅傳賢，《立法程序與技術》，第6版，2014年，頁108。

一[41]。由於教評會之組成已由法律明定，屬於羈束性事項，未賦予學校自主決定的空間，故學校即使對於特定較受矚目的案件，為避免包庇護短的爭議而擬聘請校外學者專家參與教評會，以借助其經驗或能力，亦屬違法。

七、教評會/專審會審議程序中當事人陳述意見機會

《教師法》適用於公私立學校中、依法取得資格之專任教師（第3條第1項），但審議程序是否應遵守《行政程序法》的程序保障規定，尤其疑似不適任教師是否有陳述意見或答辯的機會，《教師法》、《教師解聘辦法》或《專審會運作辦法》並未規定。高中以下各級學校係依據《高級中等以下學校教師評審委員會設置辦法》（以下簡稱《教評會設置辦法》）第11條及相關規定。除此之外，教育部從《教師法》施行之後，多次函釋要求各級學校教評會審查教師解聘、停聘及不續聘之審議事項時，應給予當事人陳述意見之機會；同時為避免程序瑕疵及減少申訴情形，通知當事人答辯時，應明確規範相當期限作為答辯期限；為使當事人具備充分陳述意見之機會，此處相當期限以至少7日為原則[42]。相對於此項對當事人重要的程序保障制度，實務上不乏當事人以刻意隱匿或拒絕接受送達的方式延宕審議程序，就此問題，同樣因為欠缺實定法規的規範，教育部仍以發布函釋形成一般性規則。教育部表示，學校如已盡最大之可能通知當事人列席或提書面說明，當事人均無法配合而且相關事證具體明確時，為避免案件審議程序延宕而造成學校困擾，教評會仍應依法儘速召開會議審議，但就做成解聘、不續聘之決定報請主管機關核准時，應詳細說明此部分程序事項。另一方面，為使學校處理「讓當事人有答辯機會」之程序更

---

41 除非該校教師員額少於教評會委員總額的二分之一，《教師法》第9條第3項但書。

42 代表性的解釋函令：教育部〈103年4月23日臺教授國部字第1030039021號〉；有關答辯及陳述意見機會的賦予，並可參見：教育部〈99年8月18日台人（二）字第0990129437號函〉。

臻周妥，學校書面通知當事人列席時，應該通知文書中記載詢問目的、時間、地點、得否委託他人到場或提出書面說明，以及不到場所生之效果，並注意文書送達過程應適法妥當[43]。

依現行《教師法》，各級教育主管機關均應設置專審會後，學校得向主管機關申請由專審會進行不適任教師審議，或於學校未依規定召開教評會進行審議，經主管機關認有違法之虞，敘明理由並命學校於一定期間內審議或復議後，若學校未依命令為之，得逕行提交專審會審議（《教師法》第17條第1項；《專審會運作辦法》第14條）。然而，當事人於學校教評會進行時應有答辯或陳述意見機會，並有至少7日的準備時間，〈專審會運作辦法〉卻未規定。有鑑於專審會係主管機關所成立（《專審會運作辦法》第2條第1項），就主管機關逕行提交之案件審議通過後，其決議視同教評會之決議（《專審會運作辦法》第16條第1項），對各關係機關、學校具有拘束力，關係機關或學校應依決議執行，主管機關並應依法監督（《專審會運作辦法》第17條第1項），可見其決議效力相當強大。況且作為專家委員會的組織型態[44]，必然較高中以下各級學校教評會更容易獲司法機關承認其決定具有判斷餘地[45]，故專審會雖屬主管機關的內部組織，但專審會決議是學校或主管機關對疑似不適任教師作成行政處分的基礎，實質影響該終局公權力決定，其審議程序自應適用《行政程序法》

43　教育部〈92年6月10日台人（二）字第0920076151C號書函〉；《高級中等以下學校教師評審委員會設置辦法》第11條第2項參照。

44　參見：《專審會運作辦法》第3條第1項「……由主管機關首長就行政機關代表、教育學者、法律專家、兒童及少年福利學者專家、全國或地方校長團體代表、全國或地方家長團體代表及全國或地方教師會推派之代表聘（派）兼之……。」

45　依本文之觀察，由於大法官〈釋字第462號〉解釋對大學教評會的專業地位、功能有所闡釋，行政法院裁判普遍承認大學教評會決定的判斷餘地，法院審理時應採取較低密度的審查；但高中以下各級學校教評會所為決定是否具有判斷餘地，則較少論及。最高行政法院在維持高等行政法院之判決間接承認者，可參見：〈104年判字第27號判決〉；〈109判字第116號判決〉。

規定，包含當事人在專審會審議程序各項程序權利[46]，而不僅限於《專審會運作辦法》第18條所規定的迴避事項。

八、其他正當行政程序要求

除了應給予當事人答辯及陳述意見機會，教評會審議程序中尚有其他涉及當事人程序權利保障事項，如他人代理進行行政程序之權[47]、調查證據申請權、閱覽案件卷宗權、或因不可歸責於己之事由遲誤期間申請回復原狀等[48]，是否有《行政程序法》之適用，由於學校與教師間的法律關係在公立或私立學校並不相同，其結論亦有差異，故有必要加以說明。

首先，按照行政法院歷來見解，公立學校與其教師間為聘任關係，教師是否接受學校之聘任，得自由決定，教師接受聘任後享有一定之權利，並負有一定之義務，又因為公立學校聘任教師係以達成教育學生之公法上目的，是以公立學校與教師間之聘任關係，應屬行政契約之關係[49]。相對於此，將公立學校教師解聘或不予續聘的法律性質則有不同見解。一說認為，學校基於聘任契約而通知受聘教師解聘、停聘或不續聘，僅屬基於行政契約而為之意思通知，尚非行政處分；憲法法庭〈111年憲判字11號判決〉就不續聘教師部分亦採此立場。大法官多數意見認為，教評會認定有不續聘原因後，學校經法定程序做成不續聘決定，涉及教師聘約期限屆至時，學校是否繼續成立新的聘約關係，屬於學校與所聘教師間聘任契約之內容，故學校不續聘教師，效力係使教師在原受聘學校不予聘任，乃

---

46 相同見解：林建宇，〈教師法「教學不力或不能勝任工作」之判斷餘地與司法審查〉，《學校行政》，113卷，2018年1月，頁139以下（頁150-151）。

47 應說明的是，教評會審議流程中不只是當事人出席審議會一項程序而已，因此即使出席不適宜由他人代理，其他程序行為仍有由第三人代理的空間。

48 以上程序權利規定可參見《行政程序法》第24、37、46、50條。

49 參見：最高行政法院〈97年度判字第121號判決〉；最高行政法院〈98年7月份第1次庭長法官聯席會議〉。

單純基於聘任契約所爲的意思表示[50]。另一說則認爲學校解聘、停聘、不續聘教師的決定爲行政處分，因爲公立學校與教師間法律關係雖屬行政契約，但在行政契約關係中，法規可基於公益的維護，就特定事項限制契約當事人的契約自由，而規定其要件、行爲方式、程序或法律效果。如《教師法》第14條第1項規定，教師除有該項各款法定事由之一者外，不得解聘、停聘或不續聘，以及相關法定程序與決議組織的要求，均屬對當事人原可自由決定是否維持契約關係的限制。故學校教評會依法決議通過解聘、停聘或不續聘之決定，並由該公立學校依法定程序通知當事人者，應係該公立學校依法立於機關之地位，就公法上具體事件，所爲得對外發生法律效果之單方行政行爲，具有行政處分之性質[51]。

　　相對於公立學校解聘或不續聘教師行爲的法律性質在實務見解上不一致，私立學校作成解聘、不續聘教師之決定時，其法律性質較爲單純。由於教師與私立學校間基於聘用契約所形成之法律關係爲私法關係，本於私法自治原則，私立學校有與受聘教師約定解聘、停聘或不續聘之原因事由，並以此終結其與受聘教師間私法關係之契約自由。一如前述，《教師法》對學校解聘、不續聘教師應遵守之要件、程序與組織要求係對契約自由的限制，經教評會決議後，私立學校報請主管教育行政機關核准，有使學校對教師爲解聘或不續聘行爲發生效力，性質上爲形成私法效果之行政處分，受解聘或不續聘之教師可對該核准處分提起行政爭訟[52]。

　　最後，由於解聘或不續聘教師至少外觀上屬於人事行政行爲，依《行政程序法》第3條第3項第7款規定，行政機關對公務員所爲人事行政行爲不適用《行政程序法》的程序規定。不過，根據法務部於2016年公布之

50　憲法法庭〈111年憲判字11號判決〉，判決理由第14段。

51　最高行政法院98年7月份第1次庭長法官聯席會議。針對該聯席會議決議見解，從公法學理上進行完整之檢討，並認爲行政契約說較爲可採：吳瑞哲，〈公私立學校教師解聘、停聘或不續聘之法律性質與救濟程序〉，《教育實踐與研究》，第27卷第1期，2014年6月，頁95以下（頁106-108）。

52　最高行政法院〈102年度判字第239號判決〉及同院〈102年度判字第617號判決〉。

函釋，本款適用範圍應爲相當程度限縮，並非排除所有對公務員之人事行政行爲適用《行政程序法》。具體而言，人事行政行爲如屬於行政處分，因事後當事人可進行行政爭訟的請求救濟，故行政機關應適用《行政程序法》作成此類行政處分；另外，如該決定將改變公務員之身分或對公務員權利或法律上利益有重大影響（如因公務員身分產生之公法上財產請求權可能受侵害）者，仍應依《行政程序法》爲之[53]。因此，無論認爲公立學校解聘、不續聘教師之行爲屬於行政處分或行政契約的意思表示，均應適用《行政程序法》。相對於此，私立學校的解聘、不續聘決定，由於屬私法契約行爲故不適用《行政程序法》[54]，但是應注意教育部主管機關核准學校解聘或不續聘的決定爲行政處分，核准程序有《行政程序法》之適用，由於核准決定屬於「限制或剝奪人民自由或權利之行政處分」，因此主管機關原則上應通知遭解聘或不予續聘之教師陳述意見，除非有得不給予陳述意見機會的法定事由（《行政程序法》第102、103條）。《教師解聘辦法》也有相同意旨的規定[55]。

［參］　正當行政程序對於不適任教師審議程序的核心意義：代結論

「正當行政程序」原則在教師疑似「教學不力、不能勝任工作」案件中的重要性，可以借用最高行政法院〈108年判字第67號判決〉來說明。本案當事人教師因有教學不力、不能勝任工作之情事，經其服務學校調查，並於輔導期滿後認定無改善可能後，由教評會決議解聘，案經訴願及

---

[53] 法務部〈105年04月26日法律字第10503506610號函〉。

[54] 該法第2條第1項：「本法所稱行政程序，係指行政機關作成行政處分、締結行政契約、訂定法規命令與行政規則、確定行政計畫、實施行政指導及處理陳情等行爲之程序。」可知該法適用對象爲行政機關的公法行爲。

[55] 《教師解聘辦法》第21條規定：「主管機關接獲學校報送教師解聘、不續聘或終局停聘案件，應即進行處理；必要時，得視需求邀請教師或學校相關人員陳述意見，並得組成審議小組協助處理。」

高等行政法院一審判決均駁回，但被最高行政法院廢棄發回更審[56]。最高行政法院在判決理由中強調，學校在察覺期查證之教師不適任情節是否確實，涉及該不適任教師是否應進行輔導，最終能否進入評議期而提交教評會進行審議，乃整個程序首應確立的事項。基於此點，最高行政法院很仔細地發現，該教師是否確實有教學不力、不能勝任工作之具體事實而有輔導之必要，該教師已經否認，但一審判決認定解聘處分是合法的理由，僅有某一日的教師專業發展觀課記錄表，而無其他相關證據資料，此部分證據資料是否充分，涉及學校對該教師進行輔導是否符合正當行政程序。再者，教評會審議通過該教師於輔導期程屆滿無改進成效，乃決議解聘，學校並檢附輔導期間發生的各項不適任事由及決議結果通知該教師，但此部分事實與察覺期調查小組所調查之不適任事實發生期間顯然不同，則解聘處分的事實基礎究竟是察覺期或輔導期的不適任事實並不明確，法院認為此點涉及教評會對於當事人教師不適任之判斷是否出於錯誤的事實認定或不完全資訊，或其不適任事實涵攝是否明顯錯誤，一審法院判決卻沒有在審理中釐清，顯然未盡依法調查事實，故判決違法而必須廢棄。

　　本件事實雖然發生於《教師法》修法之前，但基於對教師身分權益的保障，不適任事實之認定與法律效果的涵攝必須符合正當行政程序之要求則無二致，質言之，不適任事實的調查必須確實，並做成明確之紀錄，教評會審議的範圍與後續如作成解聘處分時該處分之理由，也必須與調查範圍一致。現行《教師解聘辦法》規定校事會議應依具體之證據調查事實，亦應作相同之要求，此項程序要求一如教評會、調查小組、輔導小組是否適法組成、是否有成員應迴避而未迴避之情事、有無給予答辯、陳述意見的機會、準備答辯期間是否適當等，均屬正當行政程序的核心要求，如有違誤，即使當事人教師確實屬於教學不力、不能勝任工作，也必將受到法院判決指摘，致使可能必須重新啟動程序，對於學校行政業務、教師權益保障以至學生學習權利都將是沉重的負擔。

56　本案更審後，臺北高等行政法院以〈108年訴更一字第25號〉判決駁回原告之訴，並經最高行政法院〈110年度上字第653號〉裁定駁回上訴確定。

參考文獻

一、中文部分

吳承儒‧黃源河，〈小學不適任教師形成因素影響與處理困境：一所國小的訪談結果〉，《臺灣教育評論月刊》，2013年，第2卷第12期，頁68以下。

吳美鳳，〈從學生受教權與教師工作權執重論不適任教師處理機制之探討〉，行政院人事行政局98年度人事行政研究發展作品。

吳清山，〈海恩法則〉，《教育研究月刊》，第327期，2021年7月，頁115。

吳瑞哲，〈公私立學校教師解聘、停聘或不續聘之法律性質與救濟程序〉，《教育實踐與研究》，第27卷第1期，2014年6月，頁95以下。

李惠宗，《教育行政法要義》，第2版，2014年1月。

林上祚，〈教評會教師比例成攻防焦點！全國教師會：比例減少，不適任教師更難解決〉，風傳媒，2019年3月7日，https://www.storm.mg/article/1033995。

林育綾，〈包庇惡師關鍵在校長！全教總反對教師法惡修 用行動劇批政府搞錯重點〉，Ettoday新聞雲，2019年04月29日，https://www.ettoday.net/news/20190429/1432919.htm。

林建宇，〈教師法「教學不力或不能勝任工作」之判斷餘地與司法審查〉，《學校行政》，113卷，2018年1月，頁139以下。

張旭政，〈從實務觀點看「教學不力或不能勝任工作者」之不適任教師之處理〉，《臺灣教育評論月刊》，2013年，第2卷第12期，頁60以下。

教育部，〈教師法修正後將提升不適任教師處理之效率與公平正義〉，新聞稿，https://reurl.cc/MNpOE4。

許育典‧林維毅，〈中小學不適任教師的處理機制與分析：以教學不力或不能勝任工作為例〉，《台灣法學雜誌》，第410期，2021年2月，頁1以下。

許維寧，〈防治性平、身心霸凌惡師 教評會教師比例擬調降〉，NOWnews
　　今日新聞，2019年4月29日，https://www.nownews.com/news/3351215。
陳渼侖，〈校事會議機制探討與建議〉，《臺灣教育評論月刊》，2022年，
　　第11卷第2期，頁91以下。
監察院，調查報告（案號111教調30），111年9月22日公布。
趙曉美，〈疑似不適任教師處理機制之探討—以「教學不力」為焦點〉，
　　《臺灣教育評論月刊》，2013年，第2卷第12期，頁54以下。
羅傳賢，《立法程序與技術》，第6版，2014年7月。

二、英文部分

Bridges, Edwin M., Managing the Incompetent Teacher, 2nd Edition, 1990:
　　Eugene, Oregon.

領導素養篇

第七章

中小學校長專業圖像與素養分析
——利害關係人觀點探究

林信志、張信務

摘要

　　本研究旨在探究利害關係人對我國中小學校長專業圖像及其專業素養與指標內涵之看法。本研究使用文獻分析、腦力激盪法、網路問卷調查法（以校長、教師及家長為研究對象，共計9,789人），進行為期一年的研究。研究發現如下：(1)校長專業圖像為「變革時代的專業領航者」。(2)本研究將中小學校長專業素養面向整合為REFLECT（實踐反思）。(3)校長、教師及家長對校長專業素養之看法相當一致。(4)不同個人背景之填答者對於素養重要性與困難度的認知略有不同。根據前述發現，本研究提供以下建議：(1)應用此校長專業素養於現場校長專業發展實踐。(2)轉化此校長專業素養於學校經營之參據。(3)落實此校長專業素養於專業支持系統及建置領導人才資料庫。(4)持續進行中小學校長生態及專業發展之追蹤研究。(5)進階研究中小學校長專業證照制度之試辦及效益評估分析。

關鍵詞：校長專業圖像、校長專業素養、利害關係人

壹、問題背景與研究動機

　　國家的競爭力在人才，人才的競爭力在教育。隨著工業4.0的時代來臨，「智慧化」與「大數據」勢不可擋，學校教育如何透過政策制度、教育環境、課程教學、學習型態等方面的典範改變，培育臺灣下一代的世界級人才，為當前之重大挑戰。校長身為一校之掌舵者，該如何調整及充實自我之專業素養以有效應對？根據經濟合作暨發展組織（OECD）發布之邁向2030幸福未來的學習圖像（The future of education and skills: Education 2030），強調未來世界級人才的三項轉型素養，分別為創造新價值、調適對立與困境、承擔責任（OECD, 2018）。以此為準，校長身為學校最具影響力之人才，究竟應該具備哪些專業素養，係本研究動機之一。

　　中華民國中小學校長協會（以下簡稱全國校長協會）為全國性的專業團體，為引領中小學校長專業發展與專業自律，作為教師團體與家長團體之表率，訂定校長專業素養，並以此建構相關專業圖像，勢在必行。更重要的是，唯有先確立校長專業素養及其圖像，才有機會在未來進一步建置整全性的校長專業發展系統，提高中小學校長之專業能力與地位，提升校長專業形象，具體地確保校長專業領導尊嚴。此為本研究動機之二。

　　關於校長專業素養之研究，不能僅僅關注校長需要什麼，亦必須同時關照學校的教師需要什麼樣的校長，社區的家長期待有什麼樣的校長；也就是，利害關係人的觀點非常重要。本研究期待藉由理論與實務之共同合作，訂定能符合校長、教師及家長等三方所期待的校長專業素養內涵，同時考量前述與利害關係人的不同背景變項（例如：性別、學歷、居住地區、學制階段等）的差異情形，此為本研究動機之三。

貳、中小學校長的角色任務與專業素養內涵

　　校長之角色與任務繁多，為將校長角色任務的意象進行系統性之轉化，故彙整校長專業素養核心概念，有利於整合為具體之校長圖像，以作為系統性培育或引領校長發展專業角色的使命。

　　關於校長角色與任務之研究，國內許多研究試圖分析出校長專業工作的不同構面，以有效地掌握角色與任務的內涵。陳木金（2004）指出，校長專業角色與任務應包含校務發展、行政管理、教學領導、公共關係及專業發展等五個向度；林志成（2004）認為校長專業角色與任務應符應隨情境，成為人生理念點傳師、優良組織文化倡導者、法令政策詮釋者、行政計畫擘劃者、成員工作動機激勵者、解決學校問題溝通者、學校革新發展領航者、學校效能視導評鑑者、課程與教學領導者以及多元權變領導的實踐者。李安明、陳怡安與謝琬琪（2012）認為校長專業角色與任務可分為成長構面、顧客構面、內部流程構面及財務構面等四大構面。向美德（2018）提出校長應兼備倡導願景價值、學生成功學習、有效制度流程、社區參與互動、提升專業素養與負起績效責任等六大面向。劉春榮（2019）將校長專業角色與任務分為六大層面，分別為立全球宏觀、敏人際互動、能兼容並蓄、展經營品質、領創新實驗與願終身學習。國家教育研究院（以下簡稱國教院）長年執掌我國中小學校長的培育工作，規劃有校長培力課程以試圖擺脫傳統過去研習課程的框架，以期發展出符合校長需求的培訓課程，並設計有「未來學校領導培訓方案」，構思培養校長具備下述六大專業領導職能：願景形塑、溝通協調、團隊合作、創新經營、策略思考、自我覺察。基於前述校長專業領導職能的的規劃，國教院進一步地設計出五大課程模組，以形成校長培訓的主要課程內容：願景領導、風險管理、課程教學、親師公關、學習品保（林信志、秦夢群，2018）。

　　此外，要訂定校長專業素養，亦必須參照先進各國之校長專業標準，因為專業標準是對教育領導者工作的規範，亦是身為教育領導責任的承擔，同時也是教育領導行動的實踐。研究者從英國、美國、中國、澳洲、紐西蘭、新加坡所研訂的校長專業標準（表7-1），結合前述國內學者校長專業角色與任務之觀點，發現可歸納七項共同核心能力，分別為覺察力、變革力、創新力、溝通力、執行力、前瞻力、未來力，以及七個構面的角色任務，分別為專業形象、行政效能、課程教學、公共關係、學生學習、願景形塑、空間營造。

表7-1

各國校長專業標準

國家	專業標準	資料來源
英國	(1) 擬定組織策略。 (2) 促進校園持續改進。 (3) 教學與課程領導。 (4) 激勵領導與溝通協調。 (5) 親師合作與社區參與。 (6) 資源與風險管理。 (7) 協助教職員增能。	駐英國代表處教育組（2018）
美國	(1) 使命，願景和核心價值。 (2) 倫理與專業規範。 (3) 公平與文化響應。 (4) 課程、教學及評量。 (5) 關懷社群和支持學生。 (6) 學校人員的專業能力。 (7) 教職員和員工專業社群。 (8) 家庭和社區有意義的參與。 (9) 運作與管理。 (10) 學校改進。	National Policy Board for Educational Administration in USA (2015)
中國	校長專業標準： (1) 理念。 (2) 知識。 (3) 能力。 (4) 品行。 (5) 行為。 校長六項職業角色： (1) 教育教學的領導者。 (2) 學校發展的引領者。 (3) 學校組織的管理者。 (4) 教師專業發展的促進者。 (5) 教育研究的領銜者。 (6) 學校發展的公關者。	中國教育部（2013）

澳大利亞	校長必須具備領導專業技能： (1) 領導教和學。 (2) 培養自我及他人。 (3) 領導改進、創新及變革。 (4) 領導學校管理。 (5) 與社群合作。	Australian Institute for Teaching and School Leadership (2018)
紐西蘭	紐西蘭校長領導標準： (1) 核心：教育領導力。 (2) 中介：良好關係。 (3) 關鍵行動：領導變革與問題解決 (4) 實踐領域：價值文化、教學知識、開放系統、合作關係。 (5) 專業品質：道德領導、自我信念、合作學習、領導和支持。	Ministry of Education in New Zealand (2008)
新加坡	校長專業標準： 5R：領導者扮演「臨床實踐者」；(2)領導者扮演「管理工程師」；(3)領導者扮演「人類工程師」；(4)領導者扮演「首領」；(5)領導者扮演「大祭司」。 5M：(1)道德；(2)尊重；(3)創新；(4)整合；(5)學科。	National Institute of Education in Singapore (2013)

　　本研究試圖將中小學校長的專業角色任務與相關核心能力，試闡述如後，並將七個面向整合為REFLECT一字（詳如圖7-1），意義上即為實踐反思，期盼校長們不是將專業素養當作教條標語，而是真正能落實且省思。

(一)以溝通力圓滿公共關係

　　公共關係（relations in public）需溝通力來圓滿。原本社區係以學校為中心，然而隨著家長參與權的抬頭，在地化意識的教改風潮，學校也需要社區相關文化與資源，彼此交融的依賴，「學校社區化，社區學校化」

圖7-1

校長專業素養與實踐反思

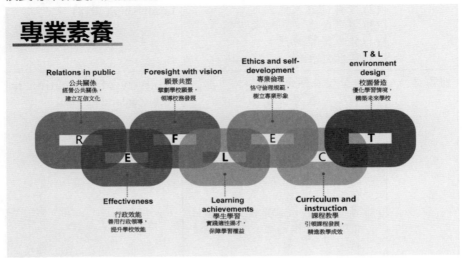

已然成為現況（林明地，2002）。蔡易均（2014）提出校長在面對學校社區化及相關公共關係的議題，應有計畫性、系統性且透過傳播媒體與校內外有關人員做良好溝通與互動，建立和諧信賴關係，以取得校內外共識。而秦夢群（2019）亦強調社區與公共關係應為教育行政領導者之重要任務；換言之，校長應於面對社區及公共關係時具備溝通力，成為公共關係之領導者，以建立互信文化。

(二) 以變革力達成行政效能

行政效能（Effectiveness of administration）需變革力來達成。賈寧（2020）提出校長選拔時，應首重有變革力特質之領導者，方能確保學校優良文化得以被挖掘、重塑以及傳遞，進而將眾多文化資本轉化為學校組織資本，提升學校組織效能；換言之，校長應於行政領導時應具備變革力。而秦夢群（2019）提出行政領導應能善用激勵、協調、擔當等，在有限資源內理性為之以達成績效，與變革力之核心概念相呼應。直言之，一校能否在傳統中開創新局，校長之變革能力與行政效能為關鍵因素。

(三)以前瞻力共塑學校願景

　　願景共塑（foresight with shared vision）需以前瞻力來引領。曾榮祥（2000）提出學校願景領導係指領導者基於教育愛以凝聚組織，使其追求卓越表現。林志成（2017）提出校長需要具備高創造性張力、高方向性、高感動力、高意義價值、前瞻未來希望、永續發展等多層次未來願景，才能召喚夥伴的熱情以激勵團隊夥伴，並迎接具挑戰性的目標。換言之，校長應為具備前瞻力之願景領導者，藉由與同仁共塑學校願景，以領導校務及專業發展。

(四)以執行力落實學生學習

　　學生學習成就（learning achievements）的提升需以執行力來落實。秦夢群（2019）提出學習領導係指學校領導者以學生為中心設立校務願景，目標係使學生學習表現得以提升。而歐用生（2017）亦強調校長應首要擔任學習領導者，引領課程與教學改革，建構專業文化，以學生學習為主體。換言之，校長應應用學習領導並展現其執行力，精進教學成效以確立學生學習之品質保證。

(五)以覺察力提升自我專業形象

　　校長對倫理規範（ethics）的謹守及自我專業發展（self-development）的提升需覺察力來引導。蔣佩臻（2019）提出優良的校長於校務實踐時，應清楚自己的教育理念、辦學目的，並對學校環境脈絡有所覺知，更重要的是，面對法律的模糊界線或難以抗拒的誘惑時，能以高道德標準自我要求，以身作則而言行一致；換言之，校長在實踐專業倫理時，應具備覺察力，以提升自我專業形象。秦夢群（2019）提出道德領導係指以領導者自身道德操守作為領導基礎之領導模式，與覺察力之核心概念相呼應。為此校長應於校務發展具備覺察力，並能恪守倫理規範，以成為道德領導者，塑立專業良好形象。

(六) 以創新力建構課程教學

　　課程與教學（curriculum and instruction）需創新力來建構。謝月香、范熾文（2017）提出校長應運用創新領導，在既有的環境和條件，建立學習型組織，以分享組織知識文化並成為學習資訊交流平台，至為重要。而王秀玲（2010）提出課程及教學領導是領導者發揮教育人員專業的能力，透過教學目標之訂立等方式，帶領教學團隊提升課程與教學品質。換言之，校長應於課程教學領導具備創新力。為此，校長應在保障學生學習的基礎上，以創新力之方式建立學習型組織，成為課程及教學之領導者。

(七) 以未來力設計教學與學習環境

　　教學與學習環境設計（teaching and learning environment design）需以未來力為方針。湯志民（2013）提出空間領導是領導者透過規劃與運用學校建設，以建構對學校課程、教師教學、學生學習、行政管理和社區公關，具有實質影響力之環境，以引領學校空間和教育發展之歷程。湯志民（2010）認為未來學校建築規劃的趨勢涵蓋建築內涵人文化、建築系統自動化、建築設備科技化、建築營運複合化、建築環境生態化、建築空間彈性化和建築設計數位化等七個發展趨勢。換言之，校長在空間營造不僅應應用空間領導，更應具備未來力，以優化學習情境，構築未來學校。

　　校長角色看似繁雜，然而透過相關研究之統整，可大致得出較具代表性之七個構面，同時輔以校長專業素養之核心概念，並提出與其相呼應之領導理論，進而整合為圖像，以涵蓋校長專業素養。惟專業素養之建置絕非據此定於一尊，應於建構完成後再於實務應用，未來持續調整與修正。總而言之，校長專業標準是剛性的準則；換言之，係成為一位專業校長的基本準則。校長專業素養是軟性的綱要；換言之，係一位校長追求專業化的終身學習綱要。而校長專業圖像是將抽象專業內涵具象化的表現；換言之，係一位校長對外專業形象的印記。三者之關係，詳見圖7-2。

圖7-2

校長專業圖像、素養、標準之轉化與具象化歷程

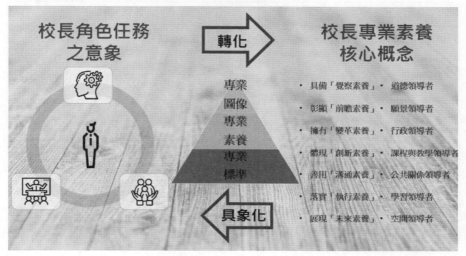

　　本文發現國內、外在涉及校長專業素養或專業標準的文獻中，有兩種分類方式（林信志、張信務，2021）：一是角色任務取向，亦即以校長的角色任務為分類條目，再把核心能力融入其中。二是核心能力取向，亦即以校長的核心能力為分類條目，再把角色任務融入其中。研究團隊最後採用長久以來國內學者較常用的角色任務取向，將校長專業標準及素養分為校務發展、行政管理、課程教學、公共關係、學習品保、專業倫理以及空間營造等七個構面。前半年運用模糊德非法專家問卷，建構四十七項標準（另有專文介紹），而後半年運用工作團隊會議轉化為七項專業素養及二十一項指標如表7-2（吳錦章、許添明、林信志、賴金河，2020）。

表7-2

校長專業素養總表

專業素養	專業素養指標
1. 實踐適性揚才，保障學習權益。	1-1 強化正向輔導，落實品德教育。
	1-2 引導適性學習，提高學習成效。
	1-3 善用學習績效，確保學習品質。
2. 擘劃學校願景，領導校務發展。	2-1 掌握教育核心價值，共塑學校願景。
	2-2 活用多元經營策略，引領校務發展。
	2-3 融合傳統開創新局，打造品牌學校。
3. 善用行政領導，提升學校效能。	3-1 運用溝通與激勵，提振士氣與尊榮感。
	3-2 注重協調與改善，致力校務推動順暢。
	3-3 謀求革新與效能，展現行政領導擔當。
4. 引領課程發展，精進教學成效。	4-1 理解素養導向內涵，整備學校課程計畫。
	4-2 激勵教師教學創新，促進教師專業成長。
	4-3 建構課程評鑑機制，形塑學校課程特色。
5. 優化學習情境，構築未來學校。	5-1 應用校園規劃知能，建設友善美感學校。
	5-2 創建體驗探索場域，形塑健康永續環境。
	5-3 發揮科技領導能力，打造智慧創新校園。

6. 經營公共關係，建立互信文化。	6-1 統合內外資源，拓展夥伴關係。
	6-2 善用溝通管道，行銷優質形象。
	6-3 推動協同合作，共創和諧校園。
7. 恪守倫理規範，樹立專業形象。	7-1 具備品德修養，展現教育風範。
	7-2 參與專業社群，精進專業成長。
	7-3 堅守專業倫理，樹立良好形象。

資料來源：吳錦章、許添明、林信志、賴金河（2020）。中小學校長專業標準建構計畫：中小學校長專業素養之研究（p.204）。教育部專題研究成果報告（編號：NSC101-2410-H-845-024）。臺北市：教育部。

［參］校長專業圖像之設計

　　關於校長專業圖像之設計，研究方法上採用腦力激盪法。腦力激盪是一種創造思考之策略，其目的旨在藉由一群人共同運用腦力，進行創造性思維之發想，以在短暫的時間內提出大量備選方案，以解決問題（陳龍安，2005）。在腦力激盪的過程中應遵守下列守則（李昌雄，2003）：(一)延遲批判、(二)鼓勵荒謬的點子、(三)以別人的意見為基礎、(四)針對主要的問題發言、(五)一次一個人發表、(六)圖像化或視覺化、(七)追求大量的點子。團體腦力激盪的程序為：(一)選定問題、(二)選定參加者、(三)選擇環境、(四)選出主席、(五)選定記錄人員、(六)後續工作、(七)評估創意。本研究之校長專業圖像即是採用腦力激盪法產生各備選圖像，並經由團隊工作會議凝聚共識，以選出最終之校長專業圖像。

一、第一階段：入選提案

　　以下就校長專業圖像之共識形成過程進行詳述。首先研究團隊透過各縣市校長協會徵求二十個提案，經過腦力激盪的評選，共有六個提案入選，提案說明如下：

(一) 外圓內方的校務領導者

　　詳如圖7-3，內方做人、外圓處事，方中有圓，圓中有方，以不變應萬變，以萬變應不變，才能無往而不利。學生中心彰顯實現十二年國教願景；結合校長、教師及家長共同齊心為教育，成就每一個孩子；並以紅字強調校長能善用學生學習、願景共塑、行政效能、課程教學、空間領導、公共關係及專業倫理七大素養。

圖7-3
外圓內方的校務領導者之校長專業圖像

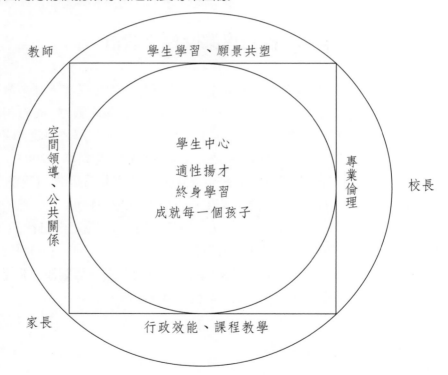

(二)三面七項的教育行動家

　　詳如圖7-4，爲符應108課綱三面九項的核心素養，期許校長是一位教育行動家，三個重要角色面向爲「校務經營者、資源創新者、品質管理者」，並能善用「學生學習、願景共塑、行政效能、課程教學、空間領導、公共關係及專業倫理」等七大素養。

圖7-4
三面七項的教育行動家之校長專業圖像

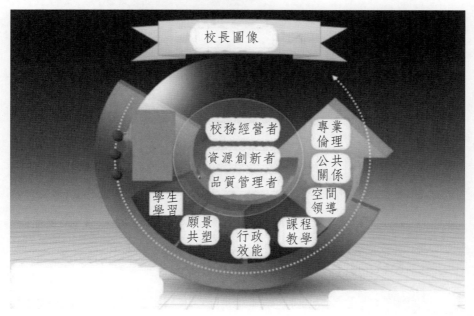

(三)成就孩子的全方位領導者

　　詳如圖7-5，內方做人、外圓處事，七個素養方中有中心思想「用心用情用力成就每一個孩子」。外圈全方位領導者角色爲「支持、考核、承擔、協調、決策、輔導、解決」等。外圈箭頭象徵活力，互相提攜邁向目標，努力向前。

圖7-5
成就孩子的全方位領導者之校長專業圖像

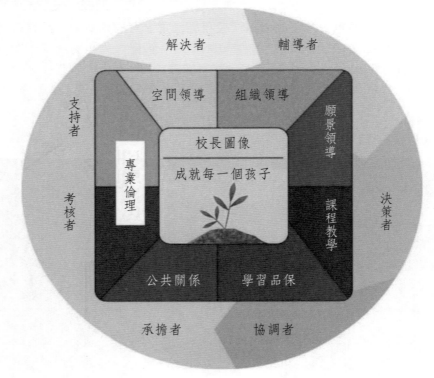

(四) 變革時代的教育領航者

　　詳如圖7-6，造型以書本做基礎，代表知識就是力量。以破浪前行的船艦意味校長在這變革時代中，須具備七項專業素養，以突破困境勇往直前。

圖7-6
變革時代的教育領航者之校長專業圖像

(五) 卓越領導的品牌創業家

詳如圖7-7，期許校長能如優秀的企業創業家，能以專業素養建立具品格力之校長品牌，並具有學習力以確實執行政策。

圖7-7
卓越領導的品牌創業家之校長專業圖像

(六) 普照教育的正向領導者

詳如圖7-8，以太陽象徵校長具備專業素養後展現的光明面、溫暖面，無私照耀大地，充滿光明與希望，讓學校成員、各界人士感受校長的熱情和能量；八項光芒表示校長全方位角色，是值得信賴的專業領導者。

圖7-8
普照教育的正向領導者之校長專業圖像

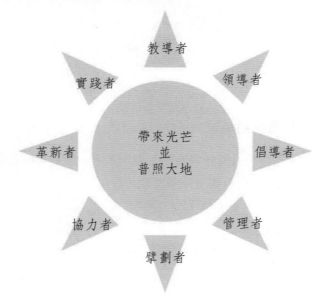

二、第二階段：決選優缺分析

(一) 外圓內方的校務領導者

優點：以學生爲中心，外圓內方爲構圖。

缺點：圖像線條過於單薄，仍需以文字爲輔助，圖案本身的象徵性不夠。

(二) 三面九項的教育行動家

優點：以內外圓圈的動態歷程代表專業素養的交互作用，整合發展。

缺點：交互作用的意涵不易詮釋，校長的角色多元亦不限於三項，須再評估。

(三) 成就孩子的全方位領導者

優點：以學生為中心，外圓內方為構圖。校長專業素養與角色皆十分完整。

缺點：過於繁雜，仍需以文字為輔助，圖案本身的象徵性不夠。

(四) 變革時代的教育領航者

優點：書與船意象，破浪前行，展現校長為學生學習而勇往直行；領航前瞻、宏觀、全方位，表現校長的眼光和涵養；辦學視野、跨域格局、專業領航反映校長的胸襟和領導力，以精進學生學習效能，展現校長專業能力。圖案即使沒有文字，象徵意味仍十足。

缺點：圖像可以更自然澎拜；其涵意甚佳，惟若能顧及國際化、科技化趨勢，更能展現校長的專業素養。

(五) 卓越領導的品牌創業家

優點：校長專業素養各層面皆有所顧及，且加入品牌等概念，內容新穎。

缺點：無法突顯校長以學生學習為中心的辦學理念。

(六) 普照教育的正向領導者

優點：以太陽及散發的光芒作為校長專業素養的象徵，能顯示校長在專業素養的光明面和專業形象。

缺點：無法突顯校長以學生學習為中心的辦學理念。

參 投票與共識形成

　　經過研究團隊多次會議投票後，得到最終圖像共識爲「變革時代的教育領航者」，並修改如圖7-9：爍星象徵前瞻宏觀，亦代表學生中心；三舵手象徵家長、校長、教師協力合作；@符號代表網際網路科技時代來臨；寬舵與網桿象徵國際與本土跨域格局；七波浪象徵本研究建構之素養，學生學習、願景共塑、行政政能、課程教學、空間營造、公共關係、專業倫理。書本乘浪象徵知識就是力量，專業領航。棕色爲主視覺色彩代表百年樹人。

圖7-9
變革時代的教育領航者之校長專業圖像

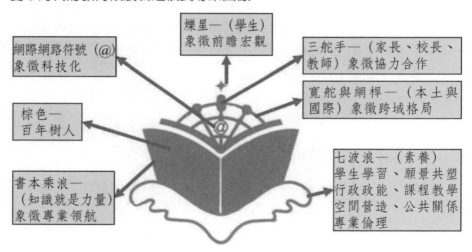

肆 利害關係人對校長專業素養之意見調查

　　爲能夠在短時間獲致全國校長、教師、家長對素養之看法，本研究採網路問卷調查法，係指透過網際網路進行問卷調查之方法，具有低成本、回收時間快速、高效益等優點（李政忠，2004）。本研究之網路問卷，

在確認建構效度與專家效度的一致性後，對問卷設計修改，再進行網路問卷的發放。中小學校長專業素養網路問卷調查於2020年5月至6月發放與回收，對象主要爲全國校長、教師以及家長等約上萬餘人士來進行問卷填答。

　　問卷回收後以統計套裝軟體SPSS 22.0版進行資料分析。本研究描述性統計以算術平均數及標準差兩種統計量呈現。另外爲檢驗不同背景變項間是否存在顯著差異，本研究將以單因子變異數分析進行檢定，若達顯著水準且符合變異數同質性檢定時，則進一步以雪費法（Scheffé method）進行事後比較，以了解差異情形。

一、基本資料描述

(一) 校長樣本基本資料

　　校長填答者共計2,407人。性別以「男性」較多，計1,650人（68.6%），「女性」較少，計757人（31.4%）；是否爲偏遠地區以「否」最多，計1,602人（66.6%），「是」較少，計805人（33.4%）；區域別以「北部」最多，計787人（32.7%），次之爲「南部」，計712人（29.6%）、「中部」，計679人（28.2%）、「東部」，計171人（7.1%）、「離島」，計58人（2.4%）；最高學歷以「碩博士畢業」最多，計2,176人（90.4%），「大專院校（含四十學分班）」較少，計231人（9.6%）；學校規模以「小型學校」最多，計823人（34.2%），次之爲「中小型學校」，計788人（32.7%）、「中大型學校」，計484人（20.1%）、「大型學校」，計312人（13.0%）；學校層級以「國小」最多，計1,777人（74.2%），次之爲「國中」，計441人（18.4%）、「高中」，計176人（7.4%）。

(二) 教師樣本基本資料分析

　　教師填答者共計4,237人。性別以「女性」最多，計2,248人

（53.1%），「男性」較少，計1,987人（46.9%）；是否為偏遠地區以「否」最多，計2,092人（65.9%），「是」較少，計1,081人（34.1%）；區域別以「北部」最多，計1,343人（31.7%），次之為「中部」，計1,316人（31.1%）、「南部」，計1,132人（26.7%）、「東部」，計335人（7.9%）、「離島」，計111人（2.6%）；最高學歷以「碩博士畢業」最多，計3,223人（76.1%），「大專院校（含四十學分班）」較少，計1,014人（23.9%）；學校規模以「小型學校」最多，計1,084人（25.6%），次之為「中小型學校」，計1,020人（24.1%）、「中大型學校」，計661人（15.6%）、「大型學校」，計408人（9.6%）；學校層級以「國小」最多，計2,966人（70.0%），次之為「國中」，計874人（20.6%）、「高中」，計397人（9.4%）。

(三) 家長樣本基本資料分析

家長填答者共計3,145人，性別以「女性」最多，計1,717人（54.6%），「男性」較少，計1,428人（45.4%）；是否為偏遠地區以「否」最多，計1,625人（68.0%），「是」較少，計765人（32.0%）；區域別以「北部」最多，計1,107人（35.2%），次之為「中部」，計930人（31.1%）、「南部」，計810人（25.8%）、「東部」，計233人（7.4%）、「離島」，計65人（2.0%）；最高學歷以「大專院校（含四十學分班）」最多，計2,249人（71.5%），「碩博士畢業」較少，計896人（28.5%）；學校規模以「小型學校」最多，計769人（32.2%），次之為「中小型學校」，計752人（31.5%）、「中大型學校」，計542人（22.7%）、「大型學校」，計327人（13.6%）；學校層級以「國小」最多，計2,066人（65.7%），次之為「國中」，計609人（19.4%）、「高中」，計470人（14.9%）。

二、校長、教師、家長對校長專業素養之看法相當一致

如表7-3所示，從不同「身分別」來探究對於「校長專業素養」評分

（認知）之情形發現，校長對於素養重要性的評分介於7.90至8.32之間，而在困難度則介於3.65至5.53之間。教師對於素養重要性的評分介於7.37至7.90之間，而在困難度則介於4.71至5.73之間。家長對於素養重要性的評分介於7.44至7.88之間，而在困難度則介於4.79至5.46之間。總結在重要性的看法上，不論校長、教師、家長三者皆認為校長專業素養具有一致性的高重要程度。再比較三種代表之重要性認知發現，「實踐適性揚才，保障學習權益」皆為最重要之層面，此一結果與各國校長專業標準皆關注於「學生學習」不謀而合（王如哲，2017；吳清山，2017；鄭新輝，2017），亦顯示我國無論校長、教師與家長都認為一個學校校長最重要的素養應是以學生為中心進行學習領導。

　　總結在困難度的看法上，不論校長、教師、家長三者皆認為七個校長專業素養對一位校長而言，皆在難易適中的程度。再比較三種代表之困難度認知發現，校長認為「引領課程發展，精進教學成效」為相對最困難之層面，顯示校長在這波新課綱改革下所呈現的焦慮。而「擘劃學校願景，領導校務發展」則是教師和家長認為校長專業素養中相對最困難的一項，顯示教師與家長對校長的共同期待，是一位教育的領航者，可以帶領學校走正確的方向（林信志、張信務，2021）。

表7-3

不同身分別在校長專業素養之認知重要性與困難度摘要表

身分	校長認知		教師認知		家長認知	
校長專業素養	重要性平均數	困難度平均數	重要性平均數	困難度平均數	重要性平均數	困難度平均數
1 符應學生需求，保障學習權益	8.32	5.09	7.90	5.55	7.88	5.45
2 擘劃學校願景，領導校務發展	7.99	5.06	7.53	5.73	7.44	5.46

3	善用行政領導，展現學校效能	8.13	4.77	7.90	5.71	7.72	5.40
4	引領課程發展，精進教學成效	7.98	5.43	7.42	5.65	7.57	5.38
5	優化學習情境，構築未來學校	7.90	4.67	7.61	5.29	7.54	5.17
6	經營公共關係，建立互信文化	8.00	4.48	7.79	4.71	7.84	4.79
7	恪守倫理規範，力行終身學習	8.19	3.65	7.37	5.16	7.54	5.17

二、不同性別之看法

如表7-4所示，從「不同性別」之背景身分，來探究對於「校長專業素養」評分（認知）之差異情形，女性填答者對於該重要性之評分顯著高於男性，而在困難度方面，男性填答者的評分顯著高於女性。然而，在女校長在校長專業素養各項度所覺知之重要性普遍高於男校長，另在「引領課程發展，精進教學成效」這項素養的性別評分差異，無論是校長、教師或家長皆呈現一致的結果，女性所認知之該項素養重要性比男性高，男性所認知該項素養實踐之困難度比女性高。綜上所述，依研究者，分析其可能之因素為不同性別之填答者對於校長在校長專業素養上的期待有所不同，且女校長對於自我在校長專業素養的要求高於男校長。

表7-4

不同性別在校長專業素養之差異分析摘要表

校長專業素養	重要性			困難度		
身分	校長	教師	家長	校長	教師	家長
實踐適性揚才，保障學習權益	女>男				男>女	
擘劃學校願景，領導校務發展	女>男	女>男		男>女	男>女	
善用行政領導，展現學校效能	女>男				男>女	男>女
引領課程發展，精進教學成效	女>男	女>男	女>男	男>女	男>女	男>女
優化學習情境，構築未來學校	女>男	女>男		男>女	男>女	男>女
經營公共關係，建立互信文化	女>男	女>男		男>女	男>女	男>女
恪守倫理規範，樹立專業形象	女>男			男>女		男>女

三、偏遠地區VS.非偏遠地區之看法

如表7-5所示，從「是否為偏遠地區」之背景身分，來探究對於「校長專業素養」評分（認知）之差異情形，偏遠與非偏遠地區之校長對於七項素養重要性的看法並沒有不同。非偏遠地區背景之教師在「擘劃學校願景，領導校務發展」、「善用行政領導，展現學校效能」、「經營公共關係，建立互信文化」等三項素養所認知之重要性高於偏遠地區教師，亦即非偏遠地區之教師認為學校校長是否具有「擘劃學校願景」、「善用行政領導」與「經營公共關係」之專業素養較偏遠地區教師所認知更為重要。非偏遠地區之家長在「實踐適性揚才，保障學習權益」、「善用行政領導，展現學校效能」等兩項素養所認知之重要性高於偏遠地區家長，亦即

非偏遠地區之家長認為學校校長是否具有「實踐適性揚才」與「善用行政領導」之專業素養較偏遠地區家長所認知更為重要。非偏遠地區之學校教師或家長，皆認為校長是否具有「擘劃學校願景」、「善用行政領導」與「經營公共關係」之專業素養十分重要，代表家長對於校長在校務經營上是否能「實踐適性揚才」，具有更多的期待。然而，非偏遠地區之家長對於校長在實踐困難度之認知高於偏遠地區家長，代表著非偏遠地區之家長對於校長是否具有「引領課程發展，精進教學成效」之素養，有著更高的要求。綜上所述，依研究者分析其可能之因素為非偏遠地區之學校校長如具備「實踐適性揚才」、「擘劃學校願景」、「善用行政領導」、「引領課程發展」與「經營公共關係」之專業素養，將更符應教師與家長的期待，並有利於校務經營與發展。

表7-5

所在地區在校長專業素養看法之差異分析摘要表

校長專業素養	重要性			困難度		
身分	校長	教師	家長	校長	教師	家長
實踐適性揚才，保障學習權益			非偏遠>偏遠			
擘劃學校願景，領導校務發展		非偏遠>偏遠				
善用行政領導，展現學校效能		非偏遠>偏遠	非偏遠>偏遠			
引領課程發展，精進教學成效				非偏遠>偏遠		
優化學習情境，構築未來學校		非偏遠>偏遠				
經營公共關係，建立互信文化						
恪守倫理規範，樹立專業形象						

四、北、中、南、東不同區域之看法

如表7-6所示，從不同「區域別」之背景身分，來探究對於「校長專業素養」評分（認知）之差異情形，不同區域之校長、教師及家長對於七項素養重要性與困難度的看法並沒有不同。然而，就不同區域別之家長而言，南部地區家長相較北部地區家長，更重視校長是否具有經營公共關係及建立互信文化的專業素養；而北部與南部地區校長，相較東部地區校長，更能體認校長在引領課程發展及精進教學成效的困難度；最後，北部地區教師，相較中部地區教師，認為校長在擘劃學校願景及領導校務發展的困難度較高。綜上所述，依研究者分析其可能之因素為，在具有深厚人情文化之南部地區，家長對於學校校長在經營公共關係及建立互信文化擁有高度的期待；而北部與南部地區之學校校長，在學校課程發展與精進教學的校務經營作為上，較其他地區更受到社會各方之關注，因此該區域之校長所承受壓力亦較高；最後，北部地區的教師對於學校校長在「擘劃學校願景，領導校務發展」之校長專業素養的期待，較其他地區的教師為高。

表7-6

區域別在校長專業素養看法之差異分析摘要表

校長專業素養	重要性			困難度		
身分	校長	教師	家長	校長	教師	家長
實踐適性揚才，保障學習權益						
擘劃學校願景，領導校務發展					北部>中部	
善用行政領導，展現學校效能						
引領課程發展，精進教學成效				北部、南部>東部		

優化學習情境，構築未來學校			南部>北部			
經營公共關係，建立互信文化						
恪守倫理規範，樹立專業形象						

五、碩博學歷vs.大專學歷之看法

　　如表7-7所示，從不同「學歷」之背景身分，探究對於「校長專業素養」評分（認知）之差異情形，在分項部分：碩博士學歷者認為校長專業素養的重要性的評分，於「實踐適性揚才，保障學習權益」、「擘劃學校願景，領導校務發展」、「善用行政領導，展現學校效能」、「引領課程發展，精進教學成效」、「經營公共關係，建立互信文化」等顯著高於大專院校（含四十學分班）者；而在「恪守倫理規範，樹立專業形象」、「優化學習情境，構築未來學校」部分，不同學歷之各種身分者沒有顯著差異。然而，在困難度方面之分項部分：碩博士學歷之校長及家長認為校長專業素養的困難度，於「實踐適性揚才，保障學習權益」、「擘劃學校願景，領導校務發展」、「善用行政領導，展現學校效能」、「引領課程發展，精進教學成效」「經營公共關係，建立互信文化」等顯著高於大專院校（含四十學分班）者。但是，各種學歷教師對於校長在專業素養的困難度看法無差別。再者，在「恪守倫理規範，樹立專業形象」、「優化學習情境，構築未來學校」部分，不同學歷之三種身分者均沒有顯著差別。綜上所述，依研究者分析校長、教師、家長對校長專業素養在學校層級重要性和困難度的看法分歧，差異性較大，其可能之因素為較高學歷校長、家長對於校長專業素養的要求較高而且具有一致性，而不同學歷之教師所覺知的校長專業素養在困難度上並無差異，可能是教師與校長、家長對於各項校長專業素養關注點不同，而導致對於校長專業素養期待與校長及家長有所差異，這部分可以留待後續研究作深入之探討。

表7-7

不同最高學歷在校長專業素養看法之差異分析摘要表

校長專業素養	重要性			困難度		
身分	校長	教師	家長	校長	教師	家長
實踐適性揚才，保障學習權益	碩博>大專		碩博>大專			碩博>大專
擘劃學校願景，領導校務發展	碩博>大專	碩博>大專		碩博>大專		碩博>大專
善用行政領導，展現學校效能	碩博>大專		碩博>大專	碩博>大專		碩博>大專
引領課程發展，精進教學成效		碩博>大專		碩博>大專		碩博>大專
優化學習情境，構築未來學校	碩博>大專	碩博>大專		碩博>大專		碩博>大專
經營公共關係，建立互信文化						
恪守倫理規範，樹立專業形象						

六、不同學校規模之看法

　　如表7-8所示，從不同「學校規模」之校長、教師以及家長背景身分，來探究對於「校長專業素養」評分（認知）之差異情形，在不同身分別的校長、及家長，對於七項素養重要性的看法並沒有不同；再者，在不同「學校規模」身分別的校長、教師及家長，對於七項素養重要性的看法亦無不同之處。然而，在小型學校規模別教師，相較中小型學校規模別教師更重視校長在「引領課程發展，精進教學成效」的素養。綜上所述，依研究者分析其可能之因素，係因小型學校的教師在課程發展的能力不足，或在課程設計負荷量相對較大所導致。所以，小型學校的教師對於校長在

「引領課程發展，精進教學成效」之校長專業素養，較其他學校規模的校長、教師與家長有更高的期待。

表7-8
不同學校規模在校長專業素養看法之差異分析摘要表

校長專業素養	重要性			困難度		
身分	校長	教師	家長	校長	教師	家長
實踐適性揚才，保障學習權益						
擘劃學校願景，領導校務發展						
善用行政領導，展現學校效能						
引領課程發展，精進教學成效		小型 > 中小型				
優化學習情境，構築未來學校						
經營公共關係，建立互信文化						
恪守倫理規範，樹立專業形象						

七、不同學校層級之看法

如表7-9所示，從不同「學校層級」之校長、教師以及家長背景身分，來探究對於「校長專業素養」評分（認知）之差異情形，就在不同身分別的校長、教師及家長而言，高中階段的校長對於學校層級重要性的評分顯著高於國中小階段校長；國小階段的教師對於學校層級重要性的評分則顯著高於國高中階段教師；國小階段的家長對於學校層級重要性的評分顯著

高於高中階段家長。然而，在困難度方面，不同「學校層級」之校長對於學校層級素養困難度的評分並無差異；國高中階段的教師對於學校層級困難度的評分顯著高於國小階段教師；國中階段的家長對於學校層級困難度的評分則顯著高於高中階段家長。其中，在「實踐適性揚才，保障學習權益」、「擘劃學校願景，領導校務發展」、「善用行政領導，展現學校效能」與「引領課程發展，精進教學成效」之校長專業素養上，國高中教師所覺知之困難度高於國小教師。綜上所述，依研究者分析不同「學校層級」校長、教師、家長對校長專業素養在學校層級重要性和困難度的看法分歧且差異性較大;其可能之因素為不同學校層級的校長、教師、家長在各項校長專業素養的關注點不同，而導致其對於校長專業素養的期待有所落差所致，此部分可待後續研究再作深入探討。

表7-9

不同學校層級在校長專業素養看法之差異分析摘要表

校長專業素養	重要性			困難度		
身分	校長	教師	家長	校長	教師	家長
實踐適性揚才，保障學習權益		國小>高中	國中小>高中		國高中>國小	
擘劃學校願景，領導校務發展	高中>國中小				國高中>國小	國中>高中
善用行政領導，展現學校效能			國中>高中		國高中>國小	國中>國小高中
引領課程發展，精進教學成效		國小>國高中			國高中>國小	國中>高中
優化學習情境，構築未來學校					國中>國小	
經營公共關係，建立互信文化	高中>國中					
恪守倫理規範，樹立專業形象		國中小>高中				

「伍」 結論

一、本研究建構之校長專業圖像為「變革時代的領航者」

　　本研究建構之校長專業圖像為「變革時代的專業領航者」。圖像內天空中的爛星象徵前瞻宏觀，亦代表學生中心；三舵手象徵家長、校長、教師協力合作；@符號代表網際網路科技時代來臨；寬舵與網桿象徵國際與本土跨域格局；七波浪象徵本研究建構之素養，學生學習、願景共塑、行政政能、課程教學、空間營造、公共關係、專業倫理。書本乘浪象徵知識就是力量，專業領航。棕色為主視覺色彩代表百年樹人。整體言之，校長應專注於學生學習，以前瞻的辦學視野、宏觀的跨域格局，務實的專業領航發展校務，彰顯教育價值。

二、本研究將中小學校長專業素養面向整合為REFLECT（實踐反思）

　　本研究期盼校長們不是將專業素養當作教條標語，而是真正能落實且省思。因為公共關係（relations in public）需溝通力來圓滿。行政效能（effectiveness of administration）需變革力來達成。願景共塑（foresight with shared vision）需以前瞻力來引領。學生學習成就（learning achievements）的提升需以執行力來落實。校長對倫理規範（ethics）的謹守及自我專業發展（self-development）的提升需覺察力來引導。課程與教學（curriculum and instruction）需創新力來建構。教學與學習環境設計（teaching and learning environment design）需以未來力為方針。

三、校長、教師及家長對校長專業素養之看法相當一致

　　總結在重要性的看法上，不論校長、教師、家長三者皆認為校長專業素養具有一致性的高重要程度。再比較三種代表之重要性認知發現，「實

踐適性揚才，保障學習權益」皆為最重要之層面，顯示我國無論校長、教師與家長都認為一個學校校長最重要的素養應是以學生為中心進行學習領導。總結在困難度的看法上，不論校長、教師、家長三者皆認為七個校長專業素養對一位校長而言，皆在難易適中的程度。再比較三種代表之困難度認知發現，校長認為「引領課程發展，精進教學成效」為相對最困難之層面，顯示校長在這波新課綱改革下所呈現的焦慮。而「擘劃學校願景，領導校務發展」則是教師和家長認為校長專業素養中相對最困難的一項，顯示教師與家長對校長的共同期待，是一位教育的領航者，可以帶領學校走正確的方向。

四、不同背景填答者所認知素養之重要性與困難度略有不同

(一) 性別方面

其中「引領課程發展，精進教學成效」這項素養指引的性別評分差異，無論是校長、教師或家長皆呈現一致的結果，女性所認知該指引之重要性比男性高，男性所認知該指引實踐之困難度比女性高。其可能之因素為不同性別之填答者對於校長的期待不同。

(二) 偏遠與非偏遠方面

非偏遠地區之教師認為學校校長是否具有「擘劃學校願景」、「善用行政領導」與「經營公共關係」之專業素養較偏遠地區教師所認知更為重要。非偏遠地區之家長認為學校校長是否具有「實踐適性揚才」與「善用行政領導」之專業素養較偏遠地區家長所認知更為重要。非偏遠地區之學校教師或家長，皆認為校長是否具有「擘劃學校願景」、「善用行政領導」與「經營公共關係」之專業素養十分重要，尤其是家長對於校長在校務經營上是否能「實踐適性揚才」，具有更多的期待。最後，非偏遠地區之家長對於校長在指引實踐困難度之認知高於偏遠地區家長，代表著非偏遠地區之家長對於校長是否具有「引領課程發展，精進教學成效」之素

養，有著更高的要求。可能之因素爲非偏遠地區之學校校長如具備「實踐適性揚才」、「擘劃學校願景」、「善用行政領導」、「引領課程發展」與「經營公共關係」之專業素養，將更有利於校務經營與發展。

(三) 地區方面

南部地區家長相較北部地區家長，更重視校長是否具有經營公共關係及建立互信文化的專業素養；而北部與南部地區校長，相較東部地區校長，更能體認校長在引領課程發展及精進教學成效的困難度；最後，北部地區教師，相較中部地區教師，認爲校長在擘劃學校願景及領導校務發展的困難度較高。其可能之因素爲，在具有深厚人情文化之南部地區，家長對於學校校長在經營公共關係及建立互信文化擁有高度的期待；而北部與南部地區之學校校長，在學校課程發展與精進教學的校務經營作爲上，較其他地區更受到社會各方之關注，因此該區域之校長所承受壓力亦較高；最後，北部地區的教師對於學校校長在「擘劃學校願景」及「領導校務發展」等專業素養的期待，較其他地區的教師爲高。

(四) 學歷方面

碩博士學歷者認爲校長專業素養指引的重要性的評分，於「實踐適性揚才，保障學習權益」、「擘劃學校願景，領導校務發展」、「善用行政領導，展現學校效能」、「引領課程發展，精進教學成效」、「經營公共關係，建立互信文化」等顯著高於大專院校（含四十學分班）者；而在「恪守倫理規範，樹立專業形象」、「優化學習情境，構築未來學校」部分，不同學歷之各種身分者沒有顯著差異。在困難度方面，碩博士學歷之校長及家長認爲校長專業素養指引的困難度，於「實踐適性揚才，保障學習權益」、「擘劃學校願景，領導校務發展」、「善用行政領導，展現學校效能」、「引領課程發展，精進教學成效」「經營公共關係，建立互信文化」等顯著高於大專院校（含四十學分班）者。但是，各種學歷教師對於校長在專業素養的困難度看法無差別。校長、教師、家長對校長專業素養指引在學校層級重要性和困難度的看法分歧，差異性較大。但大體可見

較高學歷校長、家長對於校長專業素養指引的要求較高而且較一致。而教師認為困難度無差別，可能是與校長、家長對於各項校長專業素養指引關注點不同，而導致對於校長專業素養指引期待差異所導致，這部分可以留待後續作深入之探討。

(五) 學校規模方面

　　小型學校規模別教師，相較中小型學校規模別教師，更重視校長在「引領課程發展，精進教學成效」的素養。可能原因係小型學校人力較缺乏，在課程研發設計負荷量相對較大所導致。

(六) 學校階段方面

　　高中階段的校長對於學校層級重要性的評分顯著高於國中小階段校長；國小階段的教師則顯著高於國高中階段教師；國小階段的家長對於學校層級重要性的評分顯著高於高中階段家長。而在困難度方面，不同「學校層級」之校長對於學校層級素養指引困難度的評分並無差異；國高中階段的教師對於學校層級困難度的評分顯著高於國小階段教師；國中階段的家長對於學校層級困難度的評分則顯著。高中階段校長認為校長專業素養指引重要性高於國中小階段校長；國中小階段的教師和家長認為校長專業素養指引重要性高於高中階段；而國高中階段的教師認為校長專業素養指引困難度高於國小階段教師，國中階段的家長認為校長專業素養指引困難度高於高中階段家長。依研究者分析其可能之因素為不同學校層級的校長、教師、家長對於各項校長專業素養指引關注點不同，而導致其對於校長專業素養指引的期待有所落差所致，此部分可待後續再作深入探討。

﹁陸﹂　政策建議

一、應用此校長專業素養於現場校長專業發展實踐上

　　目前本研究建構完成之校長專業素養係上位概念，係經歷嚴謹大規模

研究調查獲致之結果，亦是迄今爲止國內教育界的最大共識。但是，未來如何落實在校長專業發展實踐上，如何應用本研究發現在素養重要性及困難度分析之結果，以及如何參酌素養在性別、地域、學校規模、學校階段等呈現之差異情形，轉化爲具體可行之實踐指標，皆需進一步的發展與研究。

二、轉化此校長專業素養於學校經營之參據

(一) 學生學習品質之經營

學校是幫助學生獲得成功的地方，學生學習品質之確保是校長首要之責。因此，校長應能考量學生需求，重視課程與教學，推動品德教育，強化正向輔導與品格形塑，保障學生受教權益；領導學校團隊規劃適性學習活動，培養學生群己關係與自我探索，激發優勢潛能，促進學生有效學習；推動多元評量，彰顯適性揚才，善用質量並重的學習成效分析，適時提出改善策略，確保學生學習品質。

(二) 學校願景實踐之經營

建立有意義的願景並帶領全校成員逐步實踐，是校長責無旁貸之使命。因此，校長應具備國際視野與前瞻力，傳達教育理念與價值，帶領全校成員共塑願景，進行校務自我評估，據以規劃且落實校務發展計畫；並應理解學校文化與使命，靈活運用多元領導策略，打造學習型組織，帶領學校永續發展；同時鼓勵團隊創新經營，整合校內外資源，融合傳統與創新，以學生學習爲核心，發展學校特色，建構品牌學校，成就每一位學生。

(三) 學校行政專業之經營

行政即是服務，帶人做事成就圓滿係校長之成功關鍵。因此，校長應能運用行政領導策略，展現行政專業服務作爲；進行有效溝通，激勵學校團隊士氣，帶動成員全力以赴，共創團隊尊榮；推動校務過程中能持續協

調、回饋與改善，致力獲得全校成員的認同及參與；並推動品質管理，進而謀求革新方案，承擔校務經營的責任，展現領導魄力，達成校務發展效能。

(四) 學校課程教學之經營

自有教育活動以來，就有課程與教學，是校長經營校務的主體內涵。因此，校長應能根據學校及學生發展需求，帶領教師掌握新課綱之素養導向內涵，訂定完善的課程發展計畫；以及鼓勵教師踴躍參加學習社群，持續專業成長和進行教學反思，進而創新教學，彰顯教學成效；同時建構課程評鑑機制，適時檢討改進，形塑學校課程與教學特色。

(五) 學校空間規劃之經營

學校建築與校園空間規劃是課程與教學實踐的最佳教具，亦是校長經營理念的具體展現。因此，校長應具備美感素養，展現校園規劃能力，建構友善美感學校；活化空間場域，打造探索體驗學習園地，結合課程教學，實現境教功能；提供完善衛生與運動設施，落實健康生活教育；重視環境倫理，彰顯環境教育，營造生態永續學校；並發揮科技領導能力，提升知識管理成效，掌握未來學習趨勢，構築智慧創新校園。

(六) 學校公共關係之經營

「學校社區化，社區學校化」已然成為現況，公共關係已是現代開放系統中的學校經營不可或缺的重要環節。因此，校長應能整合內外資源，形成回饋機制，建立夥伴關係，運用溝通與行銷策略，主動關懷與參與社區、部落、產業之發展，維持良好公共關係，拓展學校辦學績效，塑造學校優質形象，並能具備風險管理能力，妥善處理校園問題，推動學校教育夥伴的共學與協作，營造和諧共榮的校園互信文化。

(七) 自我專業成長之經營

校長要具備高道德標準，時時覺察、省思與惕勵為人處事之道，展現

教育風範；以身作則、好學不倦，充實辦學知能，並踴躍參加專業社群，樂於與同儕互動，持之以恆的學習成長；面對校務問題與困境，能自我調適管理，依法合理行政，做出專業判斷與決定，領導成員邁向卓越，樹立專業形象。

三、落實此校長專業素養於專業支持系統及領導人才資料庫建置

目前全國校長協會同時正進行校長專業支持系統之建構研究，而未來無論在各縣市專業協會之系統整合、師傅校長培育及認證制度之建構、校長師徒制度及初任校長輔導工具之發展、校長學校經營案例發展之匯編、領導人才資料庫之建置等，皆應逐步連結與落實此專業素養，方能整體性、整全性、持續性地有效提升校長在校務經營之專業素養。

四、中小學校長生態及專業發展之追蹤研究

依據國內最新一波對中小學校長生態及專業發展之調查結果（林信志、許凱威，2020），發現我國高中校長參與正式培訓管道之比例偏低、中小學校長認為參與專業發展之最大障礙為「與工作時程衝突」、校園生態層面中「教師不願意參與學校行政工作」最嚴峻的負向轉變，以及校長工作滿意度明顯低於OECD先進各國。而因應上述這些問題的制度設計方案，皆需有本研究專業素養的指引，方能克盡其功。最重要的是，這樣的生態及專業發展研究不能只有一次性、橫斷性的研究，應該有持續性、追蹤性的調查，才能源源不斷地提供實證，掌握及診斷校長生態及專業發展之問題所在。

五、中小學校長專業證照制度之試辦及效益評估分析研究

專業程度愈高的行業，愈需要證照以證明其專業能力，以保障服務對象所應有的服務品質，例如：律師需有律師證照，被法律扶助者進入法

律程序才能保障權益；醫師要有醫師證照，病患重病進入醫院才能保障生命。依據陳木金、潘文忠、蔡進雄、龔素丹、徐崧瑋、張佳芬（2012）研究指出，九成以上校長同意實施校長專業證照制度，但也擔心會產生客觀具體之認證標準不易訂定、辦理證照檢定機構公信力不足、許多配套法令修訂不易等問題。而今，本專業素養已經訂定，認證標準有了具體依據。其次，國教院成立至今，其校長儲訓課程良好口碑已獲得全國二十一縣市的委託（僅剩臺北市），而全國中小學校長協會更在今年亦納入嘉義市校長協會最後一塊拼圖。研究團隊認為中小學校長專業證照制度實行之各項條件已然成熟，建議教育部後續可以委託全國中小學校長協會與國家教育研究院合作試辦中小學校長專業證照制度，並進行效益評估分析研究，並逐步研修相關法令。

參考文獻

一、中文部分

王秀玲（2010）。國民中學學習領域召集人課程領導現況之調查研究。**中等教育，61**(1)，34- 51。

中國教育部（2013）。義務教育學校校長專業標準。中國：作者。

向美德（2018）。從校長專業標準淺析教育領導之核心能力。**中等教育，69**(3)，57-77。

吳錦章、許添明、林信志、賴金河（2020）。**中小學校長專業標準建構計畫：中小學校長專業素養之研究**。教育部專題研究成果報告（編號：NSC101-2410-H-845-024）。臺北市：教育部。

李安明、陳怡安、謝琬琪（2012）。校長專業發展工作坊評鑑指標——以平衡計分卡概念建構。**嘉大教育研究學刊，29**，1-25。

李昌雄（2003）。**商業自動化與電子商務**。臺北市：智勝文化。

李政忠（2004）。網路調查所面臨的問題與解決建議。**資訊社會研究，6**，1-24。

林志成（2004）。校長卓越領導之行動智慧。**學校行政，33**，10-20。

林志成（2017）。特色學校願景實踐之領導智慧。**教育研究月刊**，**274**，55-68。

林信志、秦夢群（2018）。**國家教育研究院候用校長儲訓課程模組、師資結構與追蹤成效之研究**。國家教育研究院專題研究成果報告（編號：NAER-107-12-I-2-01-00-1-01）。新北市：國家教育研究院。

林信志、張信務（2021）。素養導向之校長專業指標建構：模糊德菲法與IDA之應用。**教育研究月刊**，**325**，52-70。

林信志、許凱威（2020）。中小學校長生態暨專業發展調查之研究。**教育研究月刊**，**317**，56-74。

林明地（2002）。**社區與公共關係**。臺北市：五南圖書。

秦夢群（2019a）。**教育行政理論與模式**。臺北市：五南圖書。

秦夢群（2019b）。**教育領導理論與應用**。臺北市：五南圖書。

陳木金（2004）。知識本位模式對我國學校領導人才培訓之啟示。**教育研究**，**119**，94-104。

陳木金、潘文忠、蔡進雄、龔素丹、徐崧瑋、張佳芬（2012）。國民中小學校長專業證照之研究。國家教育研究院專題研究成果報告（編號：NAER-101-07--C-2-01-00-2-01）。新北市：國家教育研究院。

陳龍安（2005）。創造思考的策略與技法。**教育資料集刊**，**30**，201-265。

曾榮祥（2000）。**國民小學教師轉化、互易領導與教學效能之關係及其應用研究**（未出版之碩士論文）。國立嘉義大學，嘉義縣。

湯志民（2010）。**學校建築與規劃：臺灣未來十年的新方向**。取自http://www3.nccu.edu.tw/~tangcm/doc/2.html/article/E123.pdf

湯志民（2013）。空間領導：原則與理論基礎。**教育行政研究**，**3(2)**，1-30。

新北市政府教育局（2010）。**新北市卓越學校指標**。新北市：新北市政府教育局。

賈寧（2020）。校長變革型領導力提升的策略研究。**教學與管理**，**3**，12。

劉春榮（2019）。臺北校長學——學校卓越領導人才發展方案。**臺灣教育**，**716**，129-145。

歐用生（2017）。**校長學習即領導——校長的學習與學習領導**。臺北市：學
　　富文化。

蔡易均（2014）。**臺北市國民小學教師知覺校長領導行為與學校公共關係之
　　研究**（未出版之碩士論文）。臺北市立大學，臺北市。

蔣佩臻（2019）。**國中小校長真誠領導實踐之研究**（未出版之碩士論文）。
　　國立暨南國際大學，南投縣。

謝月香、范熾文（2017）。析論校長創新領導對教師知識管理能力之影響。
　　學校行政，110，195-210。

駐英國代表處教育組（2018）。英格蘭現行國家校長專業證照之內容領域
　　與評量介紹。**國家教育研究院國際教育訊息電子報，146**，取自http://
　　fepaper.naer.edu.tw/paper_view.php edm_no=146&content_no=6986

二、英文部分

Australian Institute for Teaching and School Leadership. (2018). *Unpack the
　　principal standard.* Retrieved from https://www.aitsl.edu.au/lead-develop/
　　understand-the-principal-standard/unpack-the-principal-standard

Ministry of Education in New Zealand. (2008). *Kiwi leadership for principals:
　　Principals as educational leaders*. Retrieved from file:///C:/Users/user/
　　Downloads/Kiwi%20Leadership%20for%20Principals%20（2008）.pdf

National Institute of Education in Singapore. (2013). *Leaders in education
　　programme*. Retrieved from http://www.nie.edu.sg/studynie/leadership-
　　programmes/leaders-education-programme.

National Policy Board for Educational Administration in USA. (2015).
　　Professional standards for educational leaders 2015. Reston, VA: Author.

第八章

公辦民營實驗教育國小校長素養導向領導發展與實踐之個案分析

陳建志

摘要

　　校長素養導向領導議題，在臺灣十二年國民基本教育及其課程綱要陸續推行後，受到學術與實務界的重視。本文以一所非山非市公辦民營實驗教育國民小學為例，論述該校校長在素養導向領導的八個向度所發展與實踐之相關作為，分別為：(1)擘劃實驗願景，領導校務前行；(2)善用行政領導，提升學校效能；(3)實踐適性揚才，保障學習權益；(4)引領課程實驗，精進教學成效；(5)恪守倫理規範，建立專業形象；(6)優化學習環境，構築未來學校；(7)整合公私協力，培力地方創生；以及(8)深根在地特色，老幼青銀共學。除期望校長素養導向領導能有在學術與實務界有更全面發展，資以提供校長培育與實際領導參酌外，亦能作為教育行政機關在評估學校校長領導成效之參。

關鍵詞：公辦民營、實驗教育學校、校長領導、素養導向領導

一、前言

校長素養導向領導（competency-based leadership）議題，在十二年國民基本教育（以下簡稱十二年國教），以及十二年國民基本教育課程綱要（以下簡稱108課綱）陸續推行後，受到學術與實務界的重視（吳清山、王令宜、林雍智，2021；謝傳崇，2021）。所謂校長素養導向領導，謝傳崇（2021）從素養導向教育出發，將其界定為：「校長具有素養導向教育的領導理念，引導學校成員有效教學，藉以提升學生學習成效與學校效能，較側重於領導中的課程與教學層面」；吳清山等人（2021）則認為，其「係指校長具備正確的領導能力與專業領導素養，協助教師、學生與學校整體之提升，並建構其發展指標。」林信志與張信務（2021）除了分析校長素養導向領導的概念外，更進一步以校長角色任務取向出發，進行校長素養導向領導的指標建構。

近年來，無論是從素養導向教育出發，強調校長課程與教學理念之推展，抑或從校長角色任務強調校長任務之專業素養等，均受到廣泛討論。本研究採吳清山等人（2021）、林信志與張信務（2021）之論述，將校長素養導向領導界定為：校長具有正確的領導能力、作為與專業領導素養，透過角色任務之界定，整合素養導向領導的實踐，以提升教師教學、學生學習、公私協力、空間營造、營運管理與其專業倫理。

相關研究均指出，雖然學校校內外人員皆會影響校務發展，但校長身為最重要的靈魂人物，要能發揮領導功能以確保組織可依據教育本質與目的如常運作，更要參酌學生需求、學校及社區特性，建構學校願景與發展目標，有效進行相關活動規劃設計，提升學生學習成效（吳清山等人，2021；孫曉波、林新發，2020；Hitt, Woodruff, Meyers, & Zhu, 2018；Hitt, Meyers, Woodruff, & Zhu, 2019）。由上可知，校長若能有效實踐素養導向領導，將直接或間接地影響學校成員與校務順暢運作。

近來臺灣家長教育選擇權議題受到各界重視，辦理實驗教育（experimental education）之校數也逐年增加，教育部在2014年針對不同教育樣態制訂實驗教育三法，落實《教育基本法》中鼓勵教育創新與實驗

之目標（林官蓓、陳建志，2020）。也因為實驗教育之學校型態與過往一般體系之學校，在行政體制、課程教學與適用法規等有所不同，若要貫徹實驗教育之精神，校長於校務經營上勢必要有不小幅度的改革。是類學校校長更應審慎評估內外部環境進行有效領導，使行政管理與教學研究相輔相成，達成實驗教育發展目標，其角色至關重要（陳榮政，2019）。校長領導不僅對於一般學校相當重要，李嘉年與鄭同僚（2019）、秦夢群與莊清寶（2019）更強調校長領導乃實驗教育成功與否的關鍵所在。

　　就現況言，學校類型之實驗教育計有公辦公營、公辦民營、私立實驗教育學校等三種，其校數從104學年度的11所（8所公辦公營、3所公辦民營），至110學年度上升為114所（91所公辦公營、8所私立實驗教育學校、15所公辦民營），招收的學生人數亦呈現大幅成長趨勢（教育部國民及學前教育署，2017、2021；教育部統計處，2020；親子天下，2021）。有學者指出，依前述成長趨勢觀之，未來各縣市辦理公立學校實驗教育之校數比例，或許會朝向法律比例的上限快速前進（曾大千、宋峻杰，2020）。

　　近來針對實驗教育學校校長領導、教師教學成效、學生學習品質等相關文章，多以個案研究或政策評析為主（林官蓓、陳建志，2020；秦夢群、莊清寶，2019），有針對公立實驗教育學校家長滿意度進行問卷調查之研究，以及應用於其中之素養教育學習場域行為觀察指標（宋承恩、陳榮政，2020；徐永康、鄭同僚，2021）。碩博士論文部分則相對多元，林錫恩（2021）發現，研究實驗教育的論文有以質性研究方式探究學校轉型軌跡、學校發展、課程領導、學習領導、混齡課程、教師角色、辦學現況、作業手冊編制歷程等；亦有以量化研究進行學生核心素養指標建構、教師教學效能指標建構、教師與家長對實驗教育之看法、創新經營與組織效能的關係等。可知以實驗教育為研究議題已受到重視，且研究方法與主題多元豐富。

　　本研究以公辦民營實驗教育國小校長為個案。個案學校自107學年度起劃分為非山非市地區，同學年度以「開發孩子潛能，成就每個孩子」為願景，搭配四學期制（每學期課程十週、寒暑假約四到六週、春秋假約兩

週）進行課程實施，轉型爲公辦民營實驗教育國民小學（以下簡稱公辦民營學校），適用法令爲《公立高級中等以下學校委託私人辦理實驗教育條例》。該校配合季節時序，將課程規劃爲春、夏、秋、冬四學期，藉由縮短假期長度，降低學生在假期的可能失學與行爲偏差的機率，即使在假期之間受託單位亦能協力學校辦理營隊；在受託單位協力治理後，學校資源更加充沛。爲了讓校內教師在假期時能充實知能、備課與共同討論課程，受託單位增聘四位教師於假期間陪伴學生，平常則擔任課後照顧、夜光天使之行政與教學業務，以降低教師同仁負擔。

　　個案學校於107學年度被劃分地處非山非市地區，其定義爲非偏遠地區學校，因此個案學校不可依據《偏遠地區學校教育發展條例》在師資、人事組織、經費等擁有較大的彈性與補助，相關經費補助係根據2020年修正之《教育部補助偏遠地區學校及非山非市學校教育經費作業要點》辦理。此外，根據2020年修正之《教育部國民及學前教育署補助國民小學及國民中學活化教學與多元學習作業要點》，非山非市學校所能申請的補助經費上限也較偏遠地區爲少，對是類學校發展恐會造成一定程度之影響。

　　研究者因長期與個案學校合作研究，熟悉該校轉型發展軌跡，了解該校轉型公辦民營學校的歷程、校長素養導向領導的實踐、教職員工的協力情形、社區民眾的意見，以及地方教育行政機關與受託單位等作爲。加上近年來實驗教育學校的經營成效受到社會大眾關注，因而本研究將以此個案學校爲例，進行校長素養導向領導發展與實踐之剖析，除期望校長素養導向領導之應用能全面性發展，以提供相關學校參酌外，亦期能成爲教育行政機關在評估校長領導成效時的參考。至於本研究在論及實驗教育學生學習成效時，仍考量國教階段的學生學習成效指標，故以「全國學生學力檢測」、「學生學習扶助篩選與成長測驗」等通用測驗作爲檢視依據，於行文中適度納爲個案學校學生學習成效之佐證。

二、校長素養導向領導意涵與要素

　　在臺灣，以「素養導向」爲關鍵字進行相關查詢，過往研究多聚焦於

教師教學、課程發展、學生學習成效與評量等，研究方法則以行動研究及個案研究為主（湯志民、吳珮青，2021）。隨著108課綱的逐年上路，校長素養導向領導或領導素養議題受到學術與實務界的密切關注，素養、素養導向教學之內涵已於多位專家著作中詳實論述，本研究僅簡要陳述，將重點置於校長素養導向領導之意涵以及要素，聚焦研究主軸。

(一) 校長素養導向領導之意涵

　　針對校長素養導向領導之意涵，多數研究均從認知、技能、態度與價值四面向界定之。例如：孫曉波與林新發（2020）指出：「校長素養領導係指中小學校長推動與素養導向教育之領導，以素質涵養、理念價值引導學校成員，在專業知識、教學實踐、關鍵能力、情意態度等向度上精進，是一種促進創新發展，提升學校競爭力的領導行為或過程。」其中，校長以正確的領導理念，透過專業領導知識、能力與態度，推動與促進學校校務發展。吳清山、王令宜與林雍智（2019）則將校長素養導向領導界定為：「校長具有正確的領導理念、專業的領導素養，並能發揮其領導能力，幫助教師教學、學生學習與學校成長，培育學生具備核心素養，成為能夠適應未來社會的現代公民。」

　　謝傳崇（2021）歸納校長素養導向領導具有以下特徵：首先，校長要以素養導向教育為核心；其次，要能關注學校成員與學生的知識、技能與態度的整合能力；再來，要能適應現代生活和開展未來的前景，因而將校長素養導向領導界定為：「校長具有素養導向教育之領導理念，引導學校成員在專業精進、有效教學、培育技能、涵養態度上成長，進而提升學生學習成效與學校效能。」湯志民與吳珮青（2021）則認為，校長素養導向領導除著重課程與教學領導外，應增加「校長領導作為」主軸，將其意涵囊括校長建構學校發展願景、確定目標與核心價值、精進自身與團隊專業知能、校務創新經營、穩健公共關係、提升學生學習成效、教師教學或課程領導的支持等。綜合前述，本研究亦以「素養導向教育」、「領導素養」與「校長領導作為」等，作為校長素養導向領導的論述主軸。

(二) 校長素養導向領導要素

　　有關校長素養導向領導要素，國內外研究雖持不同觀點，但均有關聯存在。謝傳崇（2021）指出校長素養導向領導，應包含以下要素：1.掌握自發、互動、共好理念；2.共塑素養願景與目標；3.營造素養教學環境；4.提升教師專業素養；5.領導素養課程發展；以及6.確保素養教學品質，從要素中可知較關注課程與教學領導成效。孫曉波與林新發（2020）的研究指出，校長素養領導要素應包含如下：1.關注學生學習成效；2.推動課程及教學轉化；3.有效實施教學領導；4.培育學生關鍵能力；5.從事情境態度涵養；6.注重學生多元展能；以及7.強調情境實踐創新，同樣也較著重課程與教學領導之應用。

　　Hitt等人（2018, 2019）曾研究校長領導與學校效能，提出改進學校效能的七項領導素養，分別為：1.倡導能力和堅毅力；2.引起預期回應；3.建立與支持績效責任；4.鼓舞與激勵他人參與；5.學生學習承諾；6.將問題具體化並找出解決策略；以及7.以研究解決問題。林信志與張信務（2021）採用德懷術以建構素養導向之校長專業指標，發展出以下六個校長專業指標向度，分別為：1.擘劃學校願景，領導校務發展；2.善用行政領導，展現學校效能；3.實踐適性揚才，保障學習權益；4.引領課程發展，精進教學成效；5.恪守倫理規範，樹立專業形象；6.優化學習環境，構築未來學校；以及7.經營公共關係，建立互信文化。吳清山等人（2021）亦採用德懷術建構校長素養導向領導指標，歸納出前述領導指標應領導素養、作為與效能等三大層面，以及擁有領導知識、具備經營能力、建立正向態度、形塑共同願景、引領課程發展、促進教學專業、鼓勵專業發展、教師展現素養教學、學生具有核心素養、確保學校持續改進等十個向度、四十七個具體指標。

　　綜觀前述素養導向領導要素的相關研究可知，相關研究均重視校長領導素養與實際作為。臺灣由於推動108課綱素養導向教學之故，因此期望校長不僅具有領導素養，更應掌握素養導向教育內涵，進行領導作為的實踐。以下將以個案學校為例，就該校校長素養導向領導的發展與實踐情形，析述如後。

三、個案學校校長素養導向領導之發展與實踐

　　本研究依據吳清山等人（2021）、林信志與張信務（2021）所建構之素養導向領導向度，調整六個向度文字爲「擘劃實驗願景，領導校務前行」、「善用行政領導，提升學校效能」、「實踐適性揚才，保障學習權益」、「引領課程實驗，精進教學成效」、「恪守倫理規範，建立專業形象」、「優化學習環境，構築未來學校」爲主軸，訪談問題以上述六個向度發展出六題，加上「除了上述面向外，校長是否有其他領導作爲」，以及「對於學校發展，您是否有相關建議」等兩題作爲訪談題綱。

　　訪談對象總計有個案學校校長、受託單位執行長、主任、教師與志工家長各一名，訪談時間自2021年7至8月，每人訪談1次，每次1.5小時，逐字稿資料稿的編號如EP-0804-1-3，EP表示校長，EE、ED、ET與EV則分別代表受託單位執行長、主任、教師與志工家長，第二碼0804表示日期、第三碼1則是訪談題綱第一題、第四碼3則是代表摘記於逐字稿第三頁文本，並歸納訪談文字與向度內涵，達成Denzin（1994）所指之質性研究文字須經研究者的詮釋歸納方爲有意義的論述。其後分析時亦參酌該校實驗教育計畫書、校務發展發展中長程計畫、學校與受託單位網頁、Facebook粉絲專頁文章等文件資料，並與訪談資料交叉驗證，其中，訪談結果並未融入個人想法或經驗，力求價值中立，期使本研究能獲致眞實的現象與意義。

　　最後，考量個案學校校長所處的領導脈絡特性，另歸納出「整合公私協力，培力地方創生」及「深根在地特色，老幼青銀共學」等兩個向度，以前述八個向度作爲個案學校校長素養導向領導的發展與實踐情形之論述依據。以下將先陳述個案學校校長素養導向領導作爲，進而評析其領導作爲的實踐內涵、可能存在的優缺與困境等，並於評析部分進行綜整分析。

(一)擘劃實驗願景，領導校務前行

　　校長能否確實盤整學校發展脈絡與相關資源，有效規劃實驗學校願景、引領校務發展，是領導的重要面向。個案學校於107學年度轉型公辦

民營學校，校長首要之務便是有效凝聚校內團隊、社區民眾與利害關係人等共識，進行有效溝通。在權衡學校是否轉型前，校長先邀集對實驗教育有熱忱的校內團隊及社區人士商議，依據《教育部國民及學前教育署補助推動實驗教育要點》，評析轉型對學校、學生及社區發展的優劣勢，此過程中，也詳實分析轉型對學校整體營運、教職員工、課程發展與設計、社區永續與創生的優劣勢。校長就曾提及：

> 學校轉型並非一朝一夕，也不是我一個人想要轉型就可以轉型。在某次凝聚共識的會議上，我就與部分校內同仁及社區人士分享，現在學校屬於公辦公營籌備時期，目前地方教育行政機關與我聯繫，有一民間單位有意願與學校媒合，協力學校辦學，該單位過往長期進行社會服務，現在希望直接從教育著力，藉由協助學生，一起帶動家庭與社區的發展。聽到後，我很有興趣，也先後與部分校內同仁與社區民眾溝通，轉型公辦民營學校除了有更多經費辦學外，民間單位的參與也會活絡社區經濟，同時該單位也承諾會尊重學校既有文化，甚至提供激勵教職員的額外獎金，讓老師們更有服務動力。不過說老實話，轉型前除了校內要有共識之外，我也常需要跟民間單位開會，但是為了學校的發展，我都甘之如飴。（EP-0804-1-3）

以轉型後學校增加受託單位協力辦學為例，可解套原先缺少人力執行之夜光天使課程、原先全校全日制課程額外經費便無須再對外募款（轉型公立實驗教育學校，教育部第一年最高補助80萬元，其後每年最高補助40萬元；受託單位亦須根據行政契約進行資金挹注）等，降低被劃分為非山非市地區學校在經費上的困境，此一論點致使多數成員認可轉型。達成初步共識後，將學校初步發展願景訂為「開發孩子潛能，成就每個孩子」，以推展「智、德、仁、孝」為教育目標。

達成初步共識後，校長與校內核心團隊成員（如教導主任、資深教師

等）透過會議溝通理念，主要針對增加受託單位協力治理，讓學校於經費運用、課程特色、行政編制更有彈性，彌補被劃分為非山非市類型學校的經費缺口，並藉由實驗教育特色穩定學生來源，甚至有跨區招生的效益；社區方面則是新增受託單位協力，有利於協助社區進行地方創生、改善社區經濟、活絡社區發展動能等，前述觀點能確實激勵多數校內成員，並獲社區民眾認可，轉型後亦出現上述正向效果。志工家長就提及：

> 要轉型公辦民營學校前，其實社區也會擔心，想說轉型後，學校會消失，這間學校是我們的母校，如果消失的話，我們會很捨不得。也有很多家長問校長這個問題，在得到校長回答一切照舊，還有長期提供社會救助、食物銀行等公益服務的民間單位協助學校辦學，對於我們這個人口老化的社區也會提供相關資源，讓更多民眾有就業機會，因此我們都很期待，也很支持學校轉型。（EV-0804-1-1）

　　在多元且有效溝通的助力下，多數團隊成員確實受到感染，願意為了轉型全力以赴；在集體共識下，校長亦積極配合地方教育行政機關媒合受託單位，展現承擔校務經營的責任。107學年度，個案學校正式由受託單位協力辦學，招生上除穩固學區內學生外，更吸引跨區、跨縣市認同該校實驗教育理念的家庭，學生人數逐年成長至109學年度的86位、110學年度接近100位，能見度逐年提升。如上所述，校長在擘劃實驗教育學校願景後，透過妥善溝通與積極傾聽，提振內外部團隊士氣與認同感，致力校務推動、謀求行政革新，展現行政領導擔當。

(二) 善用行政領導，提升學校效能

　　確認願景與目標後，個案校長帶領學校成員共塑與解析願景，傳達教育理念與價值，進行校務自我評估，據此規劃與落實該校2019至2022年校

務發展中長程計畫。因為受託單位的進駐，個案校長不僅要對學生家長、社區民眾、地方教育行政機關負責，也要在實驗教育計畫書的規範下，接受受託單位的協力與督導。因此，校長運用多元領導策略，對各單位採取不同的領導方式，對受託單位的向上領導，校內團隊的分布式領導、道德領導等，積極打造團隊成為學習型組織，帶領學校永續發展，同時亦鼓勵團隊根據實驗教育計畫書與校務發展中長程計畫形塑學校特色。

此外，個案校長著力於建立學校識別系統（school identity system），藉由長年推動在地生態課程之貓頭鷹視角，融入雙語、生態與科技校訂課程發展，整合校園空間環境、出版學生與樂齡學員家鄉故事繪本，建構「貓頭鷹幸福學園」之學校識別系統；除此之外，透過一系列正式會議溝通確認理念與執行進度是否有落差。以下為該校定期召開之正式會議，校長透過公開會議時傳遞理念，並確認各項業務進度：

1. 每季召開一次校務發展委員會議，確保校務穩健發展

校務發展委員會委員包含專家學者、受託單位代表、教育和學校行政代表、家長與教師代表等，針對學校行政運作、課程與教學活動實施、環境設置、經費運用、人力協調運作等進行討論，確保學校與受託單位運作符應行政契約與實驗教育計畫書。例如：於會議中討論學制調整為「四學期制」之效益，優勢為學生學期間的學習內容與假期有所區分，因此無論在學期課程或假期活動時，學生會更加專注。

2. 每季召開一次校務會議，議決重大校務發展事項

因四學期制之故，個案學校每學期均會召開一次校務會議，內容多為上次會議進度追蹤，重大校務發展事項議決等，頻率與一般兩學期制學校相仿。實驗教育計畫書、中長程校務發展計畫等執行狀況也會在校務會議時報告。

3. 每半年至少召開一次課程發展委員會議，穩健實驗教育課程發展脈絡

個案學校每半年至少會召開一次課程發展委員會，秋季的會議，議題為部定與校訂課程實施前策略的討論與聚焦；夏季則有兩次會議，第一次議題聚焦於下學年課程計畫的撰寫格式、校訂課程架構主軸確認及協調撰寫人員；第二次議程則為下學年部定與校訂課程內容報告，並由全校教師討論審核，其後進行本學年課程檢討與評鑑。

4. 每週召開行政會議，暢通交流管道

個案學校每週均由校長召集，受託單位執行長、學校主任、組長、幹事與護理師等召開行政會議，商議行政業務以及即將到來之重大活動，確認兼辦行政同仁業務進度，以及是否需要相互支援，維持團隊工作效率。

5. 每週召開教職員夕會，宣達重點業務與事項

個案學校每週舉行教職員夕會，由校長召集，受託單位執行長、全體教職員出席會議。討論主題除了以領域為核心，進行實驗教育課程發展的專業討論外，兼辦行政同仁亦宣達近期學校推動事項，校長則適時補充教育行政機關頒布之教育政策與教育時事，及學校相對應之作為等。

6. 每年至少一次教職員共識會議，凝聚共識、聯繫情感與系統增能

個案學校每年於假期時會辦理兩天一夜的共識會議，一方面磨合新舊團隊與受託單位，另一方面結合校訂課程或學校發展特色，提供教職員增能。該會議曾在臺南尖山埤江南渡假村辦理，用以提升團隊戶外教育與生態踏查知能；亦曾結合「茶文化」校訂課程，辦理嘉義茶園共識參訪會議。

7. 每半年召開一次家長座談，宣達實驗教育成效與溝通互動

除搭配節慶定期舉行之母親節活動、校慶運動會外，個案學校每半年也會辦理一次家長座談會。在全校家長時段，除業務宣達外，校長與受託單位代表會與社區家長分享校務發展軌跡與作為；班級家長時段，則提供家長與班級導師溝通時間，主軸在於討論學生學習成效（含學習檔案），

及蒐集對班級與校務發展之建言。

8. 每週召開一次教師社群會議,聚焦學生學習成效討論

　　個案學校每週五下午第六、七節的課程時間均安排外聘鐘點教師授課,此時全校專任教師依專長分組於不同社群進行會議,社群主軸聚焦學生學習成效議題(如108課綱素養導向的教學與評量設計、思維數學運作、實驗學校校訂課程發展等),在社群運作時,校長則視主題加入各社群的討論。

　　前述會議的召開雖耗時費力,但可透過會議確認實驗教育學校之校務經營、課程與教學、學生學習、財務運作等是否呼應實驗教育計畫書,進而在每3年舉行之實驗教育評鑑中,檢核經營計畫、行政契約執行、學生權益、學生學習、財務狀況、相關法規等面向。個案校長在既有校務運作軌跡上,開創實驗教育學校校務發展途徑,平衡受託單位、校務發展委員會理念,符應教師、社區民眾期盼,進行校務治理之擘劃與後續領導,藉由會議凝聚集體共識,掌握實驗教育之核心價值,共塑並溝通學校願景、融合傳統開創新局,營造特色品牌學校。

(三) 實踐適性揚才,保障學習權益

　　個案校長重視課程與教學,推動品德教育、強化品格形塑,以期保障學生受教權益。在領導學校團隊時,重視適性學習活動,培養學生群己關係與自我探索,激發學生優勢潛能,促進學生有效學習。此外,更引領教師善用多元評量進行學習成效分析,確保學生學習品質:

　　　在我們學校,老師們會依據不同的領域或專長組成團隊,以團隊合作的方式進行教學活動,也在學生輔導、課程發展與設計、教學實施相互支援。例如:我之前有帶領科任教師社群,主軸就是怎樣進行混齡教學,我們解構自然與社會領域教材,再將其重組,也對後續的多元評量,例如:紙筆測驗、學習單習寫、學生公民行為實踐、實驗操作等進行深入討論。(ED-0729-3-1)

　　此外，該校師生比佳，較易滿足學生個別需求，結合實驗教育計畫書中「推動守護神圓夢計畫」，讓孩子在有興趣的領域中成功。圓夢計畫以成功者圖像為守護神，建立以學生為中心的主動學習機制，鼓勵學生探索世界、找到個人守護神，引導學生學習守護神的精神，設定目標後勇往直前。以下為個案校長於此向度之作為：

1. 成立貓頭鷹家族（owl clan），體驗正向微型多元化社會

　　校園建築與學生學習採貓頭鷹家庭（owl house）模式，提供有效學習成長環境，規劃若干貓頭鷹家庭後，串聯不同的學習空間，全體師生共組一個大家庭。在編組後的貓頭鷹家庭中，教職員了解個別學生特質、社交和學習情況，學生入學後加入適合的貓頭鷹家庭，在教職員與學長姐的引領下，開展後續學習生活。

　　這種學習模式，能夠促進人際互動，深化親師生對貓頭鷹家庭的認同，提供學生歷練領導能力的機會，在聚會中也可傳承與落實品德教育精神。透過教學與日常生活學習，學校形成正向微型的多元化社會，學生在學校生活中學會與他人互動，在過程中也學到相關學習領域知識與能力，積累正向能量，進而更認識與了解自己，最終成為自己期望的面貌，此亦為「推動守護神圓夢計畫」終極目標。

2. 建置學習成長檔案，完備成長軌跡與協助學習特性判準

　　教師建立每生學習成長檔案，其重點包括基礎領域學習能力（如教育部學生學習扶助系統測驗表現、學生領域學習節點與相關優劣勢能力）、相關競賽獲獎、領域優秀成果等，透過學生學習歷程的蒐集，評估與發掘學生多元特質與能力。若學生雙語生態導覽表現優異，便代表學校進行交流；若語文領域學習效果佳，則代表學校參加語文競賽；若班級上某學習領域學生節點相同時，教師亦會檢視並調整在此節點上的教學。此外，教師也會藉由評量後的試題檢視、社群會議時的學生成效評析、教職員夕會時的班務討論等，評估學生的學習動機、態度與能力，調整教學與評量，並且透過親師交流（家長座談會、學校臉書粉絲頁、班級LINE群組等）與家長分享學生學習，使家長能充分了解、接納自己與孩子，至於學生學習成長檔案，亦常在教師社群、課程發展委員會議中討論。

3. 品德教育納入校訂課程，符應受託單位辦學宗旨與普世價值

品德教育是受託單位承接時期盼推廣要點。學校在轉型第一年僅透過故事融入教學、辦理宣導活動，或提供獎助學金等方式來推動品德教育，為讓品德教育更扎根與落實，108學年度通過課程發展委員會議後，將「茶文化」課程納入校訂課程中，由受託單位提供茶文化課程所有協力，從講師聘請、茶種選擇、品德融入教學策略等，都由受託單位負責，由低到高年級採螺旋式課程方式進行，學習靜心、寧靜致遠、待人接物，以及應對進退等品德涵養，也於外賓參訪、校際交流等活動，讓學生進行奉茶體驗，藉以涵蘊學生品德素養。

> 校訂課程中，茶文化課程108學年度才開始實施，每季課程配合自然時序與學生學習階梯，各年級有不同的主題，搭配品德教育、生命故事以及茶道英文的推動，學生在學習後可於活動中奉茶、依照自然時序擺設茶席、製作茶帖、茶侶合作、雙語體驗等，讓茶文化與日常生活與國際社會有所連結，也提供學生更多元的學習管道。茶文化課程中有一點很有趣，那就是不是平常會讀書的孩子表現就一定比較好，茶席擺設上需要日常對校園觀察比較敏銳的孩子，因為他們會蒐集合適的校園植物並加以應用；茶侶合作則是考驗團隊間的默契及學生間的溝通互動，這些都不是傳統紙筆測驗可以評量的內容。（ED-0729-3-2）

4. 多元社團活動選擇，協助發掘優勢潛能

藉由綜合活動與課後時間規劃多元社團學習活動，幫助學生探索音樂、肢體動覺、空間、自然等興趣與特長，拓展學習視野，建立自信，透過課程與社團的培養，發展出學校獨特之社團特色。

校長在此向度上的領導著墨於建立貓頭鷹家庭，落實親師生於微型多元化社會的正向體驗。透過教師引導學生適性學習，提高學習成效，並

時時檢核學習績效，確保學習品質，亦藉由宣導活動、課程教學、獎助學金、親師生的互動中，落實生活中品德教育的推動。

(四) 引領課程實驗，精進教學成效

　　個案學校轉型為公辦民營學校，除重視校長行政領導與溝通協調能力外，亦高度重視課程與教學領導作為。在課程設計與教學實施中，校長會依據學校及學生發展需求，引領教師在正式與非正式會議中，討論108課綱素養導向內涵，進而建構實驗學校課程發展計畫，並規劃教師依專長或領域加入社群，進行專業成長和教學反思，而後建構實驗學校課程評鑑機制，適時檢討改進，形塑學校課程與教學特色。

　　以素養為導向的趨勢，著重於教師專業素養的培育，致使實驗教育學校的教師在專業知能上受到社會大眾高度重視（林官蓓、陳建志，2020；Jusović, vidović, & Grahovac, 2013），故個案校長鼓勵教師進行課程研發與創新教學。分析實驗教育計畫書，該校首重培養教師人文精神，即對教育的使命與熱情；其次是教學專業與實務能力的培養，如創思教學、班級經營、教學策略等專業知能；再來則是培養在地與國際化的能力，帶領學生擁抱在地、理解全球：

> 在學校，我希望老師不是只有教學生單純的背誦與記憶，要透過課程與教學創新，引發學生自主學習熱情，鼓勵學生將所學應用於生活中，提升學生的興趣與學習熱情，這樣才可以深化學生的學習成效，並且連結到未來的生活。以四學期制的課程為例，每季課程都以螺旋式主題課程進行規劃，也提供學生更多發表展演的舞台，這樣學生才會更有學習的動力。（EP-0804-4-1）

　　個案學校在部定課程中採用部編版教材，校訂課程中則採教師自編之本位教材，校訂課程內容有在地化的生態環境課程、國際化的英語沉浸

課程、普世品德價值的茶文化課程、解構運思模組的思維數學課程、符應時代趨勢的科技課程等。在課程發展委員會議上，校長期盼學生可將此觸角延伸至其他學習領域，深化學校領域學習課程，亦引入社會資源，推動「產、官、學、研」的協力模式，形塑學校、社區及外界良好關係：

1. 深耕學生學習，培養閱讀素養

透過各領域文本深化落實，啟發學生自主閱讀課外書籍、網路資料來增廣見聞。例如：個案校長在引領教師團隊發展教學策略時，會藉由六頂思考帽、PIRLS四層次提問、大六教學法（big six skills）等策略，引領教師深化各領域教材，並透過學習單的設計，檢視學生學習成效。

2. 英語沉浸教學，扎根生活學習

該校從一年級開始即全面實施英語教學，營造雙語學習環境，相關課程也結合生活美語，並搭配學生通過檢核公費出國遊學的激勵制度，誘發語言學習的動機。109學年度個案學校通過「雙語教育推動試行學校」計畫，配置一名外籍教師協助推廣雙語教學；因為外籍教師的支援，親師生於生活中大量使用英語，讓英語學習情境更加生活化，延續課堂上的學習。

3. 課程跨域連結，整合系統學習

該校課程發展時會融入校園軟硬體設備與鄰近保護林地等資源，營造能讓學生主動探索之學習場域，發展出具備雙語、科技與生態之特色校訂課程。例如：109學年度五年級校訂課程中，讓學生於生態課程盤點學校與社區資源後，進行家鄉導覽地圖製作，行銷家鄉特產；雙語課程搭配家鄉產業與學校特色，引領學生雙語導覽；科技課程則結合影音素材剪輯，整合同儕討論、行銷家園等片段製作影音檔案，最終於發表會上對親師生與社區民眾進行成果展示。

4. 走出課室學習，應用生活知能

個案校長認為學生的學習不該只發生於課室內，本著「真正的學習就在日常生活」之理念，強調走出課室的學習，讓生命有不同的體驗。因此個案學校相當重視戶外教育課程，也獲得中央與地方多項戶外教育計畫補助，結合校訂課程，每半年安排一次的全校性戶外教育課程。

5. 落實公開授課，素養教學深化

公開授課在個案學校已習以為常，教師從備課、說課、觀課與議課的過程，自然發展出以提升教學成效、學生學習為核心的課程模組。108課綱亦要求校長須公開授課，對身為課程督學的校長而言，可藉由與團隊夥伴備課、說課、觀課與議課的過程中，傳遞對素養導向與實驗教育課程改革之理念。此外，校長為首席教師領導者，若教師公開授課時，校長無公務在身亦會全程陪同，並全程參與課後議課，提供教師成長策略。

6. 週三進修增能，週五社群會議

吳清山等人（2021）指出，在素養導向教育主軸下，教師專業增能是提升學生學習成效關鍵。校長在促進教學團隊動能上，強調融合專業知識、實踐能力與專業態度，形塑校內教師共同學習文化，帶領學生學習與創新思考。個案學校學生入學後便建立學習檔案，教師須具備「偵測—回應」的即時回饋功能，針對學生學習檔案反思教師教學與學生學習間的落差，並具備了解學生需求、搭建學習鷹架、支持學生發展等能力，並且透過校內週三進修課程、週五社群會議進行增能。

學生是實驗教育的主體，教師是達成實驗教育目標的核心推手，校長與受託單位提供教師專業發展的支持，藉由各種對話場域，提升教師專業與反思能力。在豐富多元的教師專業成長課程中，引導教師深化與應用。如上所述，可知校長在此向度的領導，著重於引領團隊理解素養導向與創思教學內涵整備實驗教育課程，善用行政領導之定期召開課程發展委員會議，確認課程計畫與課程評鑑等內容，激勵教師創新教學與專業成長、鼓勵教師活用多元教學策略，呼應十二年國教政策規範與實驗教育計畫書內涵，積極引領校務發展。

(五) 恪守倫理規範，建立專業形象

個案校長強調以身作則、好學不倦，積極充實辦學知能與踴躍參加專業社群，維持持之以恆的成長。面對校務問題與困境時，校長能自我調適，依法合理作出專業判斷，樹立專業形象。其次，個案校長長期擔任中央與地方教育行政機關訪視諮詢委員、於教育博士班進修、擔任課程督

學、輔導校長等,均可看出個案校長具備行政領導、課程教學之專業素養,並有持續成長的動力。

個案校長著重互動溝通、體認彼此感受與建立人際關係;正式會議與溝通時,個案校長則會發揮專業,針對問題開誠布公進行討論。轉型前雖然部分教師質疑轉型之合適性,但校長不論在正式或非正式會議與溝通時,都以學校、教師、社區、孩子共好的想法進行溝通,期盼校內教師把學校孩子當成自己的孩子培養。因此,即便轉型公辦民營學校,因行政運作、學制安排、課程教學、學生學習樣態的不同,導致每年均有教師異動,然而對於公辦民營學校的認可與嚮往,仍舊吸引許多正式與代理教師選擇加入該校,校長總是秉持正向態度,期盼有心到個案學校服務之教師能認同學校願景與目標。

> 107學年度轉型到現在,即便受託單位每年額外發放激勵獎金、很多競爭型計畫,我都自己撰寫與執行,希望降低同仁們的工作壓力,可是每年仍然有2-3名教師因為家庭因素、個人理念等原因異動,有時我會有些遺憾,不過我都尊重他們的選擇。說老實話,其實對我自己也有一些影響,學校每年都要進行新進教師培力,以及面對新舊團隊的磨合,學生也要適應不同教師的教學。不過,實驗教育是一項美好的教育工程,每年也會有正式教師因為對於實驗理念的嚮往,或是受到校內同仁邀請進入本校,也因為學校的課程都已經建構完畢,每年滾動修正,新進教師都有可以參考的依據,加上每年我們也都會辦理共識會議融合新舊團隊,對於每年的團隊,我都非常有信心。(EP-0804-5-2)

身為學校領導者,校長採取以身作則的方式領導團隊。從相關計畫的撰寫、執行到核銷都可看到其身影,加上校長認為轉型公辦民營學校,教師們有不同任務與使命,因此部分競爭型計畫亦由校長操刀執行。校長親

力親爲之舉，偶爾也會讓人擔憂工作負荷量與身心健康，因爲校長除有中央與地方教育行政機關訪視諮詢委員、博士班學生等身分，也因轉型公辦民營學校有更多資源挹注，加上承接許多地方教育行政機關業務，導致工作量上升，致使偶有教師出現適應問題而選擇調動，此兩難情形也是目前部分實驗教育學校所面臨的問題，但在個案學校，也因校長戮力辦學，觸動社區家長與校內其餘團隊成員，亦獲受託單位高度認可。如以下受託單位執行長的回應：

> 在還沒正式與學校簽約前，因爲觀察到學校一些環境設備需要改善，我們都會跟校長約在週末假日施作，那時看到校長也都在學校陪伴樂齡學員上課，就更堅定我們要與學校合作的意願。正式簽約後，我們更常到學校來，學生夜光天使課程、家長讀書會、樂齡課程進行時，只要校長沒有公務，他也幾乎都會參與陪伴，很多時候我們都會請他回去休息，不過校長總是希望可以有更多時間參與，這樣的校長真的很讓人敬佩。
> （EE-0729-5-1）

雖然校長的努力值得肯定，不過前述情況與陳延興與朱秀麗（2018）所提及實驗教育學校教師面臨負荷過重相似，人員斷層、每年新舊教師團隊的整合與培訓，同樣也是個案校長辦學的隱憂。

(六) 優化學習環境，構築未來學校

校長從校舍系列工程展現校園規劃能力、建構友善美感空間、活化空間場域，並能打造探索體驗學習園地。此外，該校工程也結合課程，實現境教功能，掌握未來學習趨勢，建構智慧創新校園，提供實施生活教育的完善空間。在2017年新建校舍工程、2018年校舍耐震補強工程完工後，校長仍持續改善優化學習環境，在既有生態校園的基礎上持續改善，以下爲校長在此向度的實踐作爲：

1. 校舍新建工程，實踐「小校大家庭」在地生態建築

2017年校舍新建工程完工，隔年也獲園冶獎，校舍主結構以學校識別系統之貓頭鷹意象貫穿，透過鋼構與輕隔間的設計，搭配室內教學空間活潑的色彩牆面與跳動地磚鋪面，營造活潑的視覺體驗，在小校大家庭的主題構想下，以大面積的遮蔽空間形塑半戶外場域，創造出不同尺度的教學與活動空間。此外，一樓教室外設置共用空間，提供學生自主學習場域或貓頭鷹家庭聚會使用，更利用公共藝術款項設置大型貓頭鷹裝置藝術，以貓頭鷹親子互動為發想，作為師生與親子相互守護的表徵。

2. 校舍耐震補強與社區共讀站工程，完備親子共學基地

2018年校舍補強、2019年社區共讀站完工，整體校園更具協調一致性，個案學校與社區連結也更為緊密。個案學校為該地區樂齡學習中心，也是當地老幼共學的基地，校舍補強工程完工後，部分教室為樂齡學習中心授課教室；社區共讀站完工後，也同樣提供社區民眾與樂齡學員於開放時間使用，成為親子共學的最佳場所。

3. 生態腹地與環校生態步道工程，擴大課程實施場域

2018、2020年完工之生態池、幸福園圃，以及環校步道內，遍植各種烏心石、樟樹、苦楝等臺灣原生種植物，不只吸引貓頭鷹、白鷺鷥及多種鳥類到此覓食，這些角落也延伸學校領域及校訂課程授課場所，呼應前文所提「走出課室的學習」。這些場域同樣也是外賓參訪與遊學的路徑，亦為夜觀貓頭鷹課程的場所，未來校內亦會設置貓頭鷹地圖，可隨時提供貓頭鷹的資訊以及棲息樹種等解說。

4. 教室科技智慧化，落實創思與數位教學

個案校長強調科技輔助教學，教室內均配置65吋觸控電視與對應之電腦、WIFI、可供全班同時使用之筆記型電腦與平板等資訊設備供教學使用，教師也利用週三與週五進修與社群等時間操作練習，並於日常課堂熟悉與應用。2021年5月中，因疫情關係學生停止到校上課，但該校已整備完畢，可隨時進行遠距教學。此外，該校亦設置一間多功能智慧教室提供教師與學生不同之體驗，藉由大量書寫空間設計與科技化的互動模式，課程進行時學生除了可觀看教室前方的簡報與黑板外，亦可透過教室側邊之

螢幕進行小組討論，有利學生討論與教師創思教學。

(七) 整合公私協力，培力地方創生

個案校長積極整合內外資源，致力形塑在地文化，調整組織結構，讓教師在充滿動力的氛圍中工作。校長亦主動參與社區產業之培力，維持良好公共關係，塑造學校優質形象，營造成長共榮的校園文化，並整合受託單位、中央與地方教育機關、社區與相關公私部門，帶動學校與社區共同發展。以下分別就受託單位挹注、社區整體發展與團隊成長氛圍方面析論之：

1. 受託單位挹注層面

因學校資源有限，各級學校會依辦學特性，規範土地、校舍、教學設備、學區劃分、教職員工晉用與待遇、行政組織與員額編制、經費運用等內容，轉型公辦民營學校會適度在法規與規範上鬆綁，但亦須符合經營計畫書內提及之實驗教育法規及替代方案（包含校長聘用與任期等）。受託單位協力經營後，積極與社區互動並參與社區活動，藉由學校的轉型，帶動社區的發展，例如：提供社區就業機會、正向社區氛圍改善均為轉型的附加價值。此外，受託單位亦提供受託單位版本之「夜光天使」課程，由受託單位負責經費、師資、教材教具、學生伙食等費用，為需要協助的學生進行課業輔導與才藝活動，除穩健基本學力外，也開拓多元智能的學習。

2. 社區整體發展層面

個案校長積極規劃樂齡學習中心課程與活動，凝聚社區共識、活絡社區學習氛圍，並積極擴展學習據點至其他社區，期盼能帶動心靈與經濟兼備之社區景象。此外，受託單位亦引入專業資源，擴大學校既有樂齡學習中心課程規模，帶動老幼共學，發掘社區居民的才藝與自信，吸引更多遊客駐足及遊學，提高社區能見度。

此外，因學區內家長白天須外出工作，缺少晚上進修學習的管道，校方亦與受託單位合辦晚上與週末之家長讀書會」，邀集有意願共讀的家長到校增能，閱讀家鄉故事繪本、學童教養等書籍；或執行「我陪伴你讀冊」計畫，成立伴讀家長班，培力社區家長教學技巧與策略，並組成陪讀

團隊於課後時間陪伴學生讀書；或於夜光天使課程時，組成「夜光天使協力團隊」，執行陪伴學生用餐、協助課程進行、安全維護等工作；或於夏日樂學課程時，邀請社區專業人士擔任社區遊學路線踏查、社區產業、經濟活動之講師；或於外賓參訪、學校重大活動（如校慶運動會）時，邀請樂齡成員表演，加深對自身與學校的認同，進而帶動社區正向成長。除此之外，受託單位更引入食物銀行等社會慈善事業及教育專業資源，透過活動倡導「智、德、仁、孝」願景，耕耘社區良善文化並向外拓展影響力。志工家長就曾提及：

> 這位校長到任後，社區與學校的關係都活絡了起來，學校與受託單位開辦樂齡班與家長讀書會，也會在活動時邀我們表演，讓我們有更多發表的機會。除了到學校表演外，我們也在中秋節、祖父母節時到其他地方去表演，很多社區民眾都很開心，也更熱衷於參與學校的活動。（EV-0804-7-1）

3. 團隊成長氛圍層面

　　學校透過「產、官、學、研」協力推動教師專業發展，如中、低年級校訂課程實施之「思維數學」便為一例。思維數學的授課打破既有數學運思模式，重整108課綱數學學習領域之課程結構，系統化提升學生數學計算、推理與應用能力。教師專業成長有了外界資源挹注將有事半功倍之效，校長依據學校課程屬性，評估教師需求後引進外界資源，亦引領教學團隊進行深度討論，充分發揮「產、官、學、研」協力之效能，營造團隊成長氛圍。同時也因校訂課程的關係，該校與地方連結更為緊密，亦有活絡地方產業之成效。豐沛的資源雖可供教師學習成長，但部分教師對兩種主管單位（受託單位、地方教育行政機關）會產生不同認知；對於校長及一般教師而言，多方壓力的來源對學校運作是否存有影響也值得深究：

> 對我來說，在實驗教育學校服務與一般學校最大不同就是會議與資源都很多，是一種學習，不過也有壓力。首先，因為有受

託單位協力辦學，所以偶爾要跟他們開會，加上校內定期會議
與社群共備會議等，很多時間都在開會中渡過；再來我們的資
源比較多，例如：社團教師多樣性、思維數學也可請業師輔
導，學生學習模式也很多元，但是對教師而言，我們也必須要
持續學習不同的教學模式或是策略；最後，雖然受託單位有提
供激勵獎金，這個制度很吸引人沒錯，不過除了一般績效外，
也要符合一些關鍵績效指標（如指導學生獲獎等），以這個觀
點來看的話，我到原住民或離島學校服務就好，每年都有額外
加給，加給也會隨著年資而增加，相對而言也不用做那麼多
事。（ET-0729-8-3）

　　轉型公辦民營學校，受託單位希望校長引領團隊帶好每一個孩子，讓
更多孩子與家庭受益；地方教育行政機關希望個案學校能成為實驗教育學
校中的成功樣態，吸引更多民間單位進行媒合，觸發更多實驗教育動能；
社區希望藉由受託單位的協力，帶動學區整體發展，促進地方創生；家長
希望更多外界的培力，找出學生的多元進路；教師團隊期盼能引進更多教
育資源，提升教師實驗教育知能，提升教學效能與學生學習。不過，在實
驗教育計畫書規範下，校長校務經營須呼應相關準則，也看出校長嘗試連
結校內團隊、受託單位、地方教育行政機關、社區民眾與家長，讓彼此共
好。在主任訪談中就指出：

　　轉型公辦民營學校，我認為校長的角色很關鍵，因為他必須要
對更多人負責。首先除了教育行政機關、教師、學生與家長之
外，更多了受託單位，我們跟他們簽訂契約當然有履行的責任
跟義務，受託單位每年提供那麼多人力、物力給學校，如果學
校沒有做出績效，受託單位自然也會評估六年後還要不要續
簽。所以校長常常跟我們開會，確定學校的實驗方向與作為有
沒有符合實驗教育計畫書規範，我們的學生學習是不是有所成

長。（ED-0729-7-2）

　　校長領導學校時，須面對不同利害關係團體，自然會影響校長辦學。然而，校長總是以「開發孩子潛能，成就每個孩子」出發，整合多方期望與想法後，以實驗教育計畫書爲主軸，透過受託單位、地方教育行政機關等協力，促使教師教學效能的提升，達到成就每個孩子的目標，並讓效益擴展至社區，協助地方創生。如上所述，可知校長在此向度的領導，著重於統合公私部門資源（如受託單位、中央與地方教育行政機關、實驗教育中心等），拓展夥伴關係、善用溝通管道，推動「產、官、學、研」的協同合作，共創成長與優質之校園，並協助地方發展。

(八) 深根在地特色，老幼青銀共學

　　在深根在地特色，老幼青銀共學向度，個案校長以在地資源爲核心元素，透過親師生彼此引導、豐富生活經驗等引發學習熱情方式，進行學校及樂齡學習中心的課程運作。非洲有句俗諺「養育一個孩子，需要全村的力量（It takes a village to raise a child）。」因此，前述提及校長秉持學校、教師、社區、孩子共好的想法，因爲要將學生帶好，不能僅靠學校的努力，社區也要有足夠的正向動能培力孩子未來的成長。

　　個案學校校長積極協力社區發展，透過成立樂齡學習中心連結學校與社區教育，藉由辦理活動與組織志工隊等方式，將社區居民的資源帶進校園。運用老幼青銀共學的概念，辦理成立課後照顧團隊、夜光天使團隊、樂齡學習中心、故事班等共學團體，促進社區家長與志工的學習成長，進而帶動社區發展。該校近來定期出版之家鄉故事繪本，爲校長和師長指導學生進行踏查與紀錄，加上樂齡學員對家鄉風土的了解與闡述，共創出圖文並茂的家鄉生活故事，也是該校特色之一。此外，不只學生出版野放短耳鴞、過往甘蔗田回憶等系列家鄉故事繪本，樂齡學習中心課程中，也安排樂齡學員製作阿嬤的鹹酸甜等樂齡繪本，把曾發生過的故事，透過文字與圖畫加以呈現，使親師生均能深度體驗當地風土民情。志工家長就指出：

最近兩、三年，我們樂齡中心的課程有加入繪本創作，把以前
社區的故事呈現在繪本上。例如：我們這邊有一位很會製作芒
果青的阿嬤，每到土芒果盛產的季節，她就開始製作芒果青，
後來也變成這邊的特產。校長鼓勵我們把這個故事創作出來，
再加上這位阿嬤過往的故事，變成《阿嬤的鹹酸甜》繪本，之
後還帶我們到臺北國際書展發表，也在來賓參訪學校時，帶他
們製作芒果青。（EV-0804-8-1）

　　105學年度開始，個案學校教師便將其納入公開授課教學設計中，將
繪本內容融入學習領域進行公開授課，結合領域課程與日常生活，也有利
於行銷學校與在地社區特色。該校透過豐富而在地的環境探索與主題等教
學活動，幫助親師生了解、發展與理解在地文化，透過家鄉故事繪本，讓
親師生更了解熟悉家鄉故事，藉由實地踏查與體驗，提升對家鄉的認同
感：

有一學期我們班的校訂生態課程結合學校出版家鄉故事繪本
《聽龍唱歌》，我除了在公開授課進行教學外，也跟孩子們一
起走訪了繪本中的景點，沿途中孩子也跟我分享了家鄉景點，
最後就以大家最喜歡的阿嬤冰作為旅程終點。這種能夠連結學
生生活經驗的課程我自己很喜歡，也讓我更深入了解這個地
區。（ET-0729-8-4）

　　此外，部定課程中，國語、生活、社會等領域學習課程，在與家鄉有
所關聯時，教師也會採取融入教學的方式，進行參訪踏查等教學設計，讓
學生明白教科書文本內容與家鄉發展的關聯，拉近教科書與日常生活的距
離，其發展亦與林素卿（2009）所指生活化教材可提升學生學習動機與能
力等相近。如上所述，可知校長在此向度的領導，著重於持續老幼青銀共
學的模式，建立學校之特色品牌，並透過家鄉繪本（如野放短耳鴞、過往

甘蔗田的回憶等）出版、遊學場域的申請，形塑在地特色文化。

四、個案學校校長素養導向領導經驗評析

綜觀個案學校校長素養導向領導，首重學校願景與目標的確立，以期凝聚團隊成員的行動力。在課程與教學上，校長塑造素養導向的教育環境，推動課程與教學創新，建立教師素養導向的專業化，完備校訂課程的素養核心，提升教師多元專業能力。此外，校長亦藉由多元素養導向的學習管道，促進學生個別且適性化的學習。

其次，個案學校校長利用正式與非正式會議，展現學校績效獲外界認可，同時也獲更多資源挹注。又從個案學校之「全國學生學力檢測」、「學生學習扶助篩選與成長測驗」數值可知，該校「學生學習扶助篩選與成長測驗」的進步情形呈現穩定提升之勢，學習弱勢的學生在教師課業輔導下有所成長；如109年五年級受輔學生數學進步率為85.71%（12/14）、二到六年級整體進步率也都超過五成，但進一步分析學生學習表現與「全國學生學力檢測」成績差異情形，可發現近年該校學生學習表現的排名大多落後全國平均值。雖然學校轉型成效不能單就學生學習成效加以斷定，學生學習表現也必須觀察多元的指標，但如何協助提升學生的學習表現一項，仍建議列為校長素養導向領導的改善方向。

再次，關於學校教師流動率問題，雖受託單位有提供激勵獎金（視兼任不同業務而定，有固定獎金加上績效獎金），但轉型之後，每年仍舊有2-3名教師異動，因此激勵獎金能否達成有效激勵教師的功能，顯然還有待商榷。至於學校雖能辦理共識會議、教學增能、社群會議等公開活動以提升教師的教學知能，鼓勵教師以團隊的方式進行教學並建立共同學習的成長氛圍，然而過多的學習是否隨之導致教師難以負荷的壓力，甚至導致教師異動，也是個案學校校長必須關切的議題。

復次，個案學校匯聚眾人心力，以家鄉故事繪本結合學校與地方發展，以打造該校與社區特色，有助於學校行銷與推廣。迄今為止，個案學校已出版十餘本家鄉故事繪本，其中有幾本搭配有聲書，但若想進一步加

強推廣或增加流通率，建議個案學校可就前述繪本增加數位化的應用與推廣，或將前述繪本電子書連結於校網，並提供便利的下載方式，使得搜尋更加便利並拓展應用價值。再者，個案校長積極爭取軟硬體等資源、營造學校學習氛圍，並能將學校特色元素巧妙且不突兀地融入建築或課程教材中，前述作法經由實作與推廣已獲得校內團隊、社區民眾、受託單位等認同，也可視為校長在空間領導實踐的成效。

又次，公辦民營學校校長雖較其他公立學校校長可能接受較多的檢視與關切，但所可能獲致的資源亦較一般學校為多。以個案學校為例，107學年度起被劃分至非山非市地區，導致在師資、人事組織、經費上較偏遠地區學校彈性較小且補助較少，然而透過轉型為實驗教育學校，隨之而來的中央、地方與受託單位等資源挹注，卻有利於彌補前述學校屬性劃分之後的資源缺口；藉由受託單位與相關公私部門的協力，個案學校致力於培育與推廣在地文化，鼓勵老幼青銀共學，協力地方創生，已逐漸累積出口碑與實際成效，值得肯定。

最後，關於個案學校校長的工作負擔方面，校長重視以身作則且辦學成效也受學校成員的肯定，但畢竟校長一人的能力與時間有限，加上公辦民營學校校長的業務眾多，都會增加校長業務處理的時間與心力，如何培育校內成員協力參與並積極引入外部資源以減緩校長的工作負擔，實為當前要務之一。該縣目前已設有實驗教育協作中心協助推展實驗教育，是一項有力的外部資源，建議個案學校校長可積極參與並尋求相關資源協助；未來更可進一步建議協作中心召集實驗教育學校以建立同盟機制，透過定期聚會交流與分享，以維持實驗教育動能，並作為校長治校的重要後盾。

五、結語

108課綱以核心素養為主軸，是當前臺灣重要教育政策，亦為提升國民基本素養與國際競爭力之利基，因此，校長素養導向領導具重要意義和價值。檢視該校實驗教育願景「開發孩子潛能，成就每個孩子」，透過個案校長於八個向度所發展與實踐之相關作為後，學生成效可從每位學生之

學習檔案已完整建置，並在各式會議中詳實討論；「學生學習扶助篩選與成長測驗」進步率的增加；108年該縣市英語讀者劇場佳作、109年優等；109年師生環境教育繪本創作該縣市第二名並參加全國發表等看出成效。此外，受託單位獲110年教育部國民中小學推動閱讀績優團體，其方案連結學生、家庭與社區，證明校長同樣也關注受託單位與社區的成長。個人績效上，校長也獲該縣市薦送110年教育部校長領導卓越獎參賽，亦可作為校長辦學領導獲主管教育機關肯定之佐證。

實驗教育為當前重要發展趨勢，公辦民營學校公私協力機制，在新管理主義的風潮下受到廣泛討論，校長如何整合多方資源實踐素養導向領導更顯重要，亦可從本研究反思本身領導成效。因此，本研究針對「實驗教育學校校長如何實施素養導向領導」提出以下建議，用以實踐校長素養導向領導作為，分別為：(一)擘劃實驗教育願景，掌舵實驗教育主軸；(二)精進素養導向領導，創新實驗教育課程；(三)建立校內當責文化，賞識鼓舞同仁專業；(四)提升教師工作價值，協力搭建職涯階梯；(五)記錄領導實務作為，拓展實驗教育精神；(六)系統整合教育資源，活絡社區發展動能。

因此，在實驗教育願景確定後，校長應引領學校團隊齊心協力達成目標，亦應持續參與工作坊、專業成長社群，精進素養導向領導知能，使學校素養導向課程不斷滾動創新。其後，校長可培力校內當責文化，引發同仁在教學與行政工作上主動產生承諾與願意承擔責任，在此歷程中提升工作價值，產生自我認同感、對學校發展有其使命，進而持續於實驗教育學校服務。而後，校長可書寫記錄其素養導向領導歷程與成效，於校務交接或經驗分享時不僅是最佳素材，校長亦可藉由書面文本，定期省思領導作為與實驗教育目標之關聯。最後，家庭教育與學校教育相輔相成，在校務經營上亦須時時關注，維持營造良善家庭與社區關係。然而，辦學誠如一場接力賽，歷任校長皆為其中一分子，對於校務發展不可操之過急，須審慎評估校務發展動能，並採循序漸進的方式進行。

至於上述個案校長所面臨之問題，例如：全國學生學力檢測成績待提升、教師異動、本身與團隊工作負荷等，建議可回歸實驗教育計畫書主軸進行思考，專注於實驗教育主軸避免其餘事務消耗校長辦學與教師教學心

力，或可解決這些狀況。未來有志擔任是類學校校長者，評估後可權衡本身是否具備上述素養導向領導向度，進而在校長遴選時決定申請與否；受託單位與地方教育行政機關，在聘任校長時亦可多方考量該校長是否具備上述素養導向領導向度而為之。

────── **參考文獻** ──────

一、中文部分

吳清山、王令宜、林雍智（2019）。校長素養導向領導的概念分析與實踐之研究。**教育研究月刊，304**，16-31。

吳清山、王令宜、林雍智（2021）。中小學校長素養導向領導指標建構之研究。**教育與心理研究，44**(1)，1-33。

宋承恩、陳榮政（2020）。學校型態實驗教育家長選擇權與滿意度研究。**教育行政與評鑑學刊，27**，107-147。

李嘉年、鄭同僚（2019）。台灣實驗學校女性創辦人生命歷程之個案研究——以種籽親子實驗小學創辦人李雅卿為例。**應用心理研究，70**，279-316。

林官蓓、陳建志（2020）。從理念學校轉型實驗教育學校之教師專業發展歷程探究。**教育政策論壇，23**(1)，93-123。

林信志、張信務（2021）。素養導向之校長專業指標建構：模糊德菲法與IDA之應用。**教育研究月刊，325**，52-71。

林素卿（2009）。潛在課程之研究：以一所公辦民營學校為例。**教育科學研究期刊，54**(1)，179-208。

林錫恩（2021）。**學校型態實驗教育校務治理之多重個案研究**（未出版博士論文）。國立東華大學，花蓮縣。

孫曉波、林新發（2020）。校長素養領導的意涵與實踐策略。**台灣教育，723**，53-67。

徐永康、鄭同僚（2021）。探討素養教育之學習場域行為觀察指標：以Montessori之DERS量表為例。**課程與教學，24**(2)，1-19。

秦夢群、莊清寶（2019）。臺灣中小學實驗教育政策之推動與現況分析。**教育研究月刊**，**299**，55-74。

教育部國民及學前教育署（2017）。**教育部國民及學前教育署**。104-106學年度學校型態實驗教育學校名單。取自https://www.k12ea.gov.

教育部國民及學前教育署（2021）。**教育部國民及學前教育署**。110學年度實驗教育名單。取自https://www.k12ea.gov.tw/

教育部統計處（2020）。**教育部統計處**。高級中等以下學校實驗教育概況。http://stats.moe.gov.tw/statedu/chart.aspx?pvalue=51

陳榮政（2019）。**教育行政與治理——新管理主義途徑**。臺北市：學富文化。

曾大千、宋峻杰（2020）。從公立學校實驗教育論公平正義之實踐。**教育研究月刊**，**318**，84-103。

湯志民、吳珮青（2021）。素養導向之中小學校長領導的挑戰與支持系統。**教育研究月刊**，**325**，72-90。

親子天下（2021年3月30日）。2021實驗學校250+清單｜校數成長漸緩，辦學挑戰多。**親子天下**。取自https://flipedu.parenting.com.tw/article/6473?utm_source=Parenting.Website&utm_medium=referral&utm_campaign=cp-w1-media-2021%E5%AF%A6%E9%A9%97%E6%95%99%E8%82%B2%E5%B0%88%E8%BC%AF6473-210330

謝傳崇（2021）。校長素養導向領導的發展方向。**教育研究月刊**，**325**，40-51。

二、外文部分

Denzin, N. K. (1994). The art and politics of interpretation. In K. D. Denzin & Y. S. Lincoln (Eds.), *Handbook of qualitative research* (pp. 500-515). London, England: Sage.

Hitt, D. H., Meyers, C. V., Woodruff, D., & Zhu, G. (2019). Investigating the relationship between turnaround principal competencies and student achievement. *NASSP Bulletin, 103*(3), 189-208.

Hitt, D. H., Woodruff, D., Meyers, C. V., & Zhu, G. (2018). Principal competencies that make a difference: Identifying a model for leaders of school turnaround. *Journal of School Leadership*, *28*(1), 56-81.

Jusović, R. R., Vidović, V. V., & Grahovac, M. (2013). Framework of teacher competences—ATEPIE approach. In V. V. Vidović & Z. Velkovski (Eds.), *Teaching profession for the 21st century* (pp. 24-40). Belgrade, Serbia: Centre for Education Policy.

第九章

108課綱變革後的校長課程領導角色與實踐

——以新北市立安康高中為例

謝金城、謝念慈、朱晉杰

摘要

　　十二年國民基本教育課綱已實施，這項教育政策攸關國民素質與國家競爭力，是當前廣受各界關注的教育政策。新課綱對於高中課程改革幅度極大，校長可謂是課程發展與實踐的最關鍵人物，校長課程領導將動見觀瞻。本文旨在論述執行108課綱校長課程領導的角色與實踐，首先揭櫫新課綱的主要精神及其對高級中等學校的影響，再以新北市立安康高中為例，說明學校現場課程規劃與實施的實務性作法；其次從理論與實務觀點闡述校長課程領導的意涵、角色與實踐；最後從實務觀點提出校長課程領導可能遭遇的困境，以及試著提供因應策略。透過教育實務工作者推動新課綱的實務經驗與轉化困境，期盼教育主管機關能給予校長更多的支持與關懷。本文建議校長需要強化自身的課程領導知能和素養，在課程領導中扮演發展與設計者、帶動形塑課程願景者、倡導與關懷者、激勵與監督者、問題修正與問題解決者、支持者、促進者與外部公共關係的連結者等角色；期盼校長能實踐108課綱的重要價值，帶領學校走出一條康莊大道，成就卓越學校。

關鍵字：108課綱、課程領導、校長課程領導

壹 前言

　　工業4.0的發展，從機械化時期、電器化時期、自動化時期到智慧化時期，人類的生活型態快速改變，孕育了「教育4.0」的教育新覺識理念（鄭崇趁，2018）。教育1.0到教育4.0的發展，歷經經驗化、知識化、能力化到素養化的進升過程，與十二年國民基本教育課綱（以下簡稱108課綱）重視素養導向的理念和全人發展的教育領導觀點相呼應，提供了校長在課程領導的重要啟發。

　　教育改革的主要目的在於修正教育內涵，尊重個別差異，達成成就每一個孩子、適性揚才的目標。108課綱對高中課程的變革方面，特別著重於課程規劃和設計的變革，包括部定必修、加深加廣課程，同時調整校訂必選修、多元選修課程以及團體活動和彈性學習時間；其次，大幅減少必修學分數，增加選修學分，推動跨域、跨科與本土／新住民語，適切融入各項重大議題於領域學習。另一方面，學校在新學年度開始前，需與全體教師討論開課與課程研發，完成學校總體課程計畫和各項配套措施，考驗著校長課程領導的因應能力。再者，此次高中涉及適性選修開課的大變動和考招連動的影響，制度面和技術面的規範備受關注（張瀞文，2018）。綜觀前述可見，高中如何落實108課綱的變革將會是一大挑戰，而校長的課程領導將扮演著成敗關鍵的重要因子，校長如何展現課程領導能力因應困境，是值得關注的議題。

　　「有怎樣的校長課程領導，就有怎樣的學校課程發展。」這句話彰顯了校長對學校課程的深遠影響。準此，本文擬闡述108課綱的課程規劃及其對高中課程發展的影響，並以新北市立安康高中（以下簡稱安康高中）為例、分析在課程變革下的高中校長課程領導角色、實踐、困境，以及因應策略等，期望透過推動108課綱的實證歷程，提供實務經驗供關心此議題者參考。

貳　108課綱的主要精神及其對高中發展的影響

　　108課綱對於高中課程的改變幅度頗大，如必修課程總節數變少、選修課程增加、學校主導的校訂課程也變多等，前述變革都有待高中現場逐一克服。以下將分就108課綱的主要精神、108課綱對高中發展的影響等，分別說明如後。

一、108課綱的主要精神

　　108課綱展現的重要價值關乎未來國民的素質和國家競爭力（謝金城，2018）。校長應熟稔108課綱的主要精神並轉化爲辦學與課程領導的理念，方能落實政策變革並有益於教育品質的提升。

　　綜觀108課綱的主要精神，茲可彙整爲以下六點，說明如後：

(一)重視適性揚才，開啟學生多元智能

　　教育主要目標在於開啟學生潛能，幫助學生有效學習，促進學生適性揚才與適性發展（吳清山，2019）。108課綱的修訂本於全人教育的精神，以自發、互動、共好的理念，落實適性揚才教育，讓學生有更好的課程學習和自主學習動力，使其能在數位化時代變革中，開啟學生多元智能。108課綱強調透過學校課程改革與創新教學的實施，讓每位學生開展潛力，發揮優勢智能，成爲現代優質國民，以能掌握教育的核心價值。

(二)強調素養導向，培養學生核心素養

　　108課綱重視培養學生的核心素養，提出了三大面向與九大項目。但要培養核心素養，以沿襲已久「教學是爲了考試，學習是爲了分數，評量是爲了升學」的現象，難以培養學生有獨立思考和問題解決的素養。素養導向教育是以核心素養爲主軸的教育發展，培養學生必備的知識、能力、態度和價值，以適應現在生活、勝任未來生涯工作和開展美好前景的教育歷程和目標（吳清山，2017）。目前教學現場極力倡導素養導向的教學

和評量，鼓勵教師進行素養教學，培養學生的核心素養，是很好的價值指引。

(三) 強化探究實作，養成動手做的習慣

探究與實作是108課綱所揭櫫的重要精神之一，是研究很重視的態度，例如：普通型高中學生需修習「跨領域/科目專題」、「實作實驗」或「探索體驗」等課程。教學現場中部分教師教學通常僅重視講解抽象的概念和原理，欠缺實驗和動手做的教學習慣，學生只知解題考試而無動手做的技能，造成「重知識，輕行動」的習性，亟需改變，目前推廣的「創客教育」（maker education）就是強調實作的重要性。鄭崇趁（2017）指出：「做創客的教育」內涵包括「立體實物作品的教育」、「平面圖表作品的教育」、「動能展演作品的教育」以及「價值對話作品的教育」。鼓勵學校激發學生探究實作的行動力，進而養成動手做的習慣，實為108新課綱變革的重要精神之一。

(四) 研發校訂課程，發展學校辦學特色

108課綱改變了高中課程類別，例如：部定必修、校訂必修和選修、團體活動時間和彈性學習時間，讓高中課程出現頗大幅度的變動。以部定必修為例，整體學分數下降，連帶使得校訂必選修學分數增加，學校為開設選修課程或研發校本特色課程，須鼓勵教師進行跨領域合作開課、協同教學等，甚至成立或加入跨校修課的策略聯盟，讓學生能依興趣適性選修。另以團體活動和彈性學習時間為例，是由學校或學生自行規劃，以達到「一生一課表」的目標；只是部分學校可能礙於學習場地、師資、經費等現況，有其實際落實的問題與困難。108課綱提出頗為前瞻的課程變革方向，倘使學校能規劃得宜並加以落實，所提供的多元而實用的課程將能讓學生充滿驚奇，並有利於協助學校建構校本課程並發展特色。再者，考科學分減少以及非考科學分的增加，能使學生的興趣和性向有試探與專精的機會，連帶引導學生未來升大學多著重於考量自己的興趣和性向，而不全是分數和被動。前述藉由課程類別的變動以鼓勵各校進行校訂課程研

發，使高中有展現「校校有特色」的識別機會，也是此次課綱變革的重要精神。

(五) 倡導公開授課，提升課程教學品質

108課綱規範校長和教師每學年都至少要公開授課乙次。歐用生（2017）指出，校長公開授課的意義在於校長學習就是學習領導，具有象徵性的意義，是課程和教學改革的領頭羊，是專業文化的建構者，是實踐智慧的生產者以及是覺醒課程、教學領導者的主體。由於學習領導已成為現階段教育改革的重要項目（吳清山、王令宜，2012；陳文彥，2015），校長、教師公開授課也是提升教學品質的重要手段。學校訂定各學年度公開觀課的計畫，讓全體教師和校長都排定授課時間、班級和科目等，敞開教室大門，讓課堂風景轉為開放與參與，鼓勵校長發揮「首席教師」的風範以接受各方觀課與議課。解構了傳統校長角色並鼓勵重省校長課程領導的角色與任務，應有利於校長及教師營造合作教學與形成專業成長社群的方向，同為108課綱變革的重要精神之一。

(六) 落實學習歷程，強化自主學習能力

108課綱強調升學觀念的改變，讓學生能自主學習和適性及多元發展。學生從選修課程中探索興趣，結合加深加廣的學習，培養自己的專長和優勢能力，是很好的學習改變。以大考中心公布的資料為例（大學招生委員會聯合會，2021），學習歷程檔案包括：基本資料（含自傳、學習計畫）、修課紀錄（含修課評估、課程諮詢紀錄、修課成績）、課程學習成果（含必、選修等有核計學分者、實作作品或書面報告等）、多元表現（含校內、外表現、檢定證照等）。透過學習歷程檔案的記錄，有利於學生能自我了解，從而作為適性選校、深化學習和聚焦未來的依據，應比長久以來以單一考試取才的方式為佳。又以未來升學紙筆測驗為例，新型學測（X）考基本素養，分科測驗（Y）考加深加廣，在校表現則採計學習歷程檔案（P）；學生申請入學可採計X和P，分發入學可採X和Y，可讓學生能兼顧考科和學習歷程表現，增加適性探索的機會而能減輕升學壓力，

此等變革的精神應予肯定。

　　108課綱的研修過程雖有不少爭議，教育專家學者對核心素養的定義和評量也多有不同價值的觀點，但整體而言，各界仍相當肯定課程改革的方向（黃政傑，2020）。108課綱增加選課空間和提供各校課程發展，未來各高中將可能呈現出「校校有特色和亮點的校園景像」樣貌，頗令人期待。

二、108課綱對高中發展的影響

　　108課綱基於前述六項主要精神的變革，不僅改變了課程規劃與內容，連帶將使高中各面向的發展受到影響，包含如高中的學校定位、校長的課程領導角色、教師的課程研發能力、學生的學習歷程檔案建置、家長教育觀念的轉變等，都可能隨之而有所調整與變動，值得關注。茲就前述108課程對高中發展的影響，分項說明如後。

(一)高中教育定位的改變：從大學預備到學校本位發展

　　高中教育長期被定位為大學的預備教育，國中畢業生以教育會考分數高低按志願選填進入高中就讀，產生各界採取錄取成績對高中進行評價排名，以及高中教育被依據會考成績區分等級的扭曲現象。大學升學亦呈現相似情形，尤其高中被定位為大學的預備教育，升大學成為高中最重要／甚至是唯一的發展方向，大學錄取狀況便成為各界評價高中辦學優劣的另一指標。鑑於前述，歷年教育改革均以改變考試領導教學、期能扭轉考試是為了升學的特殊思考；108課綱則是強調學校本位課程發展，將課程區分除部定必修外，各校可自主發展校訂必修和多元選修等特色課程，進而發展出獨特的學校特色。此後校訂課程可能成為一種標記作用，使得各高中可藉著優良和適切的校訂課程發展以塑造學校形象，可能將成為改變高中教育定位的新契機。

(二) 校長領導角色的改變：從行政首長到課程教學領導

　　校長的職責為領導教師強化教學，角色任務為「傳學為人師之道、授經營教育之業、解知能創價之惑、領智慧創客之航」（鄭崇趁，2020）。高中校長依《高級中等學校法》之規定，校長綜理校務，負學校經營成敗之責，應屬學校首長角色。惟因校長必須執行中央與地方教育行政機關的政策，也要關注學校課程與教學，既是政策執行者也是學校事務決策者，類似「中間管理職」角色（林雍智，2020）。但108課綱以課程改革為最重要項目，校長課程與教學領導成為被重視的能力。自教育改革和校園民主化後，校長成了首席教師，評價校長已從行政領導轉移至教學領導，校長將面臨這方面的挑戰 （楊振昇，2017）。因此，108課綱實施後校長勢必面臨許多挑戰，扮演著課程推動者角色，既要進行行政領導也要做好課程領導，校長的領導能力將備受考驗。

(三) 教師課程角色的改變：從課程使用到課程研發

　　教師的職責為教導學生學習，角色任務為「傳生命創新之道、授知識藝能之業、解全人發展之惑、領適配生涯之航」（鄭崇趁，2020）。108課綱規範教師不僅須強化教學者角色，還必須擔負課程研發之責任，教師的課程專業已受到各界極大的期望。現階段由於新冠肺炎（COVID-19）疫情肆虐，為恐學生聚集上課導致群聚感染，學校已進行「停課不停學」的線上教學模式，且未來這措施可能成為常態。所以，教師運用資訊科技工具與軟體媒介等進行線上教學將是新教學型態，也是必須具備的能力。108課綱高中除部定必修有審定本教科書外，其餘課程都無教科書，任課教師必須自行研發課程與教材，包括教學目標、課程架構、內容、進度、學生評量、教學方式、課程評鑑等，教師都得於提交課程計畫書前完成。「教師即課程研發者」已在校園發生，這是劃時代的一大步，讓教師在課程專業上能當家做主，是進步的教育革新，也是一大挑戰。

(四) 學生學習角色的改變：從追求成果到重視歷程

　　Ritchhart（2002）曾指出，高品質教育的重點不在考試分數，而在於學生能否透過學校教育成為思考者和學習者，學校及課堂文化在培養學生思維素養方面，扮演極為重要的角色（引自伍晴文譯，2020）。是故，要認清學習是為了學到本身該具備的素養，透過在校的學習學到完整的學習成果，提升自己的競爭力。108課綱設有自主學習的課程，目的是讓學生能自我規劃學習內容，為自己的學習負責。「探究與實作」更是強調培養學生動手做的習慣，從小養成思考與行動合一的觀念，才不會有重想法而輕行動的缺失。而學習歷程檔案主要讓學生隨時記錄在校內外課程或活動學習的內容、過程和收穫，時時省思學習是否有所得？遇到怎樣的問題，解決方案如何？從學習歷程了解自己的優勢能力和不足之處，並自我認知將來適合就讀大學哪種科系，這就是主動學習的真諦。學生學習角色從被動學習到重視學習歷程的主動學習是重大改變。

(五) 家長教育觀念的轉變：從考試成績到多元學習

　　家長是學校教育的合夥人，也是利害關係人，家長觀念影響著學校辦學的方向。108課綱實施後，家長對課程變革因不了解而擔憂。學校應清楚向家長宣導108課綱內容以及學校課程發展，以降低家長的憂慮。家長面對108課綱的實施，應選擇陪伴與支持孩子的學習和想法，可與孩子共同討論未來想就讀或就業的方向，現在該怎麼努力，而訂定追求理想的學習計畫。部分家長很重視孩子未來就讀的大學與科系，因而很看重考試成績而造成親子關係衝突，家長若能轉為傾聽、陪伴與引導孩子學習，親子互動可更佳，將更有助於落實108課綱的理想。

┌參┐ 108課綱變革後的課程規劃與實施： 以新北市立安康高中為例

　　為因應108課綱的變革，各校從課程準備、規劃與實施等，可謂忙得人仰馬翻！從學校願景的重新檢視、學生來源的分析、核心價值的訂定、學生圖像的描繪，到學校課程規劃與發展，以至完成學校課程地圖，然後據以落實，這一連串的領導過程，不揣淺陋，提供分享。以下以新北市安康高中為例，分享108課綱變革之後的課程規劃與實施情形。

一、學校願景與生源特色

　　安康高中是一所設有國中部與高中部的完全中學，學校願景經檢視及全校討論後定為：「營造人文自然、創新發展、適性展才、智慧創客的優質學校」，希望學生能兼具人文與創新素養，並能發展創意且動手實踐以逐步進升為智慧創客的新世代為目標。在招生方面，高中部學生除部分由國中部直升外，其餘也是採納國中教育會考的成績由學生填具志願；但從學生來源觀之，多以新北市的新店、中和、永和等區以及臺北市的景美、木柵、大安區等為主，招收對象的來源有相當程度的區域集中性，是一所社區型高中；家長職業則以工商業居多，對孩子的學習成效頗為關心，對於學校活動參與度與支持度均佳。

二、學校核心價值與學生圖像

　　依據學校願景與發展，將學校核心價值定為：「人文、自然、整合、創新、優質、永續」，並提出校本特色的四大主軸：文化創意、國際視野、科學創新、健康體育。從學校願景與核心價值，進一步描繪具備五力的學生圖像（如圖9-1），說明如下：

圖9-1

學校願景架構圖與學生圖像

(一)學習力：培養學生自主學習的能力，能夠自動參與各項學習。藉由課
　　　　　　程成果呈現、校園活動參與等多方面的環境刺激和引導設
　　　　　　計，讓學生學習自主規劃、進而主動參與各式課程與活動。

(二)創客力：從無到有，從有到好將學習過程翻轉內化，將抽象的概念或
　　　　　　符號轉化成具體的成品或執行方案，讓學生做中學、學中
　　　　　　做，相互激盪後成為具備創客力的學生。

(三)鑑賞力：陶冶學生對美的感知、欣賞與品評的能力；以音樂、美術課
　　　　　　程為起點，逐步拓展到鑑賞文學藝術、社會人情、自然美
　　　　　　學；提升學生的美學素養，能隨時在生活中發現美，追求超
　　　　　　凡的人生品味。

(四)續航力：從家庭、班級、校園出發，透過生活環境的氛圍營造與培養
　　　　　　適應當前社會的能力，並能在各種情境之中，持續保持好奇
　　　　　　心與探索力，以充沛的精神活力，勇敢面對生活中的順境與
　　　　　　逆境。

(五)樂活力：了解自我身心，培養健康體魄，學習認識自我及生涯規劃，
　　　　　　樂群關懷社會，以追求美好生活的能力。

資料來源：新北市立安康高級中學課程計畫書（2022.4）。

三、課程規劃與四大學程

　　由於校訂課程大多是由各校自行研發，需要全體領域教師討論後提出課程名稱與內涵；安康高中以原有的基礎課程加以轉化，各領域藉由教師社群及教學研究會，積極參與課程研發與教學專業增能研習，並從學校申請的各項競爭型計畫經費中，讓校本課程逐步推展與滾動修正，使之更符合學生適性需求與培養未來的公民能力。

　　各項課程的開課學分數規劃與校訂必修、多元選修、課程計畫、課程評鑑等，均透過高中課程發展委員會進行審查通過後實施。課程發展委員會之組成及運作方式由本校校務會議決定之，其成員包括學校行政人員、年級與各領域（含特殊需求領域課程）之教師、教師組織代表、學生家長委員會代表、社區人士與學生代表，並納入專家學者代表（提供學校專業指導與問題諮詢），課程發展委員會組織架構如圖9-2。

圖9-2
安康高中課程發展委員會組織架構圖

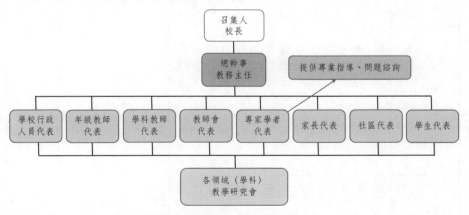

資料來源：新北市立安康高級中學課程計畫書（2022.6）

　　整合課程四大主軸和學生五力圖像，制定多元選修課程的學習目標，以及其對應的新課綱核心素養，讓學習更具多元性，展現校本課程特色。如表9-1。

表9-1

安康高中四大學程目標與對應之核心素養

特色課程主軸及學生圖像	課程內涵與目標	對應108課綱之核心素養	多元選修課程內容示例
文化創意 學習力、創客力、續航力	1. 發掘具有文創興趣之學生，發展多元智慧，施以系統性教育，充分發揮其潛能。 2. 專業及興趣結合延續，以培植多元之藝術人才。 3. 增進學生對文化創意認知、展演、創作及鑑賞之能力。 4. 涵養學生美感情操，發展其健全人格。 5. 公共議題融入課程，培養學生主動參與公共事務的興趣。	A3規劃執行與創新應變 B3藝術涵養與美感素養 C1道德實踐與公民意識	1. 文創概論 2. 電影音樂 3. 音樂創作 4. 報導文學閱讀與表達 5. 小論文寫作
國際視野 鑑賞力、續航力、學習力	1. 以多元選修方式加強學生第二外語的能力。 2. 以外語及文化課程為概念，發展系列統整課程及活動。 3. 透過「國際視野」課程，體驗多元文化，進而培養其世界觀。 4. 融合彈性學習與團體活動的課程，藉由校園多元與國際環境的營造與參訪交流等，培育學生自主學習與國際觀。	B1符號運用與溝通表達 C3多元文化與國際理解	1. 初、進階日語 2. 初、進階韓語 3. 初、進階德語 4. 英文閱讀與寫作 5. 英語聽講 6. 語文創作 7. 觀光英文 8. 體育應用英語（體育班）
科學創新 創客力、鑑賞力、續航力	1. 以專家講座及創意競賽輔助課程活動。 2. 建置優質的科學教育空間及設備。 3. 增加學生對自然科學的興趣及實作。	A2系統思考與解決問題 B2科技資訊與媒體素養	1. 控動機器人 2. 輪型機器人實作 3. 應用生物 4. 地球與環境

	4. 深化自然科學教育，培養國家科技人才。 5. 設計適合發想的科學情境，加上動手操作的創客課程，讓學生培養創客力與優勢力。 6. 培養學生邏輯系統性的思考。		5. 星球蕨起 6. 植栽生活 7. 科展探究及物奧培訓
健康體育 學習力、 樂活力、 鑑賞力	1. 在既有體育師資及設施上，除符合選手訓練及舉辦正式比賽需求，不斷改善更新。 2. 提供學生進行專項運動探索及了解的機會。 3. 擴充優質運動設施，提升體育技能與素養，鼓勵校內普通班學生實際體驗，涵養卓越的運動家精神。 4. 強化教師及教練之專業職能與教學技巧，希望透過此方式讓安康之學生能與師長、學校共同成長茁壯。 5. 促進全校師生對運動的認識與健康的體適能。 6. 藉由高中三年60小時的生涯規劃課程，對生涯有更深層的了解，進而有具體的規劃。	A1身心素質與自我精進 C2人際關係與團隊合作	1. 運動人文概論 2. 運動戰術 3. 運動休閒 4. 運動閱讀 5. 身心動作教育

資料來源：整理自新北市立安康高級中學課程計畫書（2019.9.8-20）

　　由於高一不分班群，高二開始分流為四個班群作為學生選課的規劃；因此規劃班群A包括：管理、財經、教育、設計與法政；班群B包括：文史哲、外語、藝術、社會與心理學；班群C包括：資訊、建築、工程與數理化；班群D包括：體育休閒、生命科學、醫藥衛生、農林漁牧與地球環境。其中多元選修與校訂必修課程也需對應大學十八學群，讓學生能產出豐富多元與對應其學習歷程檔案的學習成果。

　　在多元選修部分，研發高一、高三共6學分1.5倍課程，提供學生自由選修；多元選修依循四大主軸，規劃6學分（高一4學分探索、高三2學分深化），學校辦理選課說明會後，由學生依學習需求選擇課程；各式課程均按課綱規範籌劃，以確保課程品質。

　　安康高中為配合108課綱與彰顯校本課程特色，經各領域多次深入討論後校訂必修主題訂為「科技與永續」，規劃4學分於高二開課，採取必選修的方式讓學生修習。經由教師共同參與課程設計，透過協同教學或分組教學等模式，讓學生有較為完整的主題式學習內容，如環保樂器製作、科技體適能、食在安康、科普閱讀、行動研究、媒體科技等一連串的課程。另與生活環境議題結合，從所處環境出發，培養學生能以科學素養解決問題與建立自主學習能力，共開三門課程，讓學生選修其中兩門，分別為「食尚玩家」、「生物環境美學」與「歷史的科學密碼」。多元選修與校訂必修課程因與生活、實務、時尚結合，故深受學生喜歡。

四、製作學校課程地圖

　　經過三年準備與數十次領域課程討論，將全校高一至高三普通班（高一試探與統整，高二適性與分流，高三專精與發展）與體育班整體課程架構（含部定必修、加深加廣選修、校訂必修、多元選修與團體活動、彈性學習時間規劃）結合大學十八學群，同類型屬性的課程科目以同底色的色塊區分，並分為班群、固定與非固定班群選修，製作成安康高中課程地圖。茲以普通班課程地圖為例，詳如圖9-3。

圖9-3

安康高中普通班課程地圖

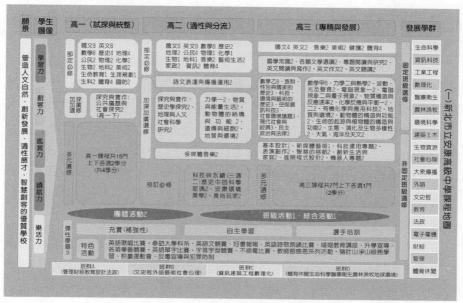

資料來源：新北市立安康高級中學109學年度選課輔導手冊（2020.9.2）

五、初步課程實施成果

108新課綱實施以來，安康高中規劃各式多元課程、建置與指導學生學習歷程檔案、提供生涯探索與課程諮詢等，期能讓學生的學習內容更豐富且有彈性，呈現出多元適性的共好風貌。

(一) 課程多元選擇利於學生適性展能

此次的課程改革，有「部定課程」和「校訂課程」的雙軌設計，茲就各類課程進行簡述如下：

1. 多元選修：學生在高一進行修習4學分，高三進行修習2學分，共四門合計6學分的多元選修課程，開設課程如第二外語、通識性課程、跨領域專題等，多元選修課程的開課數可以達到班級數的1.2-1.5倍，所以學生

不會有選不上的問題。

2. **校訂必修**：校本特色課程以跨領域統整知識為主，於學生高二時排出了三門的校訂課程，分別為「食尚玩家」、「生物環境美學」與「歷史的科學密碼」，每門課2學分，學生需修習期中二門課共4學分。

3. **加深加廣選修**：學生於高二開始進行班群規劃分流，學生透過部定必修培養其基本學力之後，藉由部定的加深加廣選修課程，進一步深化及加廣各領域科目的知識吸收，並有利於銜接下一階段高等教育的學習。

4. **探究與實作**：「自然領域的探究與實作」屬於「部定必修」，即每位高中生都要修自然領域探究與實作的課程，學習內容納入大學學測範圍；「社會領域的探究與實作」則是放在「加深加廣選修」，學生們自訂方向深入探討融合歷史、地理、公民3科的主題內容，雖然學測不考，但部分大學校系會採計加深加廣選修的課程學習成果。

5. **彈性自主學習**：規劃3節的「彈性學習時間」，學生可以利用這個時間進行自主學習、參加學校規劃的選手培訓、充實或補強性教學、特色活動等，讓學生可以依據他想加強學習的領域提出學習計畫，進行有目的的學習，對於自主規劃能力偏弱或尚待訓練的學生來說，是很好的學習機會。

(二) 提供支持性的學習歷程檔案指導

學校行政與高中導師、任課教師投入學生學習歷程檔案的指導與審核，對於探究與實作課程，自主學習計畫的規劃與執行，均給予學生最大的支持。對於課程學習成果（學生在課堂上的實作作品、書面報告等）與多元表現（幹部經歷、競賽成果、檢定證照、志工服務、營隊、研習、個人創作或發明等），落實關懷與指導、審核機制，以利學生參加大學推薦甄試時能提供有利的資料。

(三) 重視歷程性的生涯探索與課程輔導

學校在開學初配合新生訓練或彈性學習時間辦理課程說明會，向學生說明學校的課程規劃外，在學生選課前或是選課期間，都可以再透過團體

諮詢或個別諮詢的方式，提供學生選課建議。在學生適性選修輔導上，搭配課程諮詢教師、高中輔導老師及導師進行課程諮詢及生涯輔導，並提供學生參考性向及興趣測驗、大專院校進路建議的選修課程等，學生每學期與課程諮詢教師討論，諮詢紀錄列入其學習歷程檔案；並於學生選課前，課程諮詢教師協助編輯選課輔導手冊，並向學生、家長及教師說明學校課程及其與學生升學進路之關聯。

┌肆┐ 校長課程領導的角色與實踐

　　校長領導的角色，多被誤以為是以「行政領導」為主軸，領導內容多止於人事、經費、工程修繕與教育和整合職員工生、家長、社區等相關事宜。面對108課綱變革，突顯校長在課程領導的角色與重要性，校長不僅對課綱精神與內涵要有清楚的認識外，更有責任帶領教師實踐十二年國民基本教育的發展藍圖，可見校長課程領導早已成為現階段不可忽視的重要環節。

一、課程領導的意涵

　　依據108課綱，各校應依照「總綱」及「領綱」的規約轉化為具體的學校課程，以達成國家教育目標與學校教育目標所實施具有「理想目標」、「計畫與領域／學科教材」、「學習活動」與「學生習得經驗」的課程內容。課程領導（curriculum leadership）屬於領導的一環，校長需清楚108課綱的內容，透過領導力實踐；前述影響著108課綱能否履踐以及敗關鍵。

　　所謂課程領導，Sorenson、Goldsmith、Mendez和Maxwell（2011）認為此概念發展之初有如盲人摸象，因應情境脈絡的不同而有不同的詮釋。Fidler（1997）指出，所謂課程領導是能檢核及監督課程計畫的職責，以確保課程計畫與課程目標之間產生連結，有利於學生學習。Sorenson、Goldsmith、Mendez和Maxwell（2011）則以為，課程領導是指校長面對

課程的變革與挑戰時，擔負著課程與教學的轉化與聯結責任，以確保學生所需的知識能在教師教學中呈現。Henderson & Hawthorne（2000）認為課程領導是校長藉由學校制度與功能的協調發揮，確保達成學生學習目標的作為；Adams（2007）認為課程領導的過程需要透過聯繫與整合課程利害相關人，達到連結課程目標、教室教學與課程評鑑的綜效。

Wiles（2009）曾提出「動態的課程領導」（dynamic curriculum leadership）的概念，認為課程領導包含形塑學校願景、超越課綱規約、調整適性課程、規劃真實性評量、成立課程核心工作小組、激勵教師、家長的參與、提出變革方案、管理改變的過程、善用科技工具促進課程發展等一連串歷程。其目標在於促進課程功能之發展（秦夢群，2010）；意即校長提供相關教學與課程的支援與資源，以增進教師教學成效及改善學生學習（黃淑娟、吳清山，2016）。具體而言，課程領導是校長在課程發展過程中，對於教學方法、課程設計、課程實施和課程評鑑提供支援與引導，以幫助教師有效教學和提升學生的學習效果（吳清山、林天祐，2001），據以形塑學校課程願景與目標，並實踐中央與學校課程的轉化及連結、課程或學習計畫的發展與管理、學生學習改進、課程與教學的評鑑、教師專業成長、塑造課程發展文化、各項支持與激勵措施（鄭淵全，2008）。

綜合前述，校長課程領導是使教師共同創新課程，增進教師教學成效並提供高品質的學習內容，以達成增進學生學習成效的目標。校長從各課程利害關係人中，尋求連接課程目標、教室教學及課程評估等領導作為，對於課程設計、教學方法、課程實施和課程評鑑等面向提供支持、資源與引導。就學校言之，面對108課綱的實踐過程中，課程領導是校長對於課程設計、教學方法、課程實施與課程評鑑等面向提供支持與引導，協助教師有效教學與提升學生學習成效的領導作為。

二、校長課程領導的角色

協助落實課程發展與改革等工作，校長責無旁貸。校長課程領導的角色並非是要自詡為課程專家進行課程專業的研究，而是帶領學校教師透

過課程的願景與理念、課程發展、課程設計與課程實施等，以實踐108課綱變革的目標。校長需要了解108課綱內容、課程與教學、學習與評鑑等知識，更要跳脫傳統框架，勇於實踐與創新，以創造優質的課程與教學（Brooker, Macpherson, & Aspland, 1990；Eisner, 1994；Fidler, 1997）。

關於校長課程領導的角色，茲彙整學者的觀點如下：

1. Romberger（1988）認為，包含課程發展的領導者、設定並實施目標者、把關者、催化者與任務願景的設定者；

2. 高新建（2002）指出，校長透過有效的團體參與，發揮領導的功效，激勵與帶領團隊，係參與與分享的角色；

3. 吳清山（2010）認為，校長課程領導應扮演課程的發展者、激勵者、設定者、帶動者、執行者與資源提供者等角色；

4. Sorenson、Goldsmith、Mendez和Maxwell（2011）指出，校長課程領導包含對組織成員的認知和包容、願景的發展、品質的探究、需求評估、決定目的的優先次序、提升教學績效、以及化解衝突對立等；

5. 葉連祺（2014）認為，校長應扮演願景確定者、知能諮詢者、資源提供者、紛爭解決者、人員統合者、激勵培訓者、課程研發者、品質管控者等角色。

綜合前述，本文認為，校長課程領導的角色，應包含發展與設計者、帶動形塑課程願景者、倡導與關懷者、激勵與監督者、問題修正與問題解決者、支持者、促進者與外部公共關係的連結者等角色。校長有責任實施課程領導，促進全體教師共同參與課程發展，共同承擔課程與教學的創新責任，以促進師生教學的優質與精緻化，實踐學校課程發展的願景與目標。

三、校長課程領導的實踐及其原則

校長課程領導要能將課程願景、理念與目標等，藉由經驗與反思不斷地轉化成學校的課程與教學。面對108課綱變革，校長課程領導的工作包含如貫徹遵循108課綱實施、澄清課程與教學的理念、明確課程目標、

彙整出課程計畫、分析教材難易度、發展出合乎課綱的素養指標、結合學生學習經驗、順利召開學校相關委員會、公開評選教科書、協助教師專業學習社群運作、以及彈性與適性調整學習評量與課程內容等，可謂相當繁雜。

為落實前述校長課程領導的工作並展現實效，茲對於校長提出以下七項實踐原則：

(一) 熟稔108課綱及其相關配套的理解與處置：校長要清楚108課綱規範，當落實於學校變成課程時，還須有清晰配套措施，方能將理論與實務結合並實踐。

(二) 形塑並省思課程理念以穩固課程領導的根基：校長要實踐108課綱，須形塑並省思課程理念，方有利於將108課綱範疇落實於校訂課程，面對任何挑戰方能屹立不搖。亦即，校長要有課程哲學的思維：如思考課程發展、設計與實踐歷程中，哪些是我們學校必須做的？什麼是對教師教學與學生學習是最有利的？

(三) 積極協助教師以利轉化為有效的課程行動策略或方案：校長課程領導需發展出課程行動策略或方案，能勇於承擔責任，做出優質決策與執行力；領導歷程中營造有效的溝通／分享模式與情境，專注於學校現有的任何可能，展現校長課程領導的問題解決能力。

(四) 宜喚起教師生命共同體的意識：課程變革需經歷大大小小許多會議做討論與議決，在過程中一定會遭遇各種挑戰與困難，特別是面對教師與處室行政同仁的多元觀點與意見，校長應展現領導者高度，讓與會學校夥伴所思、所講的都能以「我們」為中心的思維態度，全校形成生命共同體，課程實踐就能落實。

(五) 協助建置穩定的學校課程運作機制：校長課程領導可藉由建構出制度化的運作模式，其構成要素包括組織課程核心工作小組、形塑學校願景、理解課綱、理念與目標及其內涵、課程發展與設計、教學與評量的評估、課程評鑑與後設課程的檢核等。

(六) 協助發展為學習型學校以促進專業對話：組成跨領域／學科教師專業學習社群，透過會議、研習與工作坊，促成教師的教育專業深層對

話，積極面對學校面臨的內部弱勢與優勢、外部威脅與機會；並以集體思考共識，尋找解決問題的方法，逐步形成學校的專業主張與態度。

　　(七) 塑造學校正向組織文化以利同儕成長：好的領導者不是為組織做了什麼，而是為組織形塑了什麼正向組織文化，學校亦同。校長課程領導不是為學校做了什麼具體課程，而是為學校塑造了什麼樣的課程組織文化，當此文化成形時，就是校長課程領導能量湧出之機。

　　校長經營學校，在課程與教學方面的最佳角色職責就是「課程教學的規劃師」（鄭崇趁，2013）。以校長課程領導觀之，108課綱改革幅度大又龐雜，各處室分工合作實屬必要。因實務推動時需要召開會議溝通、協調的事項很多，且多與課程、跨領域有關，屬於教務處業務；但若都歸屬於教務處則將負荷過重，造成工作上的疲乏狀態，不利課綱推動。因此，校長需領導各處室進行任務分工，讓各處室都有工作分配，共同承擔新課綱的各項業務。如：部定必修、校訂必選修課程規劃、學習歷程檔案可歸於教務處主政，但某些業務可分給其他處室負責，例如：團體活動時間、彈性學習時間請學務處規劃；升學輔導和與大學策略聯盟部分請輔導室；閱讀推動、國際教育交流、資訊與自主學習等由圖書館協助；空間規劃、設備採購等請總務處負責；各處室業務聯繫或彙整進度可委請祕書為之。校長充分掌握進度，了解各處室分工執行和排除困難，適時表達關心和支持，以務實的作為解決問題，才能順利完成課程實踐。

伍　校長課程領導的困境及其因應策略

　　108課綱內涵以核心素養取代過去的能力導向，學校需推動素養導向的課程、教學與評量。特別是高中增加許多校訂必修課程、多元選修課程、團體活動時間、彈性學習時間等課程，其中校訂必修和選修課程更是學校的一大挑戰，教師需設計課程、研發教材，這會增加教師的專業負荷與困擾，選修課也造成教室空間不敷使用等諸多過去從未有過的挑戰。校長課程領導的過程中，除本身須持續精進外，也可能面對部分教師表現出無感、逃避、抗拒等負面情緒，造成校長課程領導的困境。關於校長課程

領導的困境及其因應策略，茲分項說明如後。

一、校長本身與行政因素

關於校長本身與行政等可能形成校長課程領導的困境主要有三，茲說明如後：

(一) 校長歷練不足或欠缺紮實的學理基礎

校長並非都是教育系所科班出身，學歷和擔任行政職務之歷練可能有所不足，因此對於課程有關方面的理論與哲學基礎，並非自身優勢。但是108課綱的主體重心是課程，所以校長在做課程領導時，總是有著理想與實務難以結合的困擾，對於校長的課程領導產生了阻礙，甚至不知所措而影響課程推動成效。

(二) 校長課程領導的專業不足以致形成領導困境

校長的專業知能，大多與教育專業或與其教學學科有關的專門學科知識為主，對於管理與領導所需的專業知能則有所侷限。尤其初任校長經驗較不足，將造成領導的困境，校長既是管理者也是領導者，欠缺管理或領導能力，課程的決策與執行將難以完成。

(三) 學校組織過度本位主義以致影響課程變革的整合

籌組行政組織是校長的權力也是責任，能慧眼識英雄找到適合的人擔任各處室主任和組長，讓組織健全則辦學就成功一半了。因學校行政組織各有著既有的任務與執掌，而這些區分乃昔日著重行政領導觀念下的產物，而今108課綱以課程領導為上位觀念，行政組織面臨重新調整的時機，學校處室間若仍舊存有本位主義，對於108課綱的落實勢必會有不良影響。

對於前述校長課程領導的困境，茲提出以下三點因應策略：

　　(一)　108課綱以課程爲主導，因此校長需對課程的相關學理與哲學基礎有一定程度的了解，並能將課程理論化爲實務的能力，否則可能會形成外行課程領導，導致108課綱落實於學校時產生錯誤或效能弱化之缺失。所以校長應該自我閱讀、進修、參加研習與向專家請益增能課程學理的知識與實務，以提升自身課程的哲學思考力。

　　(二)　管理是把事情做對，領導是做對的事情。組織有了問題，管理因此出現，管理是爲了解決問題，管理重在「執行力」，領導則重在「決策力」。108課綱落實於學校課程，勢必會遭遇到各式各樣的問題，解決這些問題往往考驗著校長的管理和領導能力，校長若缺乏管理和領導能力，就無法產出好的課程決策與後續的執行力。因此，校長需自我進修管理與領導課程和累積智慧資本，加強自己管理能力和領導素養，以強化課程領導力。

　　(三)　108課綱的屬性，傳統的行政組織，不足以應付高難度的課程變革，校長應該思考學校組織再造、人力調整或任務編組，一切以課程爲主體的上位思維。思考學校行政組織的彈性與重組，或分工不分心，讓各處室分攤課程的推動責任，以及加強處室間的溝通協調，校長高倡導、高關懷、高整合，形成學校共同體，以共創與實踐學校美好的課程。

二、教師與學校組織因素

　　關於教師與學校組織等可能形成校長課程領導的困境主要有四，茲說明如後：

(一)教師對於學校願景無感

　　一套精心構思的願景，包含「核心理念」（core ideology）與「未來展望」（envisioned future）等兩部分（Collins & Porras, 2008）。願景是學校存在的核心理念與發展方向，所以學校校長與全體教師必須非常清楚自己學校的願景是什麼及其意涵爲何。惟教師可能不知道及無法理解學校願景，可能原因是教師因故未能參與學校願景的研擬，致使學校願景成爲

一個「口號」而無實際功能，連帶使得校長也無法領導大家齊力一心，達成學校教育目標。

(二) 教師缺乏課程教改的熱情

學校教師歷經多次大大小小的教育變革，心態抱持著又是一場「白老鼠實驗」的冰冷、旁觀者的心態。因此，108課綱頒布實施，即使校長使命感強烈，活力十足，但是總因為教師的消極心態，讓團隊似乎動不起來或動作緩慢，讓校長的課程領導，產生心有餘而力不足之慨嘆！

(三) 教師專業學習社群與課發會的功能未能升級

學校都有教師專業學習社群（TPLC）的組織及課發會，也都有著「例行性的照表操課」，108課綱更強調跨領域與課發會委員間的對話。但學校教師專業學習社群與課發會的功能似乎仍停滯在例行公事，較少有教師兼跨領域的專業對話，影響校長在素養導向的課程發展與設計的教師專業助力，效果大打折扣。

(四) 高中校訂課程比例增多但教師的專業與協力不足

108課綱有關高中的校訂課程比例增多，因此高中教師必須設計課程研發教材，對於第一線的教師是嚴峻的挑戰，而且設計的課程需與學生生活經驗結合，還要以素養導向為核心。此為教師較為欠缺的經驗，且教師為研發課程往往導致壓力與負荷過重，對於校長的課程領導造成不少困境。

對於前述校長課程領導的困境，茲提出以下四點因應策略：

（一）校長在課程領導時要先檢視學校願景，並帶領全校教師同仁一起參與，討論、深思提出屬於大家都有貢獻和參與的學校願景。學校願景的形塑需每個人都要參與並提出看法，這樣得來的學校願景才是所有參與者共同創造的。校長要能了解各方意見有如鑽石的許多面向，積極的鼓勵所有的參與者都看到勇於提出不同面向的意見，並鼓勵各種意見和想法有

發亮的落實機會。

　　（二）校長需發揮正向的人格特質與人際溝通能力，倡導積極投入與喚起（calling）全體教師魂！相信人性喚得回，一次次的溝通宣導，透過影響力與人格的感召，燃起教師教育愛的火苗，注滿教師心中教育專業滿滿的水，齊心齊力，共同打拼，達成108課綱所欲達成的教育目標。

　　（三）校長要積極鼓勵教師組成跨領域專業學習社群與課發會，參與會議並帶領教師針對108課綱做深層對話，培養教師具有批判思考能力與創意能力，激盪出素養的課程與教學，轉化成知識分子與課程領導的組織文化，引導每位教師成為學校課程的領導者，而校長就是全校的課程領導者。

　　（四）108課綱對於高中的校訂課程比例增多，只單靠教師單打獨鬥，課程的品質與教師的能力負荷都著實令人擔憂。因此，校長要能看見教師的問題與困難，鼓勵教師參加校外有關工作坊或研習，或學校自行辦理相關工作坊，並找到校外專家協助，如校外卓越教師或學者專家入校指導。當然面對辛苦的教師，校長可以準備各種獎賞激勵教師，不失也是增強校長課程領導的配套措施。

三、政策與學校因素方面

　　關於政策與學校因素等可能形成校長課程領導的困境主要有五，茲說明如後：

(一)學校教學與活動空間不足、老舊或未經整理

　　從108課綱的內涵評估學校的教學與活動空間，需要量不少，而且有些教室或空間尚未整體完成規劃，就會影響新課綱的推行。若學校的教室與教學空間老舊，或不敷學校課程教學的實際需求時，導致課程的落實產生問題，便會直接影響校長的課程領導。

(二) 法令或課綱本身的落實難度所形成的限制

　　108課綱經歷許多專家學者的智慧結晶而發布，理想性高，但是在學校實施時難免會遭遇難行或不可行之處，況且現行許多有關學校教育的法規，有可能影響課程的落實。這些對於校長課程的領導，將產生礙手礙腳的困擾，最終影響108課綱實施的品質。

(三) 人力與經費未到位以致難以完全落實

　　108課綱是課程的變革，任何變革都需要人力員額的編增，更需要經費的挹注。但是以現在的學校人力員額編制與經費的預算，對於校長推動課程的發展與落實，常有人力與經費不足之問題，校長限於人力與經費的困窘，鴻圖難展。

(四) 缺乏背景相似的學校課程發展借鏡

　　學校隨其地域、歷史、社區文化、家庭社經背景、學生特質等不同，形成自有的學校文化，如社區文化、教師文化、學生文化、家長文化等，文化優劣未必有其一致性的規準。但是不可否認有些文化卻深深影響著校長辦學，甚至牽制校長辦學，對於校長課程的領導產生相當程度的掣肘。

(五) 突發而致的全面性線上課程影響課程實施

　　近年逢COVID-19疫情嚴重，導致我國各級學校第一次實施「停課不停學」的居家遠距教學，與居家辦公的行政上班型態。當教師不在學校實體教學，而校長及行政輪值到校上班，校長過去習慣的實體課程領導，突然間轉換成線上課程領導，對於領導的效率與效能應該會有某種程度的影響。

　　對於前述校長課程領導的困境，茲提出以下五點因應策略：

　　(一)　針對108課綱的教室空間量與專業規格的需求，校長應該透過全校空間盤點後，依據學校課程的需求，經由各種會議、課發會等，邀集教

師同仁提出意見，改善與增建，以符應課程的需求。過程中應聆聽各領域教師意見最後形成共識，如果因為經費不足，則需依輕重緩急原則編列優先次序，逐年完成改善。

（二）108課綱落實於各校時產生水土不服的可能，校長需蒐集彙整校內教師與行政夥伴意見，提供教育主管機關了解，作為課綱滾動式修正的依據。另108課綱實施前的許多法令，可能與新課綱相扞格，有關現行法令不合108課綱之處，校長不妨彙集相關問題與困難，透過校長社群對話提出，適時向教育主管機關反映，尋求化解。

（三）教育行政機關為落實108課綱，不斷地釋出各項計畫提供資源，校長應當把握機會努力撰寫計畫爭取經費及人力。另教育主管機關應該主動了解校長108課綱推動所需的人力員額與經費資源所需，以最優先、最迅速的方式挹注給學校。巧婦難為無米之炊，教育主管機關要做校長課領導背後的支持力量，才能有效做好課程領導的任務。

（四）模仿是一種學習，但是屬於學校特有的問題，舉目似乎沒有可以參考的學習者，校長處於高處不勝寒、一籌莫展，無師可諮詢的處境。此時跨領域的學習或許是一種創新與突破，閱讀觀看學校與教育界不同的其他領域，對於類似的問題他們的作法如何，或許可以讓校長在課程的領導進入黑暗時光隧道時，有著一道柳暗花明的生機。

（五）COVID-19疫情影響所致，透過網際網路遠距教學成為新興的教學型態。至於疫情何時是終點，目前尚無法預估，校長應該順應此危機發揮校長的科技領導力，借助資訊的便捷性與地域性，升級資訊設備，充實自身的線上軟體應用能力。即使疫情過後，或許將來兼顧線上課程領導與實體課程領導，會成為校長卓越與否的關鍵領導力。

面對落實108課綱變革的決心，教學現場端有包括跨領域備課難執行，行政與教師們反映工作增加、師資不足，對於素養教學頗多憂慮，也會有認為教育主管單位提供的配套措施嚴重不足的問題。面對這些困境，校長需熟稔總綱內容，並親自帶動課程與教學領導，行政與教師們才會跟進，讓推動新課綱變得更容易些。惟解讀總綱只是第一步，更重要的是帶

領教師深化和研發素養導向的教學和評量，這才是課綱最核心的課題。

前述各種校長課程領導時可能遇到的困境與因應策略，實難滿足每位校長的處遇與問題解決，但學校任何困境都得靠校長睿智的領導解決；且校長是希望的化身，身負學校成敗之責，務必充實本身校務經營和課程領導能力，方足以勝任校長之職務。是以提出困境與因應策略的哲學思維——見樹亦要見林供參考，校長不妨試著思考：「成功可不可以複製？為什麼？失敗中是否可以找出力量？為什麼？芬蘭教育改革提出七大『跨界能力』（Transversal Competences），我國的108課綱也提出跨領域課程與教學，給予校長的課程領導什麼啟示？」釐清這些問題將有助於提升校長課程領導的作為。

陸 結語

108課綱變革是此波教改的靈魂，如果把「108課綱」隱喻為一齣戲的劇本，將「校長的課程領導」視為主題，校長是製作、編劇與導演，學校所有成員都是演員，戲棚就是學校。這齣戲是否能成為賣座俱佳的好戲，關鍵在於校長課程領導的素養。

對於校長課程領導而言，掌握108課綱的願景、理念與目標，理解課程改革的脈動與理論，帶領全體夥伴共同形塑學校願景，增強教師校訂課程發展與設計能力；提升教師教學與評量素質，營造學校教師專業發展的組織文化，以及爭取整合校內、外資源的挹注等，才能讓學校向上提升。108課綱的變革具有重要價值取向，對學校發展、校長領導角色、教師課程研發、學生自主學習以及家長觀念轉變等都有深遠影響，校長課程領導益形重要。以安康高中為例，極力爭取競爭型計畫來推動108課綱的課程規劃與運作，包含教育部高中優質化輔助方案、新北市教育局旗艦計畫與成立公民課程發展中心等；由校長擔任召集人帶領同仁推動，定期召開課程推動核心小組會議。從學校願景與學生圖像出發，對照課程評鑑機制相互檢視，對於各項推動的課程內容進行回饋，採「PDCA」模式進行執行與檢核，隨時追蹤工作執行情形，配合自我檢核機制，以具體的實施策略

掌控進度並進行成效檢核，形塑優質的學校總體課程。學校總體課程即可順利研發與推動。

　　校長的熱情、旺盛的企圖心和對教育的動能，經常是帶領全體教職員邁向卓越學校的信念與能量。課程領導是專業的一環，校長需將領導的特質與素養，發揮得淋漓盡致，方能影響教師跟隨校長進行課程改革，完成108課綱的目標。校長與教師共同的責任都在「傳道、授業、解惑、領航」（鄭崇趁，2020），熟稔與執行課程理論與實務，能引領與促進教師具備課程與教學的專業能力，讓學生學習品質提升。然而，校長總有能力侷限，甚至因政策頒布、校園環境、教師組織和自己本身因素而面臨困境；教育行政機關宜察覺學校之需，適時伸出援手並給予支持，將是校長課程領導能否度過瓶頸的關鍵。

　　總而言之，任何有關課程變革與落實的歷程，校長必須比學校任何一位成員更努力、認真與付出，這是責無旁貸的本職。校長應以終身的學習者自居，強化自身的課程領導知能，積極充實課程領導知能與進升領導的素養，俾能扮演好校長角色，實踐108課綱的重要價值，帶領學校成為邁向教育4.0的卓越學校。

參考文獻

一、中文部分

大學招生委員會聯合會（2021）。多元入學方案（**111學年度起適用**）。取自http://www.jbcrc.edu.tw/documents/others/111學年度起適用之大學多元入學方案.pdf。

伍晴文（譯）（2020）。**讓思考變得可見**（原作者：R. Ritchhart, M. Church, K. Morrison）。新北市：大家／遠足。

安康高中（2019）。新北市立安康高級中學108學年度課程計畫書。

安康高中（2020）。新北市立安康高級中學109學年度選課輔導手冊。新北：安康高中編印。

安康高中（2022）。新北市立安康高級中學110學年度課程計畫表。

吳清山（2010）。校長課程領導vs.教師教學品質。**師友月刊**，514期，8-13。

吳清山（2017）。素養導向教育的理念與實踐。**教育行政與評鑑，21**，1-24。

吳清山（2019）。**教育發展議題析論**。社團法人111教育發展協進會。

吳清山、王令宜（2012）。校長學習領導的理念與實踐策略。**教育行政研究，2**(2)，1-21。

吳清山、林天祐（2001）。課程領導。**教育資料與研究，38**，47。

林雍智（2020）。校長同僚性：支持校長學校經營與專業發展的力量。載於林雍智（主編），**教育的理念與實踐**（頁33-47）。臺北市：元照。

秦夢群（2010）。**教育領導理論與應用**。臺北：五南出版社。

高新建（2002）。課程領導者的任務與角色探析。北區九年一貫課程試辦學校校長課程領理念與實務工作坊，新北市：秀朗國小。

張瀞文（2018）。**面向未來的能力：素養導向教學教戰守冊**。臺北市：教育部。

教育部（2021a）。十二年國民基本教育課程綱要總綱（修正）。新北市：國家教育研究院。

教育部（2021b）。**十二年國民基本教育課程綱要總綱**。新北市：國家教育研究院。

陳文彥（2015）。跨越教室的力量：教師學習領導之領導實踐分析，**當代教育研究季刊，23**(1)，51-65。

黃政傑（2020）。臺灣十二年國教新課綱的規劃與特色。載於黃政傑、謝金枝（主編），**中小學課綱之國際經驗**（頁1-24）。臺北市：五南。

黃淑娟、吳清山（2016）。校長課程領導推動十二年國民基本教育課程綱要因應策略之研究。**學校行政，106**，121-140。

楊振昇（2017）。校長教學領導新取向—認知教練技巧之應用。載於中國教育學會主編，**教育‧新航向**（頁54-75）。臺北市：學富文化。

楊振富（譯）（2002）。**學習型學校**。臺北：天下文化。

葉連祺（2014）。國小校長課程領導之實踐課題。**學校行政雙月刊，91**，

　　1-32。

歐用生（2017）。校長學習即領導—校長的學習與學習領導。載於中國教育
　　學會主編，**教育・新航向**（頁27-51）。臺北市：學富文化。

鄭崇趁（2013）。**校長學**。新北市：心理。

鄭崇趁（2017）。**知識教育學**。新北市：心理。

鄭崇趁（2018）。**教育4.0**。新北市：心理。

鄭崇趁（2020）。**素養教育解碼學**。新北市：心理。

鄭淵全（2008）。國小校長在校本課程發展的課程領導作為及其相關問題之
　　研究。**新竹教育大學學報，25**(1)，1-20。

謝金城（2018）。校長推動十二年國民基本教育新課綱的領導作為。**中等教
　　育，69**(3)，97-110。

二、英文部分

Adams, J. (2007). *Development and testing of an initial model of curricular leadership culture in middle schools* (Doctoral dissertation, Texas Tech University).Retrieved from: http://education.qld.gov.au/curriculum/framework/p-12/

Adams, R. P. (2007). *Identification of Essential Oil Components by Gas Chromatography/Mass Spectrometry. 4th Edition.* Carol Stream.

Brooker, R., Macpherson, I., & Aspland, T. (1990). Moving from the local to the global in theorizing curriculum leadership within an action research approach. Retrieved from http://www.aare.edu.au/99pap/mac99332.htm

Eisner, E. W. (1994). *The educational imagination: On the design and evaluation of school programs.* New York, NY: Macmillan.

Fidler, B. (1997). School leadership: Some key ideas. *School Leadership & Management, 17*(1), 23-38.

Henderson, S. G., & Hawthorne, R. D. (2000). *Transformative Curriculum Leadership (2nd ed.).* N. J.: Prentice Hall.

Collins J. C. & Porras J. I. (2008)。**建立公司願景**。臺北：哈佛商業評論。

Organisation for Economic Co-operation and Development. (2013). *Leadership for 21st centurylearning*. Paris, France: Author.

Romberger, J. (1988). *Curriculum development leadership for elementary principals*. Unpublished ED.D. Dissertation. University of Massachusetts.

Sorenson, Goldsmith, Mendez, & Maxwell (2011).*The principal's guide to curriculum leadership*. California: Corwin.

Sorenson, R. D., Goldsmith, L. M., Mendez, Z. Y., & Maxwell, K. T. (2011). *The principal's guide to curriculum leadership*. Thousand Oaks, CA: Corwin Press.

Wiles, J. (2009). *Leading curriculum development*. London, UK: Corwin Press.

第十章

校長故事領導的故事敘說歷程與能力之提升

林曜聖

摘要

　　故事敘說是校長進行故事領導時的重要領導知能之一；就故事領導而言，領導者的故事敘說是有效溝通的核心，也是領導成功的關鍵。校長可以透過「說一個好故事」來陳述目標、溝通困境、理解想法、創發策略，以發揮領導之效並達成學校目標。好的故事需要輔以良好的故事敘說能力，校長若能「說好一個故事」，將故事完整的敘說、透徹的傳達，並能引發出共鳴，則領導的效能會更佳。

　　本文旨在探討校長進行故事領導時的故事敘說歷程及敘說能力之提升，包含「說一個好故事」及「說好一個故事」兩面向，以突顯出校長故事敘說能力的重要性。在「說一個好故事」的歷程方面，研究發現需包含蒐集故事敘說的素材、組織故事敘說的結構、安排故事敘說的情節等；關於「說好一個故事」的歷程方面，本文提出找對故事敘說的時機、完成故事敘說的程序，以及省思故事敘說的成效等三個歷程。其次，本文也提出校長故事敘說能力之提升作法，提升校長「說一個好故事」能力的作法有四：包含提升故事敏感力、提升故事選擇力、提升故事組織力，以及提升故事價值力；提升校長「說好一個故事」能力的作法方面，宜提升故事表達力及提升個人的故事魅力。

關鍵詞：故事領導、校長領導、故事敘說歷程、故事敘說能力、校長增能

⌈壹⌋ 前言

　　校長在學校中會有許多需要敘說故事的情境，透過敘說與領導相關的故事，進行價值觀與信念的傳遞，以達成學校的目標，此即爲校長故事領導之意涵（林曜聖，2007）。就國內博碩士論文的相關研究來看，最早以「故事領導」爲題者，可溯及林曜聖（2007）的博士論文研究，十多年來陸續有近20篇之碩博士論文發表，數量雖不算多，但故事領導的議題開始受到相當程度的關注。在實務運用方面，校長進行故事領導時，如何將故事完整敘說、以及如何有效地敘說故事，都是影響故事領導成效的重要關鍵要素；雖然故事領導的議題逐漸受到關注，但關於校長的故事敘說歷程及其敘說能力提升之探究則相對少見，前述議題仍有待學界與相關研究繼續補強。

　　說故事是領導者有效溝通的核心組成部分，也是未來領導者成功的關鍵技能（Cleverley-Thompson, 2018: 132）。有些學者認爲故事與敘事二詞都是廣泛的用詞，可以將兩者視爲同義詞；有些則認爲故事是由敘事者所說出，兩者意涵有所差異（Denning, 2011: 13）。但無論如何，敘事與故事的關連密不可分，就校長而言，說故事（storytelling）的能力是校長敘事能力的一環；一般而言，校長的故事敘說以「寓意」與「隱喻」爲核心重點，主要的說故事情境包括：理念分享、價值澄清，以及情感聯繫（林曜聖，2019），前述故事敘說能力也成爲探討校長故事領導的重要環節之一。

　　Cater（2015: 131）指出，說故事的問題在於缺乏研究支持和組織的指導，組織中並沒有指導領導者如何形成和敘說能夠對他人產生情感和認知反應的故事。Cleverley-Thompson（2018）也指出，故事敘說是一種有效的領導技能，但是很多時候領導力的教育課程都無法教給學生「如何」敘說「具有目的性」的「領導故事」。就學校組織而言，校長身爲學校的領導者，若欲提升自己的故事領導力，必須先了解故事敘說的歷程，亦即要知道如何進行故事敘說；此外，校長也必須了解並提升自己的故事敘說能力。由於故事敘說的歷程與能力，涉及「說一個好故事」及「說好一個

故事」等問題，因此本文以前述問題爲探討焦點，探究校長故事敘說的歷程，並進一步探究提升校長故事敘說能力的方法。

［貳］ 校長故事敘說之意涵與內容

　　校長進行故事領導時，除文字傳播故事外，透過口語敘說故事則是另一種方便又快速的途徑。以下分就校長故事敘述的意涵、重要性，以及相關內容等，分項說明如後。

一、校長故事敘說的意涵與重要性

　　Nossel（2018:3）認爲每個人都有故事可說，故事可以把「冰冷」轉成「親切」的情感力量；其進一步指出說故事的六大基礎原則，包括：說故事是人類的天性、每個人都有故事、任何人都能學會把自己的故事說得更好、不論是誰的故事，都有其發展性、每個人都能靠說故事來激發創意，以及聆聽和說故事之間，是相互作用的關係。Shiller（2020）則提出敘事經濟學（Narrative Economics）的概念，認爲「敘事」（narrative）與「故事」（story）兩詞其實同義，並引用《牛津英語辭典》的定義，指出敘事就是「一種故事或陳述，針對一個社會、時期等提出一種解釋或辯駁」。Shiller認爲，故事並非僅限於簡單陳述人類所發生的事，故事也可以是一首歌、一個笑話、一個理論或是一個計畫；故事可以引起人們的情感共鳴，也可以很容易地在日常對話中傳達出來。由前述可知，可以將故事視爲敘事，將校長的故事敘說視爲校長的日常敘事；但校長敘說的故事範疇其實不只限於一個完整的故事，也可以是一段「敘事」，「故事」的形式及內容相當多元。

　　Tichy與Cohen（1997）指出，成功領導人的基本特質之一，是將可傳授的觀點融入生動的故事中，透過述說親身經歷的故事，說明其學習經驗和信念。T. Kelly與J. Littman以企業領導者爲對象，提出領導者應成爲優秀說故事者的七項理由：(一)說故事可以建立可信度、(二)說故事可以抒解

強烈的情感，有助於群體關係的建立、(三)故事「獲准」去探討矛盾或令人不悅的議題、(四)說故事可以主導小組的看法、(五)說故事會創造英雄、(六)說故事可以提供你變革的詞彙、(七)好故事能在混亂中形成規則（引自林茂昌譯，2008）。Smith(2012:11)則提出領導者要能說故事的十種原因，包括：說故事比較簡單、不受時間影響、適用任何人、具傳染力、容易記住、振奮人心、能吸引各類型的學習者、對工作中的學習更適用、讓聽眾處於心智學習模式，以及說故事可以表現出對聽眾的尊重。可見，良好的故事敘說是領導者所需的重要能力與特質之一。

　　故事敘說不僅對企業的領導者很重要，對於學校情境的領導者─校長而言，也是其必備的能力之一。身為學校的領導者，不論是在正式或非正式的場合，校長經常有機會與學生、教職員、家長或是社區人士對話與交流。所謂校長的故事敘說（principal's storytelling），指的是校長在正式會議或平時溝通中，敘說與當時情境或主題相關的故事，以協助傳達自己的觀點與想法，並達成情感交流或引發共鳴進而達成組織目標等一連串歷程。

　　依據Damico（2019）對於校長說故事領導進行的博士論文研究，該研究對於小學校長的故事領導提出以下四項具體建議：(一)若使用故事來創建和分享願景，則在引發行動和執行學校變革方面將會更加成功；(二)能講述學生成功故事的小學校長在傳遞組織價值和進行變革時，將能更成功地駕馭校長的複雜角色；(三)當小學校長使用社交媒體分享知識、建立品牌，並講述正面故事時，他們將更成功地肩負起校長的複雜角色；(四)當小學校長講述當前的現實故事以傳遞組織價值並促進協作時，他們會更加成功。

　　由前述可知，校長在學校進行故事領導時，可以透過「說一個『好故事』」來發揮領導的效果，而好的故事也需要良好的故事敘說能力，校長若能「『說好』一個故事」，則領導的效能會更佳。「說一個好故事」就是能敘說一個適合當下領導情境的故事，而「說好一個故事」是能將此故事適當地敘說出來，此兩者都是校長故事敘說能力的展現。

二、校長故事敘說的內容

　　關於故事敘說的內容與類型，Dolan（2017:17）以故事輪盤的形式，提出商業中所需要的四種故事類型：包括：(一)勝利故事（triumph）：自己的、他人的、社區的故事；(二)悲劇故事（tragedy）：遺憾的、別人對你的、你自己造成的故事；(三)張力故事（tension）：義務的、忠誠度、價值觀故事；(四)轉折故事（transition）：煽動的、選擇的、被迫的故事。

　　而在校長故事敘說內容方面，Damico（2019）以Denning在《The leader's guide to storytelling》一書中所提出的八種說故事敘說模式，進行小學校長運用故事敘說以實施領導與轉型變革之研究。此八種故事敘說模式包括（Denning, 2011）：(一)說故事以激發行動並實施新想法；(二)說故事以建立信任；(三)說故事打造品牌；(四)說故事以傳遞組織價值；(五)說故事以促進合作；(六)說故事以分享知識；(七)說故事以消除謠言；(八)說故事以分享您的願景。

　　在學校教育的應用方面，劉維良與王淑娟（2018）指出校長的故事敘說，常見的內容包括自傳敘事與管理敘事等兩大類型，其並進一步提及校長在進行自傳敘事時，可以選取自己孩童、學生、教師及校長時代的重要事件，並且清楚敘述每個事件的發生時間、事件經過、相關人物，以及產生的影響。在選取自傳敘事的故事時，所選取的事件可以是成功，也可以是遺憾或失敗的事件，選取的標準是對自己的教育理念、管理經驗，或職位變遷等具重要影響的事件；而在校長進行管理敘事時，可以分享自己反思改進管理方式的故事，或是敘說自己解決學校某個問題的過程，也可以敘說對某個重要教育理念的長期思索過程，或記錄與敘說某個教育實驗、課題研究、管理措施的歷程，或者也能選取觸動心靈、引發糾結的真實故事來敘事。

　　由前述可見，故事敘說不僅被應用於企業，在學校場域亦適用。由於故事敘說適用於許多的領導情境，因此，與領導情境相關連的故事敘說內容及主題，便呈現出相當多元的樣貌。

　　有鑑於故事敘說能力的重要性與運用性，如何培養領導者具有良好的故事敘說能力，便是亟待探討的重要課題。關於領導者故事敘說的教育訓練，Parkin（2001:3）指出在訓練時可以廣泛地運用故事，將故事依據教育培訓者最需要輔導的內容，分成五大主題：(一)設定願景與目標；(二)解決問題；(三)重組與創造力；(四)培力；以及(五)成功與自尊。林曜聖（2020）則針對校長故事領導，提出校長教育訓練時可以採取的四種故事類型：(一)說明我們是誰的起源故事；(二)突顯現行價值與未來願景的核心故事；(三)改變行為與教化功能的基本故事；(四)正向與重大事件的案例故事。

　　如同企業領導者一樣，學校校長在領導情境中，可以透過故事敘說來讓學校同仁更了解領導者，也可以透過說故事來傳遞其教育理念與價值觀，並且可以透過故事敘說進行教育與學校相關政策的溝通及交流，或利用重大事件與案例的分享來促進領導目標的達成。基於校長故事敘說內容的多元性，如何透過適當的教育訓練，提供校長練習與省思故事敘說能力的機會，會是校長增能過程中的重要任務。

　參　校長故事敘說之歷程與注意事項

　　校長故事敘說的重要性已如前述，透過適當教育訓練以提升校長故事敘說能力，勢將成為校長培育與增能的重要議題。為了解校長故事敘說的內涵，除了前述故事敘說的內容外，另須掌握故事敘說的歷程與應注意的事項。

一、校長故事敘說之歷程

　　林曜聖（2007）的研究指出，關於故事領導的應用歷程，主要包含：(一)故事形成階段、(二)故事敘說階段，以及(三)成效分析階段。Nossel（2018:2）則指出，就故事創造的角度而言，可歸納為下述三個階段：(一)發掘（excavating）：產生故事的點子；(二)編排（crafting）：將故事

素材形塑成典型的故事架構；(三)陳述（presenting）：在聽眾面前講述你的故事。

　　從上述故事領導及故事創造的階段可以發現，校長欲透過故事敘說來進行故事領導，必須先形成或找到一個好故事，並進一步將所得的故事採取合宜的方式向成員敘說，才能達成故事領導的成效。簡言之，校長故事敘說的歷程，可以進一步區分為：先做好「說一個好故事」（telling the right story）的準備，再實踐「說好一個故事」（telling the story right）的歷程。

(一) 說一個好故事

　　校長要敘說故事，首先必須要有一個「好故事」。要能「說一個好故事」，必須包含「蒐集故事敘說的素材」、「組織故事敘說的結構」，以及「安排故事敘說的情節」等三個步驟。

1. 蒐集故事敘說的素材

　　欲敘說一個好故事，第一個步驟要先「有故事」，就是要先蒐集故事的相關素材。關於尋找故事素材的方法，Parkin(1998:52)提出四種故事的形式：(1)敘說自己的故事或趣聞、(2)重述你曾聽過的他人故事、(3)直接念讀故事文本、(4)採用書面或口語故事以迎合聽眾之需要。劉維良與王淑娟（2018）提出教育敘事研究的類型：(1)講述自己的感悟或實踐改進過程、(2)分析他人的敘事。前述的故事素材主要來源有二：與個人有關或有所感觸者、他人或文本的故事，敘說的方式則可以採取書面或口語等多元形式。

　　Dolan（2017:24）對於尋找故事素材的方向，提出有二：其一為「尋找與工作相關的故事」，主要是來自於你的「工作情境」；其二為「尋找與工作無關的故事」，這部分主要是來自於你的「生活經驗」。依據前述兩種尋找故事題材的方式，結合Dolan提出的四種故事類型：勝利故事（triumph）、悲劇故事（tragedy）、張力故事（tension），以及轉折故事（transition），可以列表的方式蒐集工作情境及生活經驗中的故事素材。此外，林曜聖（2020）將校長故事領導的故事來源，整理為以下五種：(1)

生活或時事故事、(2)書籍或文學故事、(3)自編或自創故事、(4)網路或文化故事，以及(5)影片或媒體故事。

　　彙整前述，故事的素材可以來自生活中的時事新聞，也可以來自書籍中的文化或文學故事；蒐集故事敘說素材的方法則包括：觀察、訪談、聆聽生活周遭的人事物，以及閱讀書籍與新聞。校長在蒐集前述素材後，需進一步依據敘說的目的善加組織故事的結構，以形成一個好故事。

2. 組織故事敘說的結構

　　前一步驟蒐集而來的故事素材，有些可能篇幅過長，有些或許存在著文化的差異，有些可能是因為年代距離，而有些則可能是故事邏輯鬆散等，這些素材不一定能夠「直接」用來在學校情境中敘說，因此需要針對蒐集到的故事素材進行組織結構的耙梳。就算是真實的故事，校長在敘說時應該先思考故事結構與前後邏輯連貫性，以免敘說時發生前後矛盾的狀況，影響校長敘說的故事內容之可信度，甚至影響同仁對校長的信任度。

　　希臘哲人Aristotle曾提出故事的三步式結構，包含：開頭（the beginning）、中間（the middle），以及結尾（the end）（Dolan, 2017:34）。在中文寫作時，也有文章結構編排講求「鳳頭、豬肚、豹尾」的說法，好的文章猶如敘說著一個好故事，必須要能包含吸引人的開頭、豐富的內容，以及有力的結尾。Smith（2012:55）則提出「CAR」故事結構，認為一個故事必須能包含：脈絡（Context）、行動（Action），以及結局（Result）等三個部分。Gallo（2016）也指出，說故事祕訣之一是將故事分成三個部分，讓故事能有轉折而且更加地豐富。

　　前述關於故事結構的安排，一般多採用三段式的結構。是以，校長要「說一個好故事」，當蒐集到故事素材之後，要將故事依據敘說的情境、目的、對象、時間等，進一步地設計出故事的開頭、鋪陳故事的內容，以及規劃故事的結尾等三大部分，在不影響或改變原有的故事精神之原則下，讓故事的結構更有條理，內容也相形豐富。

3. 安排故事敘說的情節

　　故事情節是故事的靈魂，也是故事寓意之所託，更是整個故事的核心。故事敘說的情節愈精彩，敘說時愈能吸引聽眾的注意力，也愈能夠達

成故事領導的成效。

　　Smith（2012:269）進一步提出"CAR=STORY MAKERS"的概念，認為故事的情節應包括以下五大部分（STORY）：主題（Subject）、寶物（Treasure）、阻礙（Obstacle）、結局（Result），以及緣由（whY）；在故事的最後再加上故事的六大特色（MAKERS），包括：象徵和譬喻、訴諸感性、保持真實性、驚奇的成分、將聽眾融入故事之中，以及風格元素。Smith依據前述，將故事結構與故事敘說整理出"CAR = STORY MAKERS"，便於讀者理解與應用。

　　經過故事素材的蒐集、組織故事敘說的結構之後，可以進一步地透過建立故事資料庫的方式，將故事素材加以系統性的分類與整理。有些故事只適合於特定的情境中敘說，有些故事則可以同時運用在不同的領導情境與目的之中。校長在進行故事敘說時，除了須安排或選擇符合領導情境的故事內容與情節，也要重視故事的寓意與隱喻；其次，校長如果是敘說真實故事，則故事情節的安排上，需符合實際發生的情形，不可隨意增添情節，以增加故事敘說的可信賴度。

(二)「說好一個故事」的歷程

　　校長故事敘說除了要有「好故事」之外，下一步就要規劃如何「說好一個故事」；亦即將「好故事」用聽眾易接受、能感動、甚至受啟發的方式敘說出來。「說好一個故事」的歷程有三，分別是：「找對故事敘說的時機」、「完成故事敘說的程序」，以及「省思故事敘說的成效」等。

1. 找對故事敘說的時機

　　校長進行故事領導或欲運用故事傳遞理念時，除了要有好故事外，再來就必須要找到對的故事敘說時機與場合。關於故事領導的運用場合，林曜聖（2007）的調查結果發現有下列幾種場合：(1)教師晨會、(2)校務會議、(3)行政會議、(4)公餘閒聊之時、(5)非正式的聚會（如聚餐、自強活動等）、(6)親師座談會、(7)家長委員會會議、(8)其他。林曜聖（2020）進一步分析故事領導的適用時機，提出故事領導的六個適用時機點，包括：傳遞價值信念時、組織變革挑戰時、組織氣氛低迷時、新進成員加入

時、辦理重大活動時，以及遭受挫折事件時。可見，校長在進行故事敘說的適用時機判斷時，必須考量情境的符合度、成員的組成、成員的準備度，以及敘說的場合等因素進行綜合評斷，確定前述因素有利於進行故事敘說後，再預作準備以採取行動。

2. 完成故事敘說的程序

找到故事敘說的適用時機後，校長要能整理好故事內容與組織結構，把握時機進行故事敘說。再好的故事，沒有實際敘說出來，都只是個人內在的想法。因此要說好一個故事，就必須透過完整的敘說程序，將故事實際說給聽故事的人聽。所謂良好的故事敘說程序，包含校長要能自己與聽者的身心狀況與態度、保持敘說情境的氣氛並有利於傳達、適度提供聽眾反饋與提問、以清晰的口語表達，並掌握故事敘說的情節起伏、觀察聽眾的專注度與理解情形、以及確保故事內容能完整敘說與傳達等，每一環節都有賴校長用心地掌握與體會。

3. 省思故事敘說的成效

校長為故事領導而進行故事敘說，應有相對應的領導方向或目標，前述目標便成為檢視故事敘說成效的重要依據，也是校長在進行故事敘說之後必須省思的部分。敘說故事時，校長可以一面觀察聽眾的反應，故事敘說的過程中可以適度地與聽眾討論故事寓意獲得即時回饋，也可以採取延宕的作法，讓故事在聽眾的心中醞釀發酵一段時間，再了解聽眾的回饋意見以及評估是否達成原先設定的目標。前述故事敘說成效的檢視，不僅有利於確保故事領導成效的達成狀況，也有利於校長檢視自我的故事敘說能力，藉由省思與聽眾反饋等，對故事敘說的方式與內容進行調整，以增強自己的故事敘說能力。

二、運用校長故事敘說之注意事項

校長在進行故事敘說的歷程時，必須注意下列事項，以強化故事敘說的成效，並避免故事敘說的反效果：

(一) 依據目的選定敘說的故事

Dolan（2017:21）指出有效故事的其中一個要素為「目的性」，不同的情境要求不同的故事。因此，校長在故事敘說時要能明確判斷情境需求，選擇符合領導情境及目標的故事加以敘說。

(二) 真實且正向的故事為佳

除了「目的性」外，Dolan（2017:21）指出有效故事的另一個要素為「真實性」。Damico（2019）也指出當小學校長講述正面故事時，他們將更成功地肩負起校長的複雜角色。另如戴晨志（2007）所言「把故事『說出來』，還要讓故事『活出來』」，自己所經歷的生命故事，常是最真實也是最動人的。校長在學校進行故事敘說時，可以多敘說自己的生命故事與人生經歷的故事。在敘說別人的真實故事時，應取得相關當事人的同意，並以敘說正向故事為佳。

(三) 避免落入以故事來說教的窠臼

校長在前述的故事領導時機敘說故事，以及在故事敘說後與聽眾討論時，可強調故事的寓意及精神，但不應又藉故事來影射與指責相關人與事，如此一來，則將落入只是利用故事來說教的窠臼，校長所敘說的故事將更不容易獲得聽眾的信任。

(四) 對於故事的寓意需以身作則

校長利用故事的寓意來傳遞價值觀與理念，希望聽眾能接收到其所欲傳達之價值觀，並且能受到故事的啟發與影響，則校長本身必須要能自我實踐故事中所隱含的寓意與精神，不可以「說一套做一套」，校長的言行必須與故事的寓意一致，必須以身作則，身體力行地做到故事中所寓含的精神。

(五) 不斷地練習故事敘說

校長的故事敘說技巧以及對故事內容及說故事情境的掌握度，必須靠不斷練習的方式來提升。善用各種可以敘說故事的時機來說故事，包括正式的會議或非正式的溝通場合，就像Gallo（2016）所說的：企業說故事者要多分享自己過去的人生經驗，要把握每個磨練說故事技巧的機會。

肆 提升校長故事敘說能力之方法

Goddeau（2019）曾提出建立領導者說故事能力的三種方法：一、選擇正確的故事，並產生連結；二、簡短，並且聚焦於瘋傳；三、以清晰的連結做總結，以強化所需的行為。此外，Dolan（2017:163）也提出讓故事能有效發揮功能的五項祕訣：一、接受脆弱：在你的故事中呈現弱點，會讓故事更令人難忘、投入及享受在其中；二、保持簡潔：商業故事應在一至兩分鐘內說完，直接「切入重點」；三、善用幽默：但要小心避免涉及性別及種族歧視的議題；四、做好準備：故事敘說的能力不是與生俱來的；五、要有變化：講述各式各樣的故事素材。

此外，Gallo（2016:235）整理出企業中說故事者的二十一項祕訣，包括：一、確認品牌的核心目標，二、心懷大夢，三、重構你說給自己聽的故事，四、分享你過去的人生故事，五、講述關於奮鬥與學習經驗的故事，六、介紹一位「英雄」（可能是人或產品），七、始終如一地在創始人的故事中型塑你的願景，八、故事至少占你簡報的65%，九、打破聽眾的期待，十、以簡潔的文字與譬喻取代複雜的事物，十一、以具體和切題的細節來豐富你的故事，十二、派出最佳的說故事者，十三、以幽默的方式傳達嚴肅的主題，十四、以真實且量身打造的故事來打動聽眾，十五、言簡意賅，精心挑選措辭，十六、將故事分成三個部分，十七、用圖片來舉例說明你的故事，十八、在故事中呈現個人的相關數據，十九、把握每個磨練說故事技巧的機會，二十、鼓舞成員成為他們自己的顧客故事中的主角，二十一、不只是將故事說好，而是要追求更好。Gallo歸納整理的這

些祕訣，可以用來作爲故事敘說能力的提升要領。

　　上述提升故事敘說的方法或祕訣，可以用前述的校長故事敘說歷程之分類法來加以分析。因此，欲提升校長的故事敘說能力的方法，可以分爲提升「說一個好故事」的能力，以及提升「說好一個故事」的能力等兩類的方法。

一、提升「說一個好故事」能力的方法

　　「說一個好故事」的能力主要的重點在於如何「感受到」、「選得出」，以及「安排好」一個合適的故事，這涉及故事的「敏感力」、「選擇力」，以及「組織力」。

(一) 提升故事敏感力

　　校長要提升故事敘說能力，第一步要做的就是提昇自己的「故事敏感力」，亦即對於生活周遭的人、事、物的故事要能有敏銳的覺知與感受。提升校長故事敏感力的方法，包括：

1. 多閱讀

　　西諺有云：「Leader is reader.」（領導者要是一位閱讀者）。領導者要能有豐富的文化與文學的故事可以敘說，閱讀是最佳的途徑。透過多閱讀，特別是跨界的「越讀」，可以豐富校長的故事資料庫，深化校長的口袋故事清單。當校長閱讀越多書籍，書籍中的故事變成了故事敘說的素材，而多閱讀也強化了校長對故事素材的敏銳度。

2. 多聆聽

　　Nossel（2018:36）指出「聆聽是塑造敘述的容器」。校長透過與學校成員的聊天與對話，可以聆聽到學校同仁的生活故事或是生命故事，一方面能藉由夥伴的故事而對他們更加的了解，另一方面也可以累積自己對故事的敏感力。正如Nossel所言，聆聽可以用來形塑故事與講述，增加對故事樣貌的了解。

3. 多觀察

　　生活中處處都是故事，因此，培養故事敏感力最好的方法，就是觀察身邊的人、事，以及物。生活中的故事觀察的重點可利用Sinek所提出的黃金圈理論，從「為什麼」開始，再來是「怎麼做」，最後才是「做什麼」（引自姜雪影譯，2018）。如果我們只是觀察生活故事中的「做什麼」以及「怎麼做」，而沒有觀察「為什麼」，就不太容易抓到故事的核心精神與寓意，觀察「為什麼」，可以讓自己更了解故事的成因，可以增強自己的故事敏感力。

4. 多旅行

　　旅行中會遇到更多的人、事、物，而且旅行還會遇到不同文化的故事，可以增加校長的故事底蘊。因為「讀萬卷書」所以要「行萬里路」，因為「行萬里路」，所以可以「閱萬千人」，因為「閱萬千人」，校長的故事敏感力獲得提升，能述說的故事量也將增大。

(二) 提升故事選擇力

　　校長要能「說一個好故事」，就要提升自己選擇好故事的能力。正如Goddeau（2019）所言，建立領導者說故事能力方法之一就是「選擇正確的故事，並產生連結」。故事的選擇力包括下列四項要點：

1. 故事要合乎領導情境

　　每個領導情境適用多種不同的故事，每個故事也適用於多種不同的領導情境，因此，校長必須具備選擇合適故事的能力，能在適時的情境選擇適當的故事來敘說。

2. 故事要合乎敘說能力

　　校長敘說故事時要依據自己的敘說能力，選擇自己能夠清楚表達的故事。有些故事需要對相關的事件具備較多的背景知識，若校長本身並不是相當熟悉這樣的背景知識，則在敘說故事時，較不容易將故事說好，因此，校長在選擇故事時，必須選擇合乎自己敘說能力的故事。

3. 故事要考量聽眾背景

說故事者要以眞實且量身打造的故事來打動聽眾（Gallo, 2016），Smith（2012）也指出要將聽眾融入故事之中。因此，校長在敘說故事時所敘說的故事，必須要考量聽眾的背景，敘說符合聽眾背景的故事。

4. 故事要考量學校文化

不同學校會有不同的校園文化，而同樣的故事在不同的學校組織文化中，可能會產生不一樣的效果。因此校長在選擇故事時，必須將學校的組織文化因素納入考量。

(三) 提升故事組織力

校長要能擁有「一個好故事」需培養的另一種能力是故事的「組織力」。校長要能適當地組織故事的結構與情節。提升故事組織力的重點，主要包括：

1. 故事要簡短

Dolan（2017）指出商業故事應在一至兩分鐘內說完，直接「切入重點」，而Gallo（2016）也指出故事要言簡意賅、精心挑選措辭，以簡潔的文字與譬喻取代複雜的事物。校長敘說的故事不宜太長，情節不宜過度複雜，以簡短但精彩的故事情節來吸引學校同仁的注意與關心。

2. 故事要有變化

Dolan（2017）認爲有效發揮故事功能的祕訣之一就是：要有變化，要能講述各式各樣的故事素材。因此，校長必須具備能組織各種故事素材的能力，在安排故事情節時，雖簡短但可以安排適當的變化與轉折。

(四) 提升故事價值力

校長努力想要找到「一個好故事」，並且想要發揮這個故事的最大價值，則必須提昇自己的「故事價值力」，將故事的價值作最大的發揮。校長敘說故事時，要提升故事價值力，可行的方法包括：

1. 連結學校願景

學校的願景若能有相對應的故事與之結合，則願景可以更容易被記

住，而故事也更具有價值性。校長應該致力於找到願景故事，提昇自己所敘說的故事之價值力。

2. 取材校園故事

校園故事是校園文化的體現、並能賦予校園符號生命，且能提供校園行銷的素材，校園故事多且具有其影響力（林曜聖，2011）。因此，校長進行故事領導的故事敘說時，要讓所敘說的故事更具影響力發揮的價值，則可多取材校園中由人、事、物、地所創造出的過去事蹟與生活真實故事。

3. 用故事找特色

要有特色才能被記得，而故事正是找出特色、突顯特色的最有效工具。沒有特色就無法構成故事，想說故事就得先找出特色來（楊照，2010）。有特色的故事更有價值，故事可以讓特色更突顯。校長在為學校找尋特色的同時，應該試著用故事來結合特色，以增加故事的價值力。

4. 講述對的觀點

楊照（2010）指出：「對的觀點，好的敘述策略，縮短聽故事的人跟故事間的距離。」其進一步說：「說故事，要讓故事被別人聽到被別人聽進去，我們不能只考慮故事內容要說些什麼，還要講究是用誰的立場用誰的口吻來說這故事。」故事要有價值，故事所承載的價值觀與觀點要能為大眾所接受，要能以聽眾可以接受的方式與立場加以敘述。

二、提升「說好一個故事」能力的方法

美濃部達宏曾指出一個現象，就是故事明明說得好，但為何聽的人會頻頻打呵欠，原因可能是一直講自己才聽得懂的情節，以及以自我為中心的自吹自擂。其並進一步提及想說一個精彩的故事，必須避免兩種情況：一為流水帳式的交代所有細節，二為露餡（提前破哏）的敘說方式讓人食之無味（引自張秀慧譯，2017）。因此，校長要能善用故事敘說的技巧，以期能「說好一個故事」。要「說好一個故事」主要的重點在於故事敘說者的表達力與魅力。

(一) 提升故事表達力

Denning（2011）提出要「說好一個故事」，有四個基本的要素：風格（style）、真相（truth）、準備（preparation），以及傳遞（delivery）。校長要將故事說得好，就要提昇自己的故事表達力，提升故事表達力的方法包括：

1. 善用聲音表情與肢體動作

說故事是要經過「設計」的。必須靠敘說者的聲音、語言來表達，要用聲音及速度的變化或高低起伏，讓聽眾融入你的故事中。講故事時，要「會講」，也要「會演」（戴晨志，2007）。校長在敘說故事時，應隨時提醒自己要注意說故事時，是否有以適當的語調、聲音、表情、動作來輔助故事的敘說。

2. 充分準備與練習

Dolan（2017）認為故事敘說的能力不是與生俱來的，因此需要不斷的準備與練習。很少人天生就很會說故事，多數人的故事敘說能力，都是從生活故事的敘說開始培養起。每天與別人的聊天與對話，都是一種故事敘說的練習。校長可以為自己設定故事敘說的目標，例如每天練習說一則新聞時事給自己聽，每天練習說一則生活故事給自己或家人聽，每週在朝會說一則生活、時事新聞、文學或文化的故事，逐漸提昇自己的故事表達力。

3. 適時的提問與互動

說故事時，透過「提問手法」能讓聽眾不得不回答（張秀慧譯，2017），戴晨志（2007）也指出可用「反問」和「拋問題」來產生互動。校長敘說故事時，不必然只能單向的敘述，可以透過適時的提問與聽眾互動，將聽眾帶入故事情境中，也為後面的討論預作準備。

4. 善用故事敘說媒介

隨著資訊科技的發展，故事敘說的媒介愈來愈多元，除了面對面的口語敘說外，亦可利用「線上敘說」的方式，在線上會議時敘說故事；或可以「預錄」的方式，先將欲敘說的故事以「語音」或「影音」的方式錄

製，再傳送給學校成員，預錄方式可以較完整地表達故事內容，也可以降低校長故事敘說時的緊張或不確定感。善用多元的故事敘說媒介，可以協助校長提升其故事敘說的表達成效。

5. 發展故事敘說社群

校長欲進行故事領導的故事敘說時，可結合志同道合的校長夥伴，共同發展校長故事敘說能力提升的專業學習社群。透過故事的共讀、共構、練習、分享，以社群的力量協助提升彼此的故事敘說能力。

(二) 提升個人故事敘說魅力

或許有些校長不常在學校說故事，是對自己說故事的能力沒有信心。但其實故事敘說是很講求個人風格的。提升個人故事敘說魅力的方法，包括：

1. 找到自己的敘說風格

楊照（2010）說：「我們喜歡聽故事，我們需要故事，因為任何東西被擺進故事裡，就吸引我們不同的眼光。」因此，校長只要願意將自己的想法放進故事中，並敘說出來，就自然會形成屬於自己的敘說風格，別人不一定學得來，我們也不一定要學其他人的敘說風格。

2. 讓說故事成為自己的品牌

Damico（2019）指出當小學校長使用社交媒體分享知識、建立品牌，並講述正面故事時，他們將更成功地肩負起校長的複雜角色。校長有了屬於自己的敘事風格，就可以型塑自己的個人品牌。經常分享自己生活故事的校長，更讓人感覺平易近人，所以校長可以為自己塑造「會說故事的校長」之個人形象。

3. 先提升學校成員對校長的信任感

聽眾對故事的相信程度，部分會受到說故事者的影響，若聽眾愈信任說故事者，則說故事者所敘說的故事之影響力也愈大。因此，要提升校長的故事敘說魅力，就應提升學校成員對校長個人的信任程度。「信任感」是影響校長故事敘說成效的重要因素之一。

[伍] 結語

　　Nossel（2018）認爲任何人都能學會把自己的故事說得更好，Denning（2011）則指出運用敘事能讓領導者自己成爲一位互動式的領導者。因此，校長可以透過故事敘說的歷程來與學校同仁互動，並傳遞校長的價值觀與信念，校長並能致力於提昇自己的故事敘說能力。校長進行故事領導而需敘說故事時，可以先致力於準備「說一個好故事」，接著努力於「說好一個故事」，從校長敘說故事的歷程中，可以同時找到校長培養故事敘說能力的方法，也就是從「說一個好故事」及「說好一個故事」著手。

　　關於校長故事敘說的未來研究發展方向，一方面可以針對校長故事敘說的歷程進行實證性的探究，進行校長故事敘說歷程之調查研究或個案研究，以了解校長故事領導時故事敘說的歷程之現況；另一方面，可以發展校長故事敘說能力提升之專業成長課程或專業學習社群，並實際運作及評估成效；另亦可藉由案例萃取的方式，蒐集故事敘說優良校長的之敘說經驗，整理出校長以故事敘說進行故事領導時的方法與策略，以提供校長們參考。

　　故事敘說是校長進行故事領導時必備的重要能力，希望未來每位校長都能作個「有」故事的校長，進而作個會「說」故事的校長，再進一步作個懂得「聆聽」同仁故事的校長，最後作個爲同仁「創造」生命故事的校長。

參考文獻

一、中文部分

大師輕鬆讀（2012）。故事領導：打動人心的商業故事製作秘笈。**大師輕鬆讀**，Vol.461。臺北：輕鬆讀文化。

林茂昌（譯）（2008）。**決定未來的10種人**（原著者：Kelly, T. & Littman, J.）。臺北：大塊文化。（原著出版年：2005）。

林曜聖（2007）。「故事領導」在國民小學行政情境之應用研究（未出版之博士論文）。國立臺北教育大學，臺北市。

林曜聖（2011）。臺灣百年國民小學校園故事的影響力及未來發展趨勢之研究——以一所百年國民小學為例。載於「建國百年教育行政與評鑑：挑戰與展望」學術研討會會議手冊暨論文集，399-420。

林曜聖（2019）。校長口說敘事能力之概念性架構探究。教育政策與管理，4，123-142。

林曜聖（2020）。故事領導。載於林新發、朱子君（主編），教育領導的新議題（頁195-214）。臺北：元照。

姜雪影（譯）（2018）。先問，為什麼？（第二版）。（原著者：Sinek,S.）。臺北：天下雜誌。（原著出版年：2009）。

張秀慧（譯）（2017）。故事練習：如何說話，讓聽眾感同身受、笑聲不斷呢？（原著者：美濃部達宏）。臺北：大樂文化。（原著出版年：2014年）。

楊照（2010）。故事效應：創意與創價。臺北：九歌。

劉維良、王淑娟（2018）。校長成長之路：從教育敘事看校長的勝任特徵。上海：華東師範大學出版社。

戴晨志（2007）。說故事高手。臺北：晨星。

二、英文部分

Cater, E. F. (2015).*Storytelling leadership: A semiotics theories qualitative inquiry into the components forming an oral story*. (Unpublished doctoral dissertation). University of Phoenix, Phoenix, Arizona.

Cleverley-Thompson,S. (2018). Teaching storytelling as a leadership practice. *Journal of Leadership Education, 17*(1). p.132-140.

Damico,N.(2019). *Leadership Storytelling: How elementary school principals use storytelling to lead and make transformational change.* (Doctoral dissertation). Retrieved from https://digitalcommons.brandman.edu/edd_dissertations/291/.

Denning,S.(2011). *The leader's guide to storytelling: mastering the art and discipline of business narrative.* CA : Jossey-Bass.

Gallo,C.(2016). *The storyteller's secret: From TED speakers to business legends, why some ideas catch on and others don't.* New York: St. Martin's Griffin.

Goddeau,J.(2019). *How to build leaders' capacity for storytelling.* Retrieved from https://trainingindustry.com/articles/leadership/how-to-build-leaders-capacity-for-storytelling/.

Nossel,M.(2018). *Powered by storytelling: excavate, craft, and present stories to transform business communication.* New York: McGraw-Hill Education.

Parkin,M.(1998). *Tales for trainers.* London: Kogan Page.

Parkin,M.(2001). *Tales for coaching.* London: Kogan Page.

Shiller,R. J.(2020).*Narrative Economics: How Stories Go Viral and Drive Major Economic Events.* New Jersey: Princeton University Press.

Smith,P.(2012). *Lead with a story: A guide to crafting business narratives that captivate, convince, and inspire.* New York: AMACOM.

Tichy, N. M. & Cohen, E. (1997). *The leadership engine: How winning companies build leaders at every level.* New York: HarperCollins.

第十一章

國小校長微觀政治領導行為分析
——以學校推行國際教育政策為例

朱子君

摘要

　　微觀政治行為在教育政治學的研究中占有重要的地位。微觀政治行為在學校中是權力與利益的展現；在學校的決策場域裡，教師、家長、社區、行政等利益個體／團體每天都在進行著政治策略的運用，以保護或提升自己的信念或利益。本文以Easton的政治模型分析了學校進行國際教育推行所遭遇的社會需求與支持，系統利益、次級團體的利益、學校文化、校長的領導行為、教師與校長的政治策略。

　　本文採訪談法進行研究，首先介紹微觀政治行為與政治領導，另以發展國際教育政策的學校為例，就校長推動前述政策時所採取之政治領導行為加以分析。校長在推行新的學校政策時，依據既有學校生態互動應具有微觀政治領導素養，選擇適合學校文化之政治領導模式，同時進行組織內的微觀政治領導，規劃適當符合各方利益訴求的執行方案，同時也需要向縣市政府等上級機關進行政治說服與影響策略，以追求學校最大的利益。

關鍵詞：校長政治領導、微觀政治分析、國際教育

壹 緒論

　　教育改革一直是國人重視的部分，從校園民主化的各種賦權決策模式、課程在地化的各種意識型態改變，到學校多樣化的各種實驗教育的實施等教改內容，在在充分實現解構教育集權專家模式，尊重家長教育選擇權與教師工作模式，讓教師專業性與自主性提升，也讓臺灣教育現場的樣貌愈來愈動態多元。在教育改革的討論中，以討論權力、政治行為的角度似乎被認定有違教育「善」的意涵，因此在學校裡較少以政治行為分析來探討變革時各方權力運作與教育成果；然而隨著學校決策模式與生態改變，近年有關學校微觀政治行為的研究則方興未艾。

　　Blasé與 Anderson（1995）曾進行學校微觀政治學（school micropolitics）的研究，兩位學者在教育政治學界是重要的學者，其著作常常是有致於研究微觀教育政治行為的學子們必讀之經典。其研究核心概念，主要是探討各種權力如何在學校這種正式機構中運作。依據其研究顯示，不同領導取向與權力運用會影響教師的生活，權力運作甚至會影響教師政治行為的採用，影響著學校每天的日常生活。從實務面觀察，在推行校務或專業發展時，被領導者期待領導者使用「權力分享模式」（power with）取代「權力控制模式」（power over），也就是說老師們希望學校校長改「控制」為「賦權」進行治校策略運用；倘使領導者運用法職權強勢要求部屬，領導者亦可以讓「共享願景」來領導學校變革與學校政策施行的方向，使得追隨者感受自己受重視，也得以發揮決策權力，或許更能夠形塑和諧有效的校園生態，並有利於教育政策的推動。

　　目前國內推行最盛的教育政策為國際教育。在雙語國家政策的領導下，各級學校紛紛將注意力轉到如何教育學子成為具有國際競爭力、國際流動力與國際包容力的未來公民，在全球化的現實需求下，推行國際教育以建立學生的國際接軌能力，已是學校校長、教師、家長與學生們的「共享願景」。然而，國際教育是個需要「實踐」的概念而非「理論」的意識型態，推行國際教育不僅僅需要師生具備相關的理念，亦須要形成對國際教育的認同。許多學校在推廣實施國際教育時，常常看到師生有滿滿的理

想願景，但宥於實施國際教育能力不足與認同方向模糊，造成教師或學生的抗拒，使得懸諸高閣的政策理想難以落實。

國際教育在既有課程以及學校體系中屬於一個新興任務，不管是教師原本的知識體系，或是國際教育校務推動的單位，在學校中都呈現一個「隱而不顯」的狀態。也就是說，也許教師有一些國際觀以及教育內容，但在課綱中並無國際教育的位置，國際教育必須是教師「自發」地融入其教學內容；而若是想舉辦全校性的國際教育活動，在各校均無專責單位負責。所以，學校推行新的教育政策時，不可免地改變了教師的任務與負擔。推行國際教育政策可能造成學校互動模式改變，進而造成的師生抗拒以及政策推行時造成的政治行為，是校長在推動校務時須要克服的。本文藉由以國小校長推動國際教育政策為個案，探討在前述政策推動過程中的學校微觀政治行為，了解前述微觀政治行為的內涵問題與可能的因應策略等，提出具體建議，以提供校長在推動教育政策時的參考。

┌貳┐ 學校微觀政治行為

學校具有專業與科層雙系統特色，傳統中教師被認為是教室裡的「國王」，教師彼此不會去干涉其他同儕教師的教學與輔導，也因此造成教師教學與帶班風格多元、專業且獨立。由於學校是個高度異質又各自獨立化的環境，倘使因共同的任務目標而需要所有教師形成偕同決策的環境，學校內部的政治行為便會增加，同時間挑戰著學校運作的特性，其間所涉便是學校微觀政治行為。

關於學校微觀政治行為，茲先就政治模型理解其內涵；其次，探討微觀政治行為的成因；再次，分析學校微觀政治行為的領導。

一、由政治模型解析微觀政治行為

Easton（1965）的政治系統運作模型是人人熟知的，組織為一開放組織，與大環境互動，在政治系統之外，環境有各種不同的輸入

（inputs），包括需求（demand）與支持（support），進到了政治系統並進行了組織活動後，達成政策輸出（outputs），所採行的政策執行結果，回饋環境輸入，並回過頭來影響政治系統的文化與組織活動。圖11-1是以學校為例所繪之學校政治系統（作者自行繪製）供參考。

圖11-1
學校政治系統

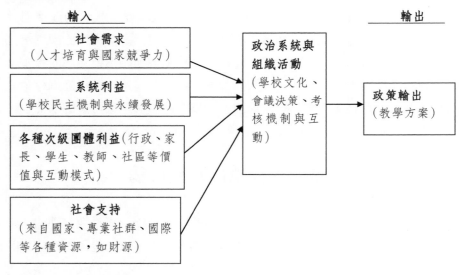

資料來源：作者自行繪製

　　學校微觀政治分析基本上有兩個焦點：利益與權力。國內學者蔡仁政（2018）根據其研究指出微觀政治（micropolitics）主要包括意識型態、目標差異、權力運作、衝突、合作等五個面向，各面向彼此連動、交互影響，攸關組織行政工作順利與否。政治策略運用不僅影響組織行政工作是否順利，更影響組織氣候與文化：而由於利益衝突，組織成員會進行利益與資源的競爭，這樣常導致目標之差異，而在資源競爭過程，權力運作的功能在控制，而網絡連結的成效則顯現在合作方面（蔡仁政，2017）。透過合作、交換、控制等行為，產生了動態生態變化，這樣的研究為傳統教育組織運作的理解增加了現實性。Kelchtermans（1996）將利益區分為

組織利益、自我利益、專業利益和生涯利益等四種，這四種利益會因個人或團體的立場或需求而產生衝突。利益產生衝突時不一定會以破局作爲結尾，端看各個利益維護者的權力大小以及策略運用。

　　Blasé（1991）觀察學校組織中利害關係人之間的權力互動，探討學校組織的微觀政治現象，意指個人和團體使用正式和非正式權力，以期獲得其於組織的目標。換句話說，所有利害關係人會利用自己的「影響力」去保護（protect）或爭取（promote）有利於自身的利益。正式權力以及非正式權力均是影響力的來源。依照Easton的政治模型，每當輸入端產生利益變化（增或減），學校成員不僅會在學校政治系統中趨避衝突，更會發揮策略來爭取本身價值與利益的實現。傳統上，正式權力來自職權相當的假設，當責者及有當權的合法與合理性；非正式權力來自人群關係，符合成就感追求、親密關係追求與全力追求的基本需求。只是現在的組織中正式與非正式權力界線愈來愈模糊，在網路社群關係的影響下，訊息控制與社群影響力使得正式權力的影響範圍與有效性漸漸式微。這樣的變化，會使得未來進行學校微觀政治分析有更多層面的因素考量。

二、微觀政治行為的成因

　　爲什麼會在學校裡出現微觀政治行爲？基本成因有三：

1. 各人利益不盡相同

　　由於每個學校組織成員對於組織目標的追求，便會有不同的詮釋與需求。學校成員便會尋求與他人不斷溝通，以便擴大本身利益甚至建立自身之利益網絡。

2. 外部環境給與組織新的刺激，要求組織進行創新應變以求永續生存

　　組織與大環境的互動直接造成了利益壓力，也加速政治行爲的產生。例如：學校面對少子化的大環境，造成了招生壓力；而誰應該負責招生？是學校行政同仁，還是全體教師？因此產生了學校中權責重新分配的現象，也一併帶動了教師的政治行爲。這些政治行爲是爲了適應外部變動，

將責任分擔或移轉出去,以保有自身利益,因此,對教育改革的殷切期望,使得學校更加政治化;

3. 在華人家長式領導文化的影響下,領導者高深莫測是顯示其權威的方式

在領導理論中,領導者的領導行為與理由越透明,就能夠簡化行政。然而在華人特有的家長式領導文化下,領導者喜歡以權術治理。領導者能巧妙地運用政治策略來影響部屬(反之亦然)則能夠有效的管理或領導組織。

這三個成因是政治行為之所以出現的基本成因;但是相同的,組織文化(權力距離)、信任、分配制度公平性、訊息不透明,決策不夠民主,以及團體的情緒勒索等,都會加強政治行為的產生。

三、學校決策場合為所有人政治行為的溫床

有人認為,組織決策的背景提供了政治活動的場域,成員利用政治策略來實現他們的組織和個人目標。學校中大大小小的決策可以被視為涉及不同群體和個人的政治實體共同實現一個共同的目標。例如:Blase和Blase(2002)指出,組織的政治過程,例如:學校的正式和非正式(例如:組織利益相關者及其權力來源、利益、意識型態和交流)及其政治文化(例如:興趣模式、意識型態、決策制定、權力分配)極大地影響著大多數學校的成果,包括教學和學習。

每個學校有每個學校獨特之組織文化,這是由不同的領導者與組織成員互動長期造成。從一所學校到另一所學校,隨著時間的推移,在同一所學校內,政治互動的過程和其最後形塑成政治文化對不同事件(例如:決策、政策、計畫、實踐)的影響程度不同。在學校系統中,校長占據著至關重要的地位。校長是領導、管理者和現場管理者,負責政策實施過程中的決策,校長的行為最明顯能夠影響其他成員的對應行為,這些行為有些是來自法職權,有些則來自各種不同權力的運用,例如:資訊權、參照權等等。但也有愈來愈多的研究發現,那些在學校實際實施政策的人(通常

是老師們）最終成爲主要政策制定者。愈來愈多的證據表明，老師們具有重塑或抵制學校所採用政策的意圖，也證明了他們的意志是有效的。

　　學校成員在政策實施過程中對教育政策的重塑或抵制過程，描繪了學校內部微觀政治運作的要素或動態。這些政策從公布、討論到拍板定案的實施過程，逐步表明了學校的立場，而這立場是由校長和其他相關學校利益相關者經過長時間討論，得以確立。

　　學校微觀政治中關於校長決策的這些要素涉及正式和非正式團體的利益和/或權力相關聯。正式團體有權力，非正式團體有利益，這兩個團體都用來影響學校校長的決策。人們依法參與正式決策，在正式決策小組中產生微觀政治行爲來追求自己團體的目標實現，而非正式小組依法不需要參與，但在正式決策會議之前或之後，非正式小組亦會發揮自己的影響力以追求自己團體的利益。

　　有誰會運用政治行爲？Lindle（1999）指出，微觀政治涉及學校內外的個人網絡，如教師、校長、辦公室工作人員、學校董事會成員、家長和學生，幾乎學校裡所有人都會進行政治行爲。不少學校成員發現，學校的政治比學校的政策更受關注，因爲在決策過程中所進行的政治行爲互動，幫助大家理解目前自己在組織中所擁有的權力，理解目前自己在組織中的定位、理解自己的目標在組織中可以被實現的可能性，也是一個與組織也與自己溝通的過程。因此，不管本來想要執行的政策爲何，在政治行爲互動下，組織成員們也進行了一次動態的組織認同與自我定位。所以，對校長而言，對微觀政治的研究絕對是學校領導者的生存問題。

四、學校微觀政治行爲的領導

　　Blasé與Anderson（1995）從微觀政治學的角度研究教育領導，著重於權力的運用，他們以領導型式（leadership style）與領導目標（leadership goals），兩個維度組合而成微觀政治學領導矩陣（micropolitical leadership matrix），並以此矩陣分析領導權力的運用情形。這個矩陣展是出領導者在爲關政治領導時所展現的領導模型與因應策略，是微觀政治分析的經

典模型。這個模型呼應了權變領導理論，以連續體概念點出領導模型的靈活運用。此矩陣顯示對應於組織的領導行為，以「權力控制」（power over）、「權力激勵」（power through）、以及「權力合作」（power with）三種權力關係用以描述不同型式的領導特色。

　　雖然筆者認為微觀政治的研究充分反映現實，有意於其他領導理論以「理想型態」存在，但在講求「善」的教育組織中，政治領導難免給人負面印象，例如「大內高手」「玩弄權力」等等；但從另一觀點，領導人著眼政治領導，強調權力和衝突，運用策略來營造影響，如此領導面向是否會有違倫理？當人們追求自己的利益實現時，往往是以衝突角度解釋之；然而林明地（1999）曾經討論學校領導的倫理學的文獻中提到，應將學校領導成為一種關懷的專業。在政治模型中衝突來自依賴互動與稀有資源的手奪。在政治領導的實踐中，也許對於合作的以及敵對的利益團體可以以「關懷」對待。利益衝突非零和，有可能藉由關懷他人動機、價值與需求，進而產生多方皆贏的政治結果。因此，營造人際關係，是動員也是關係建立，是道德也是行動。

五、政治領導並非只是領導模型，亦是領導素養

　　不論是複雜或單純的的學校生態，校長都需要具備微觀政治素養，就如「治大國如烹小鮮」的概念。從政治領導的模型來看，在學校政治認知面的微觀政治領導素養可以從「解讀鉅觀脈絡變化」與「解讀組織文化及系統」的認知素養培養（廖玉枝，2015）。微觀政治分析強調對周遭情境 脈絡之理解，校長對校園微觀政治之體認則有助其影響力之發揮（蔡仁政，2018）。當學校領導者熟悉微觀政治分析，了解自己與部屬的權力與利益需求，便可以對於組織成員追求利益保護的行為更為理解，也更可能以適切的期待與領導策略，去影響部屬決策。因此，敏感的權力意識，是所有學校校長的領導素養，而非僅僅是展示理想領導行為的領導模型。

[參] 學校創新時之政治領導

　　如前所述，民眾對教育改革的殷切期望，使得學校更加政治化。學校的經營一直被期待能應變，更希望能創新。因此學校在採取創新的教育措施時，直接面對舊有秩序的改變，以及學校中原有利益的重新分配。正如 Lindle（1999）認為「教育改革政策使得微觀政治研究更加無法避免，而且帶來微觀政治研究的沃土。」

圖11-2

Blasé & Anderson 所發展的微觀政治領導矩陣

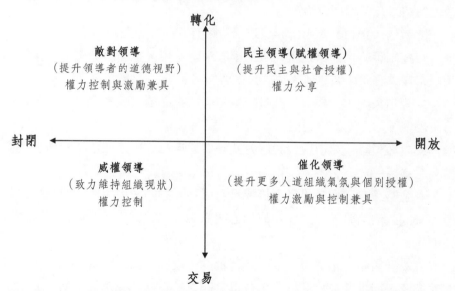

資料來源：Joseph Blasé & Anderson (1995, p. 18)（引自陳幸仁（2016）教育學報，2016，44 (1)，79-102）

　　學校組織隱含了科層體制、專業主義、家長主義三方意識型態的爭戰，這三方意識型態亦分別代表了三方利害關係人或次級團體（即行政人員、教師、家長）的立場與價值體系的競逐（陳幸仁，2008）。而當組織進行變革或創新政策時，學校組織同仁的抗拒便不可避免。「上有政策、

下有對策」使得許多教育政策徒有形式，沒有得到學校成員的認同與理解，或者強加成員不能當責得政策，均是學校實踐的困難，因為通常教師對政策會加以修改，以符合他們實際而可以執行的想法與作為。

在學校進行創新變革時，以政治觀點需要注意學校教師的保守抗拒政策意圖與各利害關係人間的權力分布競逐，並意識到組織成員在變革進行時，是呈現一種「衝突－合作」之動態考量，目的是壯大利益團體以保全自身利益，這是一種連續權力動態（陳幸仁，2015）。圖11-2顯示Blasé與Anderson（1995）發展的政治領導矩陣。

學校成員為保護或升級本身利益，會運用其權力以及政治策略來增加影響力，以在決策場合得到自己的利益。政治策略可以分成兩種：影響型政治策略以及保護型政治策略。

陳幸仁（2013）指出影響型政治策略有五種影響型政治策略：

1. 控制策略，通常是上司對部屬的策略使用，上司透過懲戒或獎賞的手段來操縱資源而剝奪他人資源分享與使用。

2. 脅迫策略，指成員以威脅口氣迫使他人必須接受命令、要求，使情心生恐懼，進而達到控制他人以遂其所願。

3. 說理策略，藉由理性說服方式，傳達自己心中的理念或想法以獲得他人之支持。

4. 強勢策略，通常也是上級或具有權勢人物的使用策略，是根據法職權而來的政治策略，目的在迫使利害關係人必須順從，並遵從提出的命令或要求。

5. 算計策略，指成員對他人進行批評、攻訐，藉以影響他人對被攻訐者之觀感，而批評或攻訐方式，或以公開方式為之、或透過枱面下方式來進行。

而保護型政治策略的運用目的，是成員運用相關政治策略，以保護成員自身的利益或目的不致受到犧牲或損害，是人際取向的衝突管理。五種保護型政治策略如下：

1. 結盟策略，乃指利害關係人由於利益需求相似，或者意識型態一致，集結成勢力團體，一致對抗另一個勢力。

2.順從策略，這是通常下屬對長官所採取的策略之一，其目的是保護自身避免因為不合作而與長官作對，面臨可能潛在的危險。

3.漠視策略，指成員對他人的命令、要求或期望採取忽視態度，表現出冷淡不關心、不支持、不投入的方式，以免與他人有所交涉。

4.閃避策略，指成員採取消極態度，避免與利益相左的他人碰面，保持距離以避免受到傷害。

5.不干涉策略，通常在有交戰的兩個勢力團體之外，第三者採取隔岸觀火之態度，不介入上述兩個團體之對立，以冷眼看待雙方陣營的敵對關係。

政治策略的運用沒有固著性，利益團體會視其權力強弱，成員組成、利益性質以及對手特性等因素靈活運用。這不是特質論，而是動態的互動選擇，政治策略使用者衡量其所處的情境脈絡而採取影響型或保護型政治策略，以取得其自身較佳的利益。

［肆］研究方法與結果

一、個案研究方法

本文欲藉著了解學校推行國際教育政策的過程，探索學校進行政策推廣與學校變革時，學校組織中發生的微觀政治行為。

1. 研究問題

基於以上研究目的，本研究探索以下問題：

(1) 學校進行創新國際教育課程推廣時，學校的所有利害關係人（校長、教師、學生、家長、國家）所考量的利益為何？

(2) 學校推行國際教育時，所獲得的社會需求與支持有哪些？

(3) 學校進行國際教育時，教師們所認知的校長領導模式為何？校長有採用哪些具有影響力的策略來影響教師的投入？

(4) 當遇到利益衝突的情況，利害關係人們曾採用哪些策略（保護策略或控制策略）以確保自己的利益？

（5）學校文化（例如：信任、創新、權力距離等）是否會影響教師們採用政治行為？

2. 討論架構

圖11-3
研究架構圖

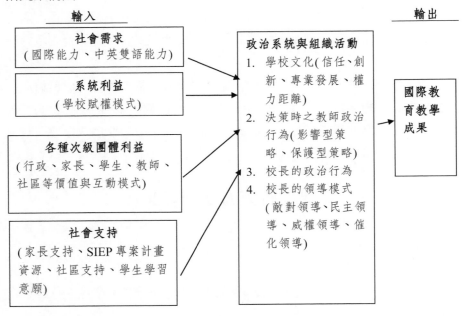

（1）個案描述

個案小學位於都市交界，學校旁有條美麗的溪水的作為劃分兩市的分界。然而，天然屏障阻隔不了民眾交通與往來，附近居民大都以大都會區做為生活圈，因此大大影響個案國小的發展方向。毗鄰而居的研究單位擁有龐大的國際人才來源與知識創見，其豐富的資源也是該校經常運用社區資源；全校學區僅僅有附近的四個里，因方便的交通，學生經常越區到大型都會區就讀，成為學校發展上的亟待突破之處。為解決此困境，學校校長評估各項資源，決定以國際教育為學校特色，建立學生的國際觀與國際接軌能力。

　　國際教育課程的設計上以多元的學習活動以及豐富教學內涵為主，以建立該校特色；配合創新的教學的理念，該校一方面透過教師進修發展校本課程，各一方面鼓勵教師多運用校外教學、協同教學等教學模式，豐富教學與學習內涵。此外，為了提升學生的語文能力，該校推動三合一語文提升計畫，以讀經、閱讀及寫作整合發展，期能透過鼓勵的方式，讓學生在國小階段奠定良好的語文基礎。

　　個案小學是一所非常創新且課程與老師教學上具有許多創意的的國小，該校校長分享了不少國際移動的校園設計，其主要概念是讓學生在下課時間能藉環遊五大洲的體驗，培養學生和世界接軌的地球村觀念，讓學習更深刻，使學生搭成小環遊世界的胸懷與憧憬，非常特別。該校園每個角落設計成國際化的校園，使學生在每天上課之餘都能體驗五大洲文化，彷彿置身於不同國家一樣！

　　除了硬體建設之外，該校為推行國際教育，成立了國際處來發展該校的國際教育。國際處編制置主任一人，領導活動競賽組以及課程教學組各一名負責教師，並加入外師一名的協助，重點進行國際教育中的語言教育，推動雙語實驗課程以及國際校園的規劃與維護。近年來學生參加多場英語歌曲比賽、讀者劇場觀摩，英語冬令營以極進行國際間校際互訪活動。國際教育的推行頗受好評，亦成為學校特色課程，成為師生、家長的驕傲。

(2) 國際教育政策

　　國際教育已經成為國際教育組織與世界各國政府的重要議題，而臺灣的特殊國際現況處境以及產業人才需求，加上受此新興趨勢的影響，近年來制定相關教育政策，在2020年提出國際教育白皮書2.0，並大力推行實務層面的國際交流活動，種種策略逐漸看到教育現場的改變。

　　① 國小階段推動國際教育

　　兒童與青少年階段是培養世界觀的最佳時機，扎根於小學，才能與高等教育國際化產生共鳴效應，提升國家競爭力（黃乃熒，2011）。政府亦在2030雙語國家計畫中提到落實中小學英語課採全英語授課，實施中小學各年段學生具體可達成之英語聽說讀寫生活化評量（教育部，2018）。

研究指出，我國國際教育之推行較關注高等教育國際化，故在國民義務教育階段之推動起步較之高等教育爲晚，也欠缺客觀的全國性普查機制，致使國民小學國際教育執行現況之質量難以掌握與追蹤（黃月純、王如哲，2013）。

　　目前政府已由過往重視與關注高等教育下放至國民小學甚至幼兒園層面，國民小學是教育的基礎階段，也是教育扎根的黃金時期，鑑於國際教育政策方案規劃與執行，應對國民小學採必要性與優先性。當前國家政策進一步確認國際教育之重要性與前瞻性，根據「十二年國民基本教育課程總綱」之規劃（108新課綱），中小學將以核心素養爲課程發展之主軸，在九大項目與能力中，特別重視社會參與，其中明列「多元文化與國際理解」，顯示國際理解已然成爲國民基本素養與內涵，希望「具備自我文化認同的信念，並尊重與欣賞多元文化，積極關心全球議題及國際情勢，且能順應時代脈動與社會需要，發展國際理解、多元文化價值觀與世界和平的胸懷。」（教育部，2020）

　　② 學校本位國際教育計畫（SIEP）

　　教育部推動學校本位國際教育計畫（SIEP）以鼓勵學校進行具校本特色的國際教育，每年學校申請件數約300餘件。近年來，在各地方教育主管機關協力推動下，中小學國際交流密度不斷增加，教育國際化能量亦逐年成長，106至108年中小學教育主管機關已簽訂51個國際備忘錄。此外，108年中小學教育主管機關訂頒中長程國際教育政策或計畫者已達52%（12/23），參與國際交流的中小學生人數達41,618人次（教育部，2020）。教育部在義務教育階段推動國際教育以補助各校提出SIEP爲主，協助學校發展校本課程，讓學生學習關心世界，以行動改變生活，使學生對全球及永續發展相關議題深入學習（教育部，2020）。目前各校除了英語教育爲主力，經營校園國際化，以及以視訊與國外小學進行交流，以跨國專案（Project-Based Learning, PBL）的模式，促進不同國家師生間的了解或是以教育旅行進行國際交流。

二、分析與討論

本文透過訪談與觀察，進行了七人（包括校長、家長以及教師）的訪談，以及實地校園觀察，研究結果如下：

1. 輸入部分

(1) 社會需求

學校因自身地理條件及所在社區特色，以國際教育為學校發展的本位課程發展，因為國際教育對於個案學校而言，有其高度的社會需求。因其所在社區有為數較多的外籍學生以及家長，外籍小孩有就學需求，更提供了發展國際教育的沃土。另外，政府全力推廣國際教育以及英語教育，學校推行國際教育也是看到來自權力位置較高的政府的需求，同時也期待來自政府的資源，只是政府的行政管制較無彈性，雖見政府的需求，但是不好用。

①外籍小孩有就學需求

由於個案學校有較多外籍學生就讀，實際上就有多元文化、多國際互動的需求。原本學校的教師在進行教學設計時，還是以原有課綱為基模，對於「少數」的外籍學生進行文化回應教學。光是這一點就已經是教師們額外的負擔。然而，與其他學校相比相對較多的外籍學生人數，也帶給學校進行「以學校為本位」的彈性課程設計的機會。外籍學生學習的語言適應、文化適應等等議題，是其就學需求，也是環境帶給學校必須進行對應的教學議題。

②政府重點推行之政策執行需求

在大環境的社會需求考量上，中央政府的政策也是學校推行國際教育的重大推手。2030雙語國家的既定政策一旦確立，在國人還在觀望的階段，教育機構早已因應政策需求，翻天覆地地進行語言教育與國際教育革新。雙語教育已是既定重點推行之政策，而若只是將語言學習劃歸於科目學習，恐效果不彰；若能夠以國際教育方式，以體驗學習的學習基模來推行雙語教學，沉浸式學習更能達到效果。因此，國際教育中的文化認識與語言學習，便是一個好的切入點。而政府制定政策後，花在雙語教育與國

際教育的經費預算上將較為豐沛，學校規劃國際教育成為學校特色，對學校經營的政治生態而言是社會需求、政策要求，也同樣是學校特色經營的養分。

③英語教育，語言雙向需求

學校中的英語學習有正式課程進行，近年來頗有成效。然而學校以國際教育成為學校經營特色，不僅是英語教育要加強，中文教育亦要加強，因為語言需求是雙向的。當學校推行國際教育時，學校中既有的外籍學生的語言學習需求不僅僅是英文這通用語言的學習，最重要的也是要外籍學生學習中文的溝通表達能力。語言雙向需求可以藉著國際教育活動的進行得到滿足。藉著國際交流（國際旅行或是社群視訊），能夠達到語言雙向學習、文化互相理解以及人際溝通關懷的初步目標。

④政府管制造成壓力

目前個案學校的各項國際教育動的推行，都需要大量的人力與經費挹注。然而學校對於這些需求，多數還是自己想辦法。政府的法令與政策發展方向還是有諸多管制。例如：每一個國際旅行計畫所費不貲，政府也只能在其有限的能力與預算下對學校進行部分補助，參與的學生家長必須理解學生雖是學校代表，但學校只能提供其為國爭光的「機會」，家長必須負擔很大比例的旅費與生活費。另外，政府有其國家政策，對於某些目的地的管制特別嚴格，因此不予補助，例如：港澳、中國等地區，都不被視為國可進行補助的地區，因此姊妹校的交流形式與頻率，往往會受限於政府管制。

(2)社會支持

學校要發展國際教育是所有國人的期盼，然而學校推行國際教育需要大量人力與創新想法，能否成功，須要看是否可已有穩定的師資與人力。個案學校因此成立了專責單位，使得社會支持的人力資源有對口單位，能夠將社會支持進行統整，把社會中支持的想法轉變成民意壓力，社會中支持的家長轉變成校園人力資源。

(3) 系統缺陷

學校推行國際教育有一個系統性缺陷，就是資源稀少又不易分配。

例如：國際旅行或國際交流，都不可能全校參與，並須視學生能力與準備度，還有家長配合度來進行甄選。這樣的學校情境最容易引發學生或是教師因為爭取稀少機會而大量運用政治行為。學校要如何避免資源集中、學生強者愈強、弱者愈弱的能力上不公平競爭，都是學校要想辦法解決的。教育行政沒辦法消除所有的不平等，但是應設法要將不平等的影響降到最低。國際教育的活動常常會落入有英文能力、有錢的學生長期占據學校機會與資源的兩難情境，此系統缺陷學校必須正視之。

(4)次級團體利益

在學校推行國際教育時，教師、學生、家長、行政都是屬於利害關係人，也就是所謂的利益團體，其都有各自的次級團體利益要追求。對教師而言，引進SIEP的補助很少，但要多做很多事，並且會擠壓其原有課程與時間安排這方面對教師而言是利益損失，但另一方面，對於教師專業發展卻是有利的。對學生而言，學校推行國際教育，引進SIEP經費補助，可以進行國際參訪，提升語言能力等，對學生是利益獲得，但另一方面，學生對於語言學習並不普遍熱衷，或者有學習困難，對部分學生來說是利益損失。對學校行政端而言，引進國際教育可以提升學校聲譽，確立特色學校形象與內容，有益於學校辦學成效，是利益的獲得。對家長而言，多數認為可以增加子女多元學習、語言精進，或多少補貼一點旅行費用，對家長是利益獲得。

①教師利益

教師們在學校進行各種國際教育活動的推動時，並無直接經濟利益，反而要花很多額外的時間去參加研習。對老師們而言，對於教學內容的調整與課程設計，都是要打破過去習慣的生活模式與教學規劃，加上現在都要教師們撰寫SIEP計畫並執行之，在既有薪資以及課程教學上並無增加，只有時間的多付出。對很多教師而言是利益損失，也是一種干擾。然而也有教師反映，若是做自己信念中也認同的事，他們也樂於奉獻，他們認為的回饋，是來自學生的學習成果與肯定；而研習也有研習證書，對以後或許也有益處。

②學生利益

學校推行國際教育，學生最主要可以得到兩種利益，第一個是語言習得，另一種是多元文化的認識與包容。不少教師表示，在國際教育的語言學習，適度的給孩子機會，能力愈弱的學生反而進步愈多。過去在制式課程上課時，能力較強的孩子通常會搶先發言，其他能力較弱的孩子機會相對被壓縮，使他們變得更沒有自信。因此能力愈弱的孩子中師應該導入更多，要多幫助他們，那能力較強的讓外師導入多一點會更加進步外語能力。另一方面對於多元文化的認識與包容學習，因為國際教育的活動，多式互動式、操作式的活動，提供學生有較體驗式的學習經驗，從做中學的服務學習也能夠使學生不同的智能表現出來。而學生具有第二語言能力與多元文化的涉略，對於未來升學也會有機會成為支持的背景。

③家長利益

家長利益是建立在自己小孩所能得到的國際接軌能力。家長對於學校推行國際教育支持者多，就算是需要自費亦全力支持。然而因為國際教育中的國際交流屬於稀有資源，家長會為了讓小孩有機會獲選而有更多的付出，包括擔任志工、接待家庭等。這一方面家長的利益需求有助於學校推行國際教育。

2. 學校政治系統運作部分

(1) 學校文化

個案學校強調賦權，希望教師能夠在國際教育的推行時減少行政的繁瑣與多頭馬車的問題。由於學校重視教師專業，因此學校的權力距離較低，教師擁有課程決策的信心與權力。另一方面，校長展現堅持持續推行國際教育的態度，讓大家逐漸體會校長是「做真的」，使其對內對外都比較有說服力，是校長建立「信任」的重要領導準備。

(2) 校長的政治行為以保護策略為主，乃基於和諧考量

校長在與教師進行國際教育課程設計與SIEP計畫擬定時，多使用保護策略，例如：多給與資源支持，少使用影響策略。也就是說校長在運用影響力策略時，以人際互動考量為主，避免單獨使用影響策略，使教師們較易接受國際教育的執行。校長會儘量準備好資源，避免教師對目標不認

同，又要爭取稀有資源；反之，校長並未嘗試靈活運用政治策略去影響教育部，所以教育部所給予的資源依然有限。

(3)校長的領導模式爲民主領導以及催化領導

本研究主要藉由訪談學校教師來探討教師所認知的校長領導模式，並由校長自行陳述其領導模式與運用。兩者對於校長領導模式認知基本上並不會差距很遠，均認爲校長領導是偏向開放的一端。校長本身認爲他所做的是類似分布式領導的民主領導方式，讓教師分享其國際教育理念後，號召動員志同道合有意願合作的教師進行；而教師們也認爲校長的領導方式屬於開放的，但是是屬於催化領導，還是不斷提供誘因使教師願意交易其專業與時間來一同執行國際教育。 校長爲避免教師抗拒，成立專職單位負責國際教育，一方面不損害教師既有利益結構，亦可責成有能者進行政策執行。

3. 輸出部分

該校的國際教育爲該區學校中頗負盛名，地方政府教育局處對於該校的國際教育成果頗爲肯定，亦選其成爲該地區推行國際教育的典範學校；該地區的居民對於將小孩送到該校深具信心，在招生方面，該校的國際教育政策已然成爲該校特色，受居民肯定。另一方面，學校內部在推行新政策以及進行革新時順利，遇到的衝突數量與規模都在可以控制的範圍之內，亦成爲良好的溝通基礎，讓學校內部的組織文化亦分享著多元文化氛圍。

三、討論

從學校建立學校特色，呼應政策，執行國際教育不是一件一蹴即成的任務。國際教育的施行也很難以具體的考試或成績呈現。在教育成果較不易呈現的情況下，此類型的學校特色建立，需要校長、教師以及社區家長等所有利益關係人長期合作才能完成，本研究經過訪談與觀察，探知個案學校推行國際教育時的措施，並進行微觀政治的分析。

1. 校長開放的民主領導（賦權領導）為國際教育能成功的基本要件

推行創新教育政策，需要領導者表現尊重與欣賞，授權教師進行規劃、決策或拒絕，可以讓教師在校長的政治劇景營造下，產生參與決策模式的後果與好處。利益不一定代表不可挪移的價值，教師們在自由選擇的氛圍中，利益是可以結合的，行為是可以合作的。

在此個案中，校長的領導表現是有效的賦權領導。為避免全面的教師抗拒，校長的作法是成立推動國際教育專責單位，獨立於教務處之外，給予額外資源注入，包括校長的支持，SIEP專案支持，外師以及願景認同的主事教師。這作法首先保障了所有教師們的固有利益，教師們不會因為有額外任務或自身推行國際教育能力不足而造成恐慌，進而動員成為對立團體。

權責的明確分配與設計以消弭教師對於新事物的抗拒與焦慮，是校長最成功的政治行為。

2. 學校教師對於訊息的獲得與交換頻繁

教師之間容易分享想法，採取一致的行為，也增加其協商的權力。學校老師喜歡分享想法和感覺，但不一定已形成深刻的論述。決策的選擇不一定是基於理性，多是基於人際情感，而現在的社群網路多以圖像或短句子表達情緒，這種溝通與訊息的交換模式非常迅速也非常有感染力，容易影響教師們的政治策略選擇。

在此個案中，雖然推行國際教育政策是一個長期且摸著石頭過河的創新改革，但是校長的理性說服策略使用得宜，訊息透明，可以建立組織政治運作需要的信任基礎。學校決策場域達成共識相對簡單，成員合作的願景也容易溝通說服，只是要產生行動與認同相對困難。校長須要認清利益結合與重組隨時都可能發生，最重要的是與教師建立信任與認同並使其產生主動的行動，也要偶爾容許行動的中止或放棄，以免出現團體極化現象。

3. 微觀政治運作場域不只發生在校園內

在校園裡的微觀政治互動，社會需求與支持辦演極大的影響角色，各

種利益團體也存在在校園之外。校長要成功推行創新政策，亦須要同時運用策略去影響校園外的利益團體。

　　在此個案學校裡，理性說服的策略在學校是校長、教師最常用的策略；不過教師因為其身分與工作負擔，對於創新作為多採取冷漠策略。另一方面，校長除了對學校成員運用政治策略，也被教師們期待可以適時地對**教育局端**或**教育部端**運用政治策略，使資源與想法更順利流通。

4. 減少資源稀有性

　　資源稀少是利益爭奪的起因，分配權力的存在是政治行為強勁的理由。領導者在施行創新政策推廣時，須要考慮資源特性與分配運用，使得教師們的公平期待得到滿足。如果對教師而言是需要額外加工作的「嫌惡任務」，可以平均使減輕嫌惡感與不公平感；如果對學生而言是少數榮譽的「利益爭取」，可以建立公平的制度使分配合理。

　　在此個案中，國際教育屬於資源稀少的政策，「分配」變成為重要議題，造成的結果就是學生為爭取學習機會，會運用家長的影響力或教師的影響力來達成期目標，增加討好策略的政治行為；而對教師而言，由於師資培育的歷程中對於此議題較為陌生，唯恐能力不足，對於國際教育的任務，雖然認知上支持，但是行為上是以觀望為主。

5. 學校教師需要多關懷，多用權力激勵（power through）以及權力合作（power with）的領導方式進行領導

　　學校文化中權力距離不高，教師都是專業獨立的個體；而「信任」的建立則成為校長領導可以著力的地方，領導者對於政策的推行積極不觀望，展現校長的期望，也會建立教師們的信任。

　　在此個案中，教師們尋求利益支持時，信任也扮演重要角色。個案學校校長得到教師、家長與教育界的信任，學校理的教師們因著信任對於其利益的直接損失（如多付出的時間）或預期利益的延遲滿足（如學生學習表現不佳，未達國際教育目的）而給予更多的容忍與等待。信任的建立需長期經營，因此，校長可以同時採取催化領導與授權領導增加教師心理上信任的建立與能力上自信的建立。校長在推行創新政策時，可以多用權力激勵（power through）以及權力合作（power with）的領導方式進行領

導，以展現「關懷」，使教師有行使其「專家權力」以及「決策權力」的民主感受，也凝聚學校的認同。

四、結語

　　當學校校長具備微觀政治素養，校長便會表現出對他人需求的關懷與對目標的堅持，使學校其他成員可以受其政治行為引導，逐漸朝向校長的願景調整。這也就是維關政治行為的終極目標──完成願景與建立彼此影響力。情緒勒索等負面情緒在政治策略實施時難免會發生，但以開放鼓勵的賦權模式能夠協助所有人建立能力與信心，但不要忘記，教師專業性在教學，在政策執行的配合部分，還是需要以交易概念進行彈性的領導與溝通。校長愈能掌握微觀政治面向，愈能夠進入團體互動的脈絡，提升校長領導效能。

──────── 參考文獻 ────────

一、中文部分

林明地（1999）。重建學校領導的倫理觀念。**教育政策論壇，2**(2)，129-156。

教育部（2020）。中小學國際教育白皮書 2.0。https://www.edu.tw/News_Content.aspx?n=9E7AC85F1954DDA8&s=C56B0FF1E7E21B45

陳幸仁（2008）。學校組織行為之微觀政治探究。**教育理論與實踐學刊，17**，1-25。

陳幸仁（2013）。微觀政治及其在學校領導之應用。**教育學報，41**(1-2)，1-25。

陳幸仁（2015）。校長學校領導新課題：微觀政治素養之修鍊。**教師天地，6**，26-31。

陳幸仁（2016）。國小校長推動特色學校之歷程：微觀政治領導矩陣之探究。**教育學報，2016，44** (1)，79-102。

黃乃熒（2011）。全球領導與國際教育。臺北：學富。

黃月純、王如哲（2013）。台灣、韓國國際教育之展望。教育研究月刊，**230**，121-135。

廖玉枝（2015）。微觀政治素養在大型學校領導的應用——校長觀點。**臺灣教育評論月刊**，**4**(2)，52-56。

蔡仁政（2017）。**國中校長政治敏覺力之研究**（未出版之博士學位論文）。國立暨南國際大學，南投縣。

蔡仁政(2018)。校長領導素養之微觀政治分析。**臺灣教育評論月刊**，**7**(12)，68-78。

二、英文部分

Blase, J. & Anderson, G. (1995). *The micropolitics of educational leadership: From control to empowerment*. London, England: Cassell.

Blase, J. (1991). *The politics of life in schools: Power, conflict, and cooperation*. Newbury Park, CA: Sage.

Blase, J. & Blase, J. (2002). The micropolitics of instructional supervision: A call for research. *Educational Administration Quarterly, 38*(1), 6-44. doi: 10.1177/0013161X02381002

Easton (1965). *A systems analysis of political life*. New York: John Wiley.

Kelchtermans, G. (1996). Teacher vulnerability: Understanding its moral and political roots. *Cambridge Journal of Education, 26*(3), 307-323.

Lindle, J. C. (1999). What can the study of micropolitics contribute to the practice of leadership in reforming schools? *School Leadership and Management, 19*(2), 171-178.

國家圖書館出版品預行編目資料

教育人員的法律與領導素養：學理與案例分析／洪福財, 徐筱菁, 鄭川如, 郭麗珍, 周志宏, 呂理翔, 林信志, 張信務, 陳建志, 謝金城, 謝念慈, 朱晉杰, 林曜聖, 朱子君合著；洪福財主編. --初版. --臺北市：五南圖書出版股份有限公司, 2023.02
面； 公分
ISBN 978-626-343-466-0（平裝）

1.CST: 教育人員 2.CST: 教育行政
3.CST: 個案研究 4.CST: 文集

526.07 111016592

1I4L

教育人員的法律與領導素養
學理與案例分析

主 編— 洪福財
作 者— 洪福財、徐筱菁、鄭川如、郭麗珍、周志宏
呂理翔、林信志、張信務、陳建志、謝金城
謝念慈、朱晉杰、林曜聖、朱子君
發 行 人— 楊榮川
總 經 理— 楊士清
總 編 輯— 楊秀麗
副總編輯— 黃文瓊
責任編輯— 李敏華
封面設計— 王麗娟
出 版 者— 五南圖書出版股份有限公司
地 址：106臺北市大安區和平東路二段339號4樓
電 話：(02)2705-5066 傳 真：(02)2706-6100
網 址：https://www.wunan.com.tw
電子郵件：wunan@wunan.com.tw
劃撥帳號：01068953
戶 名：五南圖書出版股份有限公司

法律顧問 林勝安律師

出版日期 2023年2月初版一刷
定 價 新臺幣520元

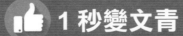

經典永恆・名著常在

五十週年的獻禮 ── 經典名著文庫

五南，五十年了，半個世紀，人生旅程的一大半，走過來了。

思索著，邁向百年的未來歷程，能為知識界、文化學術界作些什麼？

在速食文化的生態下，有什麼值得讓人雋永品味的？

歷代經典・當今名著，經過時間的洗禮，千錘百鍊，流傳至今，光芒耀人；

不僅使我們能領悟前人的智慧，同時也增深加廣我們思考的深度與視野。

我們決心投入巨資，有計畫的系統梳選，成立「經典名著文庫」，

希望收入古今中外思想性的、充滿睿智與獨見的經典、名著。

這是一項理想性的、永續性的巨大出版工程。

不在意讀者的眾寡，只考慮它的學術價值，力求完整展現先哲思想的軌跡；

為知識界開啟一片智慧之窗，營造一座百花綻放的世界文明公園，

任君遨遊、取菁吸蜜、嘉惠學子！